U0032426

思想
REFLEXION 34

全民基本收入：
理念與實踐

編輯委員會

總 編 輯：錢永祥

編輯委員：王智明、白永瑞、汪宏倫、林載爵
　　　　　周保松、陳正國、陳宜中、陳冠中

聯絡信箱：reflexion.linking@gmail.com

網址：www.linkingbooks.com.tw/reflexion/

目　次

意識型態與第三世界再啓蒙：
林孝信病中談話

王智明編校

編者說明

　　這篇文字是從林孝信先生辭世前與家人（主要是妻子陳美霞和女兒林家黎）的談話整理而來。2015年4月，林孝信先生在台南成大醫院確診為肝癌後，開始了一連串在兩岸三地的治療，直至2015年12月20日溘然逝世。有鑑於孝信先生一輩子奔波於各種社會改造運動，雖然有許多的講話和零星的書寫，其思想卻沒有系統性的表述，美霞女士遂決定趁孝信先生仍在復原之際，請他將自己對世界的觀察做一表述，而有了這個系列的談話。從2015年10月20日開始至11月8日結束，在不到三週的時間裡，孝信先生論及許多當代世界的重要議題，從啓蒙運動、科學革命，至新自由主義。最關鍵的是，孝信先生從意識型態的問題意識出發，去整理與檢討過去兩百年的人類文明史，並指向了第三世界復興以及第三世界啓蒙這兩個至關重要的問題，其視野之宏大、關切之深刻，令人動容。

　　這份談話的逐字稿原有十萬字左右，除了思想性的內容外，亦可以看見家人與孝信老師之間的深厚感情。然而，為了讓孝信先生的思想能夠集中展現，不受干擾，經美霞老師同意，我刪去了家人

的發言以及部分重複的內容，並且對口語記錄的措辭做了相當程度的改寫，讓講話的內容更為集中緊密，也更易於閱讀。雖然改寫無法保留孝信先生講話的原汁原味，但改寫的文字基本上是以孝信先生的思考與邏輯為中心，並且力求符合他的原意。有些不能確定原意，或講話中較為隨意的評論，為求精確與以避免不必要的爭議，本文亦不得已捨之不用，大幅刪節。保留下來的部分大體呈現了孝信先生的知識素養與社會關懷，尤其他結合科學與人文的能力，令人嘆服。我們也可以在孝信先生的娓娓道來之間看到一個知識分子的風采。

這個談話分為兩部分，第一部分取自10月20日至10月28日的討論，主要集中在東方主義與新自由主義的意識型態上。第二部分取自10月29至11月8日的討論，主要的焦點在於公民社會的討論與科學革命的歷史背景。孝信先生在談及實證主義後，還有一些關於公有制與私有制的討論，但是非常零碎而不完整，在此只好捨棄。整體而言，這個講話試圖概括兩百年來世界大勢的發展，從殖民主義的派生物東方主義的批判出發，進而理解意識型態在殖民與冷戰時期的作用，再而深入公民社會在西方語境中的討論，並以科學革命的歷史背景來補充20世紀革命意識型態發展的討論。在這個意義上，孝信先生的講話一方面提供了重新思考左翼政治的歷史與意識型態背景，另一方面亦提示了第三世界知識分子對於當前的世界大勢仍有責無旁貸的使命。儘管他的一些想法未必人人可以接受，但是作為戰後世代、帶有左翼關懷的知識分子與社會改造者，孝信先生的看法還是有一定的代表性，值得我們反芻與玩味。

文中的小標題為編者所加。同時，為了補充文中的討論，編者也增加了些許腳註，協助讀者理解孝信先生的微言大意。

王智明

第一部分

兩種意識型態

我們現在討論的是「意識型態」在20世紀下半葉的發展。從1980年代開始，隨著冷戰逐漸接近尾聲，到了1990年左右整個蘇聯解體，所謂社會主義陣營整體崩塌，「意識型態」在這個歷史過程中發揮了重要的作用。可是另一方面，西方資本主義也在積累新的意識型態，為美國主導的世界資本主義、全球文化主義提供服務。因此，二十世紀80年代以來逐漸發展出兩種意識型態：其中一種就是資本主義全球化的意識型態，這個意識型態後來有人用一個名詞來概括它，就是「新自由主義」。這方面的討論非常多，暫時略過不提。另外一種意識型態則較隱晦，但是非常重要，也是一般學界比較忽略的，那就是怎麼看待第三世界的興起，或是說「第三世界」（或是晚近較為流行的「全球南方」）作為一種意識型態。這種意識型態，沒法用一個簡單的名詞來表達，因為西方主流媒體不太直接探討它。但是，它在未來三十年內會掀起一個很大的發展和變化，或者是發揮很大的作用。

這個意識型態可以追溯到一、兩百年以前，甚至到三百年前。當西方帝國主義開始對外侵略，在世界大部分地區建立殖民地的時候，這個意識型態就悄悄形成了。這個意識型態形成後，後來西方有些學者就以「東方主義」（orientalism）名之。這個「東方主義」的稱號其實很奇怪，它跟西方的經驗主義、理性主義不一樣，不是一個很嚴謹的，有思想架構或理論架構的東西；它也不像是社會主義或資本主義那樣有著清楚的體制。東方主義其實只是在說明一種意識型態，這個意識型態在當時西歐國家殖民世界的時候，發揮過

很大的作用。我們可以從薩依德的名著《東方主義》中看到它的作用和效果。這種意識型態基本上認為：第一，東方是劣等的，而西方是先進的。第二，西方所謂的侵略，其實是把文明帶給落後的東方。這樣的論斷深深根植在東方被殖民者的心裡。被殖民者認為，東方在文明的表現上不如西方，不只是在科學技術上，而是在文明的每一個方面都不如西方。他們衡量一切問題的尺度，都是以西方為標準，例如民主、自由、人權這類的論述，現在已經形成孔恩所說的，牢不可破的思想典範。

在「東方主義」的思想桎梏下，東方目前面臨兩大挑戰：一是在全球化壓力下要發展的挑戰；作為發展的後進國，東方處在比較不利的起點；二是在發展的線性史觀下，東方縱然拚命努力，最終成果仍有賴西方國家的認同。因此，所謂東方主義意識型態的推展，相當程度是經由第三世界國家被洗腦的知識分子代為傳播。

在這樣的意識型態下，過去兩、三百年來深受帝國主義殖民壓迫與侵略的東方，不容易翻身，其競爭劣勢亦不容易改變。就算到了今天，第三世界國家和西方國家基本上不是站在平等的立場上競爭。所以我們可以說，東方的劣勢是全球化的重要條件。全球化倘若沒有以它做為條件，那麼全球化就不見得有利於那些資本主義大國，即所謂G7、G8這些國家。但它們用這個意識型態緊緊壓住第三世界新興國家，所以新興國家不僅對過去所受到的壓迫沒有辦法得到壓迫者的補償，甚至是要以非常艱難的方法，才能勉強和資本主義國家取得接近平等的地位，但這也還不是真正徹底的平等。

但是「東方主義」這個意識型態，在薩依德的《東方主義》出版之後，在西方，尤其是所謂後殖民研究興起之後，已有相當的反省。2008年西方金融海嘯以後，東方主義所隱含對東方國家的歧視受到了更深的挑戰，因為西方社會自己又發生了一個這麼大的經濟

危機，使得大家逐漸失去對西方與資本主義的尊敬，再加上這段時間新興國家——特別是金磚四國，其中又以中國迅速的和平崛起——對西方國家，尤其是美國的霸權，形成相當的挑戰，也造成美國相當大的擔憂。

20世紀80年代以來，意識型態又逐漸受到資本主義的主流媒體和理論的重視，因為他們發現意識型態對於對抗蘇聯、打勝冷戰大有幫助。當時，美國在布署國際局勢時，就曾設想一旦蘇聯垮台或蘇聯的勢力衰弱下來後，它要用什麼方式才能稱霸世界。資本主義國家從來非常重視意識型態，而後冷戰的意識型態就是新自由主義。那是為了配合推展資本主義全球化以及美國稱霸的需要。當時美國可能或多或少感覺到，在社會主義陣營垮台後，恐怕對美國真正有挑戰力的，已經不是其它的資本主義國家。那些國家都已經不是美國的對手了。她的對手也不是社會主義陣營，因為它們也已經被打垮了。唯一的挑戰就來自於廣大的第三世界，因為新興國家隨著經濟成長，逐漸重新拾回自信心。那時候，美國已經注意到這點，因而想要透過世界貿易組織這類的國際組織，將第三世界國家納入西方所規範的體系中。

新自由主義意識型態與全球化

21世紀上半葉，國際間比較大的意識型態潮流都與全球化相關。其中最為關鍵的就是新自由主義。它把資本主義的市場化推到一個極端，在這之前是把商品化先推到極端。所以新自由主義，基本上就是試圖把任何東西都商品化，包括國防、愛情、司法、治安，乃至於教育和醫療衛生。

從1980年代以來，芝加哥學派的經濟學家就對這方面的鼓吹不

遺餘力[1]。而且開始的時候，他們把新自由主義當做實驗，而最大的
一個實驗對象，就是蘇聯解體後的前社會主義新興國家。這導致蘇
聯解體之後，這些國家的國民生產毛額（GDP）幾乎是降了一半。
原本窮人的人數大概是全國人口的百分之二——根據聯合國的定義
[2]——結果一下子增加到百分之五十，財富迅速集中在少數人手上，
造成社會貧富極度不公，大量的財富完全被少數人囊括而去。用俄
羅斯一般百姓的血汗錢，這些俄羅斯富人在倫敦、紐約大買豪宅、
大做投資。這方面的研究如今已是汗牛充棟。西方認為把蘇聯搞垮，
就是一個很大的功勞了。所以主流媒體對新自由主義這一套理論並
沒有嚴肅的反省。雖然新自由主義的缺點也讓西方不安，但當時最
主要的目標是反共，要把社會主義陣營搞垮。所以，只要這個目的
達到了，讓俄羅斯百姓的財富被少數人囊括，多數人生活在貧困狀
況，甚至餓死、凍死，他們都不在乎。因為他們根本就不在乎。

可是等到2008年金融海嘯，引發了自1930年代經濟大蕭條以來
的另一場世界經濟大危機，終於讓大家開始見識到新自由主義的破
壞力是這麼大，包括在西方世界。所以新自由主義最近受到不少的
批評與壓制。另外一方面，全球化的發展，特別是全球貿易體系的
建立與世界貿易組織的成立並沒有達到美國的預期。所以美國這些
年來，對WTO的推動並不像過去那樣熱衷。取而代之，美國現在積

1　芝加哥經濟學派相信市場機制跟自由放任，反對任何形式的干預，
　　尤其反對社會主義計劃經濟與凱恩斯主義式的政府調控。他們也被
　　認為是新自由主義的推手。
2　根據世界銀行所提供的各國貧窮線數據庫，1993年全球有12億人口
　　生活在極度貧窮的狀態，每天靠不到1.25美元生活，更有24億人口，
　　每天僅有不到2美元度日。見楊芙宜編譯，〈全球12億窮人每天不
　　到38元過活〉，《自由時報》2014/10/19：http://news.ltn.com.tw/
　　news/focus/paper/822762。

極推動各種區域性的自由貿易區。最近的跨太平洋貿易夥伴關係
（TPP）就是一個明顯的例子[3]。新自由主義的意識型態本來是配合
全球化的發展，但是西方發現WTO的發展並不是他們所能控制的，
也沒有按照他們的意圖發展起來。所以，他們漸漸覺得新自由主義
的主張與政策效果，其實並不那麼符合美國稱霸世界的要求。儘管
新自由主義強調貿易絕對自由化，但是自由化的結果並不完全符合
西方的利益，所以2008年金融風暴後，西方對此就漸漸顯得不太熱
衷了。

東方主義

　　東方主義的意識型態，從薩依德的那一本書也可以看得很清
楚，那是資本主義或帝國主義要殖民或侵略第三世界國家，除了武
力外，一定要採用的另一套統治方法。這套方法最主要就是透過文
明或文化差異讓你覺得自己不如西方。所以西方來殖民你、統治你，
就是給你帶來近代文明，讓你覺得自己必須心悅誠服地接受它的殖
民統治。而且不僅殖民者，連被殖民者也這麼相信，這是非常重要
的。就像是基督教會強調，要到各地傳布基督的教義和福音，這種
做法容易被相信與接受。當然這跟西方是一種宗教國家、基督教國
家有關係。基督教就是讓你覺得基督教是在散播福音的。

　　譬如說像日本侵略中國的時候，他們的言論（如大亞細亞主
義），我相信他們自己都知道是在騙中國人的——他們自己也不相
信那是為了中國好。而東方主義是更高境界，連講的人自己都相信，
因此他可以臉不紅氣不喘，以傳布現代文明之名，實行殖民統治之

3　然而，在川普上台後（2016年11月），美國已宣布退出跨太平洋貿
　　易夥伴，並對全球化採取反對的姿態。

實。像日本有些侵略者，他們知道「我是要征服世界，你是我的工具」，他們並不是真的要把現代文明帶給被殖民者。日本有些人也知道是這麼一回事，不管是修嘉南大圳，或者是蓋台大醫學院，其實都是殖民統治的一環。開鑿嘉南大圳，是日本為了南侵所需要的物質與建設所準備的。因為日本國內的資源不夠支持更大規模的侵略，所以必須從台灣搜刮更多各式各樣的財富過去。如果把台灣弄得苦哈哈的、窮兮兮的，使台灣人民對日本欽服的目的就不容易達到。日本中下階級未必了解這個道理，但是身份較高的統治階級，內心就明白，這事實上是在利用台灣。可是西方十九世紀以來發展的東方主義，卻讓殖民者與被殖民者由衷地相信，殖民乃是為了帶來現代文明，替落後的東方提升文明，保存傳統。日本的在台統治，還遠遠沒有達到像英法的東方主義這樣的境界。總之東方主義是一種意識型態，在建構出來以後連建構者都深信不疑。

東方主義的第二個主要特徵，就是透過交流的手段，培養一批學生，譬如說在印度或是在其它地方，並鼓勵和促成他們到殖民母國去留學。這些來自殖民地的留學生，一開始所學都是與科學技術方面較為相關的專業。他們畢業後，成為殖民地中下層官僚的主力，促成殖民官僚的在地化。同時為了讓殖民地的現代化（以及殖民官員子弟的教育）可以更快地展開，殖民者開始在殖民地建立西式的現代大學，逐步展開科學與文化方面的教育工作。日本殖民台灣的經驗也很類似，一開始台灣人大多學習科學技術，尤其是醫學，當時的台灣學生幾乎不能念法律或政治這類的社會科學。

東方主義這種意識型態就逐漸從他們培養的這些人再灌輸給其它人，讓他們在本地的社會裡發揮作用。這個意識型態就用這種方式散播出去。意識型態的內容就是現代文明的想像，「殖民者帶來福音與現代文明」。但這不是由殖民者直接宣傳，而是由當地人自

己去宣傳，那效果就更好了。統治者自己去宣傳，被殖民者會覺得那是洗腦，不易接受。但是由被殖民者自己來散播這種意識型態，被殖民者接受起來就容易得多。因此，東方主義的發展，主要仰賴了殖民地的菁英以及殖民教育體制。

　　然而，18世紀西歐資本主義與殖民主義發展的過程中，出現了一個非常非常重要的事件，就是啟蒙運動。一般來說，啟蒙運動指的是，歐洲從比較蒙昧無知、被宗教完全控制住的思想中解放出來，形成了一個真正思想上的民主化的開端，它也是現代歐洲融入世界的思想基礎。啟蒙運動的主要內容是：科學、理性、進步、教育，這些是啟蒙運動的核心概念。經過一個世紀左右的啟蒙運動，這幾個概念相當深刻地根植在西歐先進國家的土壤裡，也因為這樣，現代民族國家才能夠成型。也正是在這個基礎上，西歐得以開始資本主義化的發展模式，特別是在經濟方面，進而去支持18世紀末開始對第三世界的侵略和殖民工作。對西歐而言，啟蒙運動是非常重要的歷史事件，對歐洲國家影響深遠，因為這是西歐富強的基礎，並從而被視為現代文明的象徵。

　　第三世界國家要抗拒東方主義的意識型態，就要有自己的啟蒙運動，這個是目前第三世界國家還很欠缺的。普遍來說，第三世界的啟蒙運動很不完整。但第三世界的啟蒙運動也不應該跟西歐、美國的內容完全一樣，所以這是一個非常大的課題。反省與批判東方主義，我們還有大量的工作要做，其中很重要的一項，就是展開第三世界的啟蒙運動。第三世界早期跟歐洲一樣都是農業社會，雖然不像歐洲受到宗教思想的控制，有一定的宗教狂熱，但是整個第三世界，包括中國，一般人的思想還是需要相當程度的改變，否則很難應付當代的各種挑戰。

第三世界的啟蒙運動

第三世界的啟蒙運動是一個很重要的課題，但到現在為止，幾乎沒有人認真討論這個問題，因為第三世界相關論述都掌握在歐美主流媒體的手裡，他們當然不會考慮這個問題。

雖然關於第三世界的論述已有不少，如阿敏（Samir Amin）這類的後殖民理論家，但是討論第三世界啟蒙運動的論述還很缺乏。阿明的討論試圖以第三世界的論述來建立政治經濟學的解釋。用政治經濟學來了解或分析第三世界的一些結構或狀況，解釋為什麼會這樣，為什麼不那樣，但他並不是在談第三世界的意識型態問題。這些理論的層次還沒有什麼論述。第三世界的啟蒙運動非但沒有系統性的論述，在實踐上也是殘缺不全，乃至多所偏差。對第三世界的人們來說，這是未來必須共同面對的巨大課題。通過這個考驗，我相信第三世界可以發展出有別於三百年來西方的另類文明想像。那時候這個世界上才有真正的平等和多元可言。

現在所謂的多元，是「公說公有理，婆說婆有理」的多元。總之，任何人講的都對，這叫做多元。現在強調多元這件事也值得分析。照理說，西方現代文明有兩大支柱，一是科學，一是民主。可是科學跟民主內在其實有一定程度的不協調跟矛盾。科學認為，真理掌握在少數人手上。例如，伽利略的著名例子——地球是自轉，還是繞著太陽轉？——像這種問題你能用一人一票的方式來決定嗎？所以一人一票的方式，某種程度上否定了世界上有些真理並不隨著人的主觀意志而轉移。這並不是說世界上所有事物的背後都有不變的真理，但真理不變是一個不容否認的事實。就像地球自轉是肯定的事實，並不會因為投票的結果有任何的改變。這就構成了科學與民主之間的矛盾。把一人一票的形式當成民主的內涵或真理，

有時候其實是反科學的。當然,科學比較深奧,科學家講的一些東西,一般人可能聽不懂,這就可能造成社會上的專家專政,違背了民主的精神與常理。何況,這半世紀以來,科學也為人類文明帶來很多的禍害,就算我們不談武器的發展,許多新科技的出現也已經為人類文明與環境帶來莫大的危機。科學家容易傲慢,因為他們覺得自己解決了很多問題,但他們可能沒有了解到這個世界太複雜了,自己所知的其實很有限。

　　科學和民主是近代文明很重要的成份,但整體來講,他們還是西方啟蒙運動的內容。我們期待的,當然不是要完全複製西方啟蒙運動的內容。第三世界有自己的任務,歷史條件和遭遇,因此第三世界的啟蒙內容,必然與18世紀歐洲的啟蒙運動有所不同。何況18世紀歐洲的啟蒙運動,產生了許多的問題。一人一票這樣的民主機制,雖然簡單易懂,卻很容易發展出民粹運動;科學則容易造成專家傲慢、科技至上以及環境的傷害。所以西方啟蒙運動不是沒有缺點,後現代主義就是敏感於啟蒙精神的缺陷,而提出對現代性的針砭和批評,從而反省歐洲中心主義的問題。但是後現代的反啟蒙批判後來卻把整個啟蒙運動都否定了,其結果就是忽略了第三世界也有啟蒙的需要;同時,歐洲中心主義的質疑使得第三世界的啟蒙失去了內涵與精神的指引。所以,第三世界的啟蒙運動事實上是零碎的,即令是科學與民主教育也是非常商品化和功利化的,進步的概念更是以「物質的進步」作為唯一的指標。所以,18世紀的啟蒙運動的確有很多漏洞,但是對於第三世界來講還是需要的。當然啟蒙的內容是什麼,這是一個很需要探討的問題。因此,第三世界啟蒙運動的開展,不能寄希望於歐美的主流思想家,而要我們自己承擔起來。這是第三世界知識分子責無旁貸的使命。

　　當然,要求第三世界的思想家或知識分子破除歐洲中心主義也

不是容易的事。這涉及到第三世界的力量是否正在興起或復甦。這一點，在進入21世紀後，我們或許看到了一些曙光，因為中國、東亞，包括東南亞、印度和非洲，過去一、二十年來進步很快，遠超過西方傳統的資本主義國家。這是未來可以審慎樂觀，持續觀察的趨勢。當然，以中國為例，第三世界內現在崇洋媚外的知識分子還是很多，但是可以樂觀期待比較有主體性的知識分子和思想家會漸漸出現。等到這些人能夠影響第三世界，他們在國內與國際輿論的話語權增加，作用就會越來越巨大。這是中國的經濟起飛與第三世界國家的復甦所帶來的意料之外的副產品，但是這個影響將會十分的深遠。

革命的意識型態：從牛頓到馬克思

啟蒙運動發生在18世紀，最主要的成就是把科學、理性、進步與教育這些概念散布給多數的人。以前多數的人都不懂，只有少數的菁英才懂得這些理念的重要。譬如說，義大利的文藝復興都是少數的菁英、貴族，或者是接近貴族的人——比方說被貴族聘去當家庭教師的人——才有機會受到影響。啟蒙運動普及科學知識，配合理性發展。因為科學認為，世界是具有合理性、是有規律的存在。

透過啟蒙運動，歐洲人逐漸從封建制度與宗教的桎梏中解放出來。啟蒙運動用理性將「天啟」的信仰給打破了，原被壓抑的民間力量被釋放出來，推動了後來的法國大革命。法國大革命雖然過程曲折，結果血腥，但是總體來講，是把歐洲的政治從集權轉向民主。所以，啟蒙運動的結果就是民主政治的普及與實踐。啟蒙運動同時也釋放了資本階級。在18世紀以前，由於地理大發現，資本階級已經透過國際經商與殖民掠奪賺了大錢，累積了大量的財富。資本階級與啟蒙運動相結合，因為他們覺得封建體制以及傳統宗教的力

量，對於資本主義的創新有相當的妨礙，必須予以突破。總之，啟蒙運動推動了民主政治與資本主義的跨國發展，從而帶來了現代性的想像，影響非常深遠。

但是，一般較少提及的是，啟蒙運動的思想來源之一乃是牛頓力學，因為牛頓的科學實驗讓大家看到，大自然是有理性、有規律的。正是牛頓力學的出現，推動了科學革命，並為往後的革命意識型態奠定了思想的基礎。其實，科學革命指的就是牛頓力學。當時不少人相信，倘若我們能在人類社會找出類似牛頓力學的規律，發展出相當於「F=ma」這樣的公式，那我們所能釋放出來的社會改造力量也許會更大。所以在整個18、19世紀，很多思想家都致力於為社會問題與人類文明尋找類似牛頓定律的解方，或是說試圖將複雜的社會現象以牛頓力學的簡潔公式表現出來。這是18、19世紀，當時歐洲很多的思想家——包括馬克思——努力在做的事。

例如，馬克思就常說要發現社會中的「運作法則」（law of motion）。所謂「運作法則」就是類似牛頓力學的概念。不只馬克思，很多其它人都如此嘗試。總之，到了18世紀的下半葉，牛頓力學的聲望達到頂端。它不僅在科學上啟發大眾，同時也敦促人文研究採取科學的方法，為人類文明與社會問題找出類似牛頓力學的規律。首先提出以科學方法研究社會這個構想的是法國啟蒙哲學家德斯圖（Antoine Destutt de Tracy）。他為這樣的研究還提出一個新的概念，就是「意識型態」（ideology）。

一開始，意識型態就是一門學問，像物理一樣，是研究想法（idea）的學問，是一門科學的知識。所以它跟我們現在的用法很不一樣。但是德斯圖的這個構想很不容易實現，不只是因為想法不容易研究，社會行為的研究一樣很難找出可以辨識、恒常不變的規律。直到現在實證主義者還是希望能夠找出社會行為的運作法則，

但是，一直不很成功。他們主要仰賴統計的方法，分析數據，看能不能找到其中的法則或模式，作為預測的基礎。因為牛頓力學或牛頓科學之所以成功，很重要的一個原因，就是它可以提出預測。社會科學的目標也是想做出預測，寄希望於像是f=ma這樣具有規律性的公式。但到今天為止，始終沒有找到。如何在社會行為與現象中找到運動法則，啟蒙運動以降，最大的進展就是實證主義，其中又以孔德的貢獻最大，但他的努力距離物理學的標準還是太遙遠。

　　所以德斯圖提出「意識型態」後，這個想法並沒有受到太多的重視。直到後來，馬克思在反省為什麼法國發生了啟蒙運動，而德國基本上沒有這個問題的時候，意識型態這個概念才又重新被大家看見。馬克思認為，之所以法國發生大革命，而德國基本上沒有，是因為德國沒有經歷啟蒙運動。他將德國各階層的人的思想狀態做了一系列的分析，並予以非常尖銳的批判，其成果就是馬克思早年的重要著作：《德意志意識型態》。在這本書裡，馬克思借用了德斯圖的概念，雖然與德斯圖對意識型態原來的理解有些距離，但也不是完全不合理。但是因為他對德國的種種思潮都有尖銳的批判，這就使得意識型態這個概念顯得非常負面。馬克思所說的意識型態，已不是德斯圖的「想法之學」，而是一種思想的迷霧，他所謂的「虛假意識」，這也使得意識型態這個概念後來成為一個非常負面的概念。

　　當馬克思寫作《德意志意識型態》的時候，意識型態這個詞並不是那麼流行的。事實上，要等馬克思後來的重要著作，如《共產黨宣言》和《資本論》出版後，大家才回過頭去尋找與挖掘馬克思的早期著作。他的許多概念，如「勞動異化」以及資本主義的運作法則，有很深的影響力。因此，俄國十月革命之後，馬克思的很多手稿都被俄國拿去，並且大量收集。列寧也對這本書發表過看法。

列寧認為，如果資產階級有資產階級的意識型態，那麼無產階級也要建立無產階級的意識型態。對馬克思而言，批判資產階級意識型態，是理解資本主義運動法則的重要起點，但列寧的想法不僅於此；他看到了意識型態之於治理的有效性，從而認為無產階級專政也需要一套自己的意識型態。當然，列寧的想法並非完全背離了馬克思，但是他倒轉了馬克思的批判位置，而從專政與統治的角度來理解意識型態，將之視為統治的工具。

　　馬克思則認為，意識形態乃是理解資本主義運行法則的關鍵起點，他尤其指出意識型態與社會關係處於顛倒的狀態，亦即意識形態反映出個人的思想與其所處的社會地位其實是脫節的——你所屬的地位是被剝削的，可是你的思想並不容許自己被剝削——從而指向反抗的路徑。馬克思念茲在茲地思考的問題就是：為什麼無產階級不會起來反抗？因為意識形態妨礙他們理解自己受剝削、受壓迫的現實，反而歸諸於命運和出身；他們看不到命運與出身背後的政治結構與歷史成因。所以，意識形態發揮了很重要的功能，使得受壓迫者不知道起來反抗。馬克思也常說，勞工階級——你不要以為他是勞工，就必然有革命性——如果不經過某種方式的改造，例如社會參與、社會實踐，或者是稱之為革命的行動，那麼他們只是「自在階級」（class-in-itself）；革命者的任務就是要把受壓迫者——特別是勞工——從自在階級變成「自為階級」（class-for-itself）。馬克思的這段表述延續了黑格爾關於主體之發展的思路，在此不細論。

　　不論如何，十月革命後，歐洲瀰漫著批判資本主義的氣氛，革命的意識型態又如日方中，這使得既有的資本主義政體左支右絀，難以應對；唯一有效的回應是：「不要意識型態，要科學！」相應於此，韋伯（Max Weber）這些人提倡價值與科學的分離。韋伯認為，意識型態屬於價值領域，與科學是對立的。20世紀初，科學的

聲望很高，歐洲的保守分子就希望以科學的意識型態來對抗社會主義的思潮。但這也很弔詭，因為即使是當時倡導科學哲學的維也納學派，也有相當一部分人左傾。畢竟那時候左傾，尤其在知識分子群體中，已經是普遍的現象。簡單的說，這是《德意志意識型態》出版後引起的一些衝擊和討論。意識型態在那段時間變成是社會主義者用來批判資本主義很有力的工具。特別是1930年代的經濟大蕭條以及1940年代帝國主義間的戰爭，其所爆發的種種問題都印證了馬克思的批判和分析是對的。

戰後左翼、冷戰與新自由主義的崛起

然而，從1930年代到戰後，意識型態的論述在馬克思主義的系統內也有了新的發展。這個發展當然是跟西歐馬克思主義者所探討的一個根本問題相關：亦即，為什麼西歐沒有發生社會主義革命，或者說為什麼西歐的社會主義革命沒有成功，為什麼革命不是發生在資本主義高度發展的英國、法國或美國，而是發生在半資本主義化的俄國？這在馬克思陣營裡就引起了爭議，產生了很多不同版本的西方馬克思主義。事實上，上半世紀關於意識型態探討的發展，並不是存在於左翼與右翼之間的交鋒，而是在左翼之間與內部的爭議。左翼內部爭議就分為東方馬克思主義跟西方馬克思主義，東方馬克斯主義是以蘇聯，特別是史達林領導的集團與官方意識形態為主。西方馬克思主義就很多人，有代表性的首先是盧卡奇，接者是法蘭克福學派——阿多諾、霍克海默、馬庫色到哈伯瑪斯及他的學生，是歷經三代，至今都還活躍的學術思潮。當然每一代的學者對意識形態都有一些自己的分析，但大致上還是有一定相似性。再來，對意識形態的探討有最大貢獻的，是義大利的左翼革命家葛蘭西。葛蘭西認為，意識形態理論必須跟公民社會（civil society）的理論

連繫在一起，因為他認為公民社會之所以流行某種思潮，是因為有「文化霸權」（cultural hegemony）在作用。葛蘭西認為，要形成文化霸權，僅憑個人、革命先鋒隊，還是政府的力量都未必有用，因為從上而下的思想灌輸，在他看來是注定要失敗的。他認為，意識形態的形成，仰賴文化的力量，我們要爭取的正是主導文化的權力，所以才會發展出「文化霸權」這樣的概念。這也正是資本主義意識型態的形式。英國左翼歷史學家霍布斯邦也說，用少數人去宣傳或用政府的力量來灌輸意識型態是不會成功的，因為文化霸權是內在於公民社會裡頭，所以公民社會並不是一個與國家或政府對立的概念。革命所要爭取的不僅僅是國家機器，更是文化霸權，並以之引導社會的形成。但據我所知，葛蘭西講到這個地方就沒有再深入下去。事實上他只提出一個方向，到底怎麼做，他並沒有講，所以這個問題還沒有解決[4]。

到了20世紀下半葉，冷戰爆發。美國為首，在思想上全面反共，亦即全面地否定、污名化共產主義，而且讓一般人不能接觸。所以在1950年代，在資產階級的主流媒體裡，關於意識形態已沒有新的創見和討論。但在西方，馬克思主義者還是活躍，那時候比較活躍的，一邊是代表法蘭克福學派的馬庫色與佛洛姆（Erich Fromm），另一邊則是法國的結構主義。

但是，1950年代的反共、肅殺之氣，那種對思想的禁錮，到1960年代就開始鬆動，在美國發生了嬉皮、婦女解放、黑人民權，跟反戰等社會運動。在歐洲，這時比較多的是工人運動與學生運動。所

4　有興趣的讀者可以參考 Walter L. Adamson, *Hegemony and Revolution: Antonio Gramsci's Political and Cultural Theory* [1980]（Brattleboro, VA: Echo Books, 2014）的討論。

以整個冷戰結構到1960年代，就開始鬆動了。1970年代以後更是如
此。而且在1960年代的社會運動的基礎上，西方也開始受到中國文
革的影響，到了1970年代，西方資本主義社會裡就掀起了一股左翼
思潮。但這個思潮是一個非常複雜的情形——這需要分析，但是因
為很曲折，不是很容易，要花比較多的時間，所以暫時先不細講。
總之，到了1980年代，新自由主義的思潮興起，我們便逐步地走到
了今天的這個時代來了。

　　新自由主義的興起要從1970年代末一次滯脹經濟危機講起。這
個滯脹經濟危機，源於一個事實：那就是從1930年代以來凱因斯理
論基本上無法解釋與因應資本經濟發展的快速變化[5]。在這樣思想真
空的狀況下，新自由主義應聲而起，想要透過更大規模的經濟自由
化與私有化，來解決經濟發展停滯的問題。在政治方面，冷戰發展
的結果，要求大量的軍事開支以及社會動員，國防需求優先於民生
工業，這使得蘇聯在經濟上漸漸吃不消，無法持續與富庶的美國競
爭；同時，蘇聯的官僚化進一步惡化，造成行政跟經濟的運作僵化，
也加重了國內財政的負擔，整個國家陷入嚴重的經濟停滯與生活品
質的大幅滑落。簡單的說，冷戰時期美蘇軍備競賽，包括所謂的太
空探索與星戰計畫，重創了蘇聯的經濟，間接促成了社會主義陣營

5　凱恩斯主義的基本想法是經濟的宏觀調控，將可以制約個人的獨特
　　行為，所以在供給與需求面的平衡將可以維持經濟活動的動能，因
　　此他主張政府可以運用財政與貨幣政策，來抵銷短期經濟循環對就
　　業與個人所得的影響，也就是藉由政策介入來調控整體經濟發展的
　　力道。但是1970年代以降國際貿易的快速增長以及跨國金融的發
　　展，使得一國的宏觀調控無法充分應對大量資本的流動對經濟造成
　　的影響。因此新自由主義作為解決1970年代經濟危機的方案，就以
　　朝向放寬政府管制，全面市場化的方向著手，而造成了更大規模的
　　私有化與壟斷。

的最終解體。

　　同時，美國透過大量援助，扶助了許多亞洲國家的經濟發展，其中又以「亞洲四小龍」為典範。但是，美援不只是經濟援助，它同時也包括了經濟政策與發展模式的制定。所以，到了1970年代末、1980年代初，許多新興國家紛紛採用出口導向的經濟政策，促使國際貿易迅速成長。其結果就是屬於資本主義民主陣營的一方產生了經濟的飛躍，而共產陣營則陷入民生經濟的困頓，資本全球化的動能以民主之名大力地敲擊共產國家的大門。因此，在策略上，經濟全球化和貿易自由化，對美國是有益的。到了1980年代，有鑑於國際貿易迅速增長，美國開始推動成立世界貿易組織，取代當時行之有年的國際關稅協定（GAAT），全力破除關稅壁壘，以促成經貿全球化。雖然世界貿易組織在許多的規定上不利於第三世界國家，但是經濟成長中的第三世界國家需要國際貿易的支援，尤其是外資的引進，因此它們也樂於加入世界貿易組織，期待在經濟全球化的洪流中占得機先，順勢發展。這是新自由主義興起的重要背景。

　　因此，所謂的新自由主義與冷戰崩解，經濟全球化，以及後冷戰美國霸權有著密切的關連。在2008年金融海嘯之前，新自由主義（即去除政府不必要的金融管制以開放資本市場與私有化的空間）一直被視為避免經濟停滯，開創全球資本市場的指導方針，而且這樣的發展被認為有利於美國後冷戰霸權的維繫[6]。為此，進一步反對社會主義價值，批判福利國家，拆解既有的社會安全網，就成為新自由主義更為重要的意識型態。比方說，新自由主義者認為，社會主義主張公有化、沒有效率，並且在政治上是獨裁的、不民主的。

6　此一觀點可參考大衛・哈維著、王欽譯，《新自由主義簡史》（上海：上海譯文出版社、2010）。

之所以如此，是因為社會主義國家沒有所謂的公民社會，民間的想法與活力無法與政府協商，其政權也因此缺乏了民主的合法性，在經濟上也欠缺民間的活力。

簡單地說，蘇聯體制不只是經濟不好、公有制沒有效率，更根本、更深刻的毛病是——大家沒有自由；而沒有自由就是獨裁。為什麼沒有自由呢？就是因為缺乏了公民社會。這一批判，當時社會主義陣營也很難招架。在這裡可以看到，所謂的公民社會，已成為葛蘭西意義上的一種文化霸權，是資本主義用以統治社會的主導性意識型態。但在西方新自由主義者的口中，這一套理論被轉移成馬克思主義就是一種意識形態，致使社會主義國家沒有公民社會。從此，公民社會變成西方世界把華沙公約國家一個一個拉到西方陣營的有利武器，從波蘭、捷克、南斯拉夫等，到烏克蘭，不一而足。同時，在中東地區，公民社會也促成了所謂的「顏色革命」，成為美國勢力介入中東政局的思想武器。這也使得整個中東和伊斯蘭世界越來越痛恨美國，以致造成了九一一恐怖攻擊的悲劇。

然而，公民社會這個概念本身並不是如此單一、真空的存在。亞當斯密就把公民社會與政治社會（political society）對立來看。黑格爾則將之視為國家意志形成的初級階段，在此之後才是政治社會的形成。馬克思則認為公民社會是孕育資本主義運動或資本主義生產的地方，勞工在此遭到剝削與異化。到了馬克思這個理論提出以後，公民社會便像意識型態一樣，成為一般人民，尤其是工人受苦的場域。所以，讓公民社會自由運作，就是對人民的壓迫與剝削。結果從馬克思之後，資產階級對公民社會，也像意識型態一樣，往往採取一個防衛的立場。一直要到1980年代，冷戰的決戰關頭，公民社會才忽然變成資本主義資產階級用來攻擊社會主義的武器，才化防衛為進攻，並且在瓦解、摧毀社會主義陣營，產生很大的效果。

在後冷戰時期，美國又將之視為美國價值的一部分，推廣到第三世界，特別是伊斯蘭世界，而引發了自1991年第一次波灣戰爭以來美國與伊斯蘭世界巨大的文明衝突。只不過，衝突的核心不是文明與宗教，而是政治和價值。

　　總結來說，鼓吹公民社會，批判公有化沒效率，正是20世紀下半葉資產階級意識形態最主要的內容。再加上新自由主義的興起以及東方主義的延續，我們大體可以看到西方的文化霸權如何得以持續不墜，也體會到第三世界自我啟蒙的重要。我們幾乎可以說，西方資產階級的歷史任務已經完成，私有化的主張大獲全勝，短期內很難改變。在任何議題上，主張公有化往往只是以卵擊石，不容易得到多數人的認同。因此，如何恢復大家對公有化的信心，不是一蹴可就的事，可能需要五十年以上，很長的時間。當前左派的一個毛病就是，總覺得對的東西就是要馬上把它實施，但這是不可能，也不能勉強的。同樣的，公民社會將如何發展與演變也值得觀察。雖然公民社會這個概念已遭受不少批評，中東國家尤其對之反感，但是短期內它仍是一個強勢有效的概念，因為它與民粹主義其實有很深的勾連。台灣就是最典型的例子。但是大家可能還要一段時間後才會認識到民進黨的本質，理解民粹的可怕。至於新自由主義的神話，因為2008年的金融海嘯的關係，相當程度已經破滅了。但是它仍然指導著後進國家的許多政策，不容我們掉以輕心。最有趣，也面臨最大挑戰的是東方主義。這些年來，隨著新興國家經濟的崛起，歐洲中心主義不再吃香。特別具有代表性的當然是中國的崛起。中國現在已經是世界第二大經濟體，中國的發展，乃至於種種的言論，都隱約在批判東方主義，但是它能否真的發展出不同於西方的現代化道路還有待觀察。整體而言，金磚五國等新興國家的崛起會帶動第三世界力量的整體發展，這一點值得期待。

第二部分

再論公民社會

在西方，跟公民社會結合在一起的意識形態探討，到了20世紀下半葉，變得非常蓬勃。意識形態跟公民社會連結在一起的問題非常複雜，不是三言兩語可以講清楚。公民社會的觀念比意識形態要長遠很多。就近代而言，作為社會分析的一個單位，公民社會首先是亞當斯密所引進的，並將之應用於對抗英國政治對社會的控制或影響。亞當斯密的出發點是為了讓公民社會，在不受政治的干預下，可以達致經濟的快速成長，因為當時所謂的公民社會是經濟活動的地方，政治的干預越多，越不利於經濟的發展。亞當斯密的理想就是從公民社會中撤掉政府那雙看不見的黑手，讓民間自發的活力，在「自由」的狀態中可以創造和發展。當然，這個經濟與政治（或是公民社會與政治社會）的區分是一種知識上和詮釋性的建構，但是這個區分形成了日後思想家的根本認識框架，所有的批判最終也將回到對這個認識框架的批判上。

不同於亞當斯密對公民社會的正面描述，德國哲學家黑格爾認為公民社會不過是形式上是自由的，裡頭的人其實仍處在原始狀態中。從經濟的觀點看，公民社會是一個生產社會藩籬的地方，因為在那裡主要存在兩類人：資產者跟勞動者。對黑格爾而言，這是一個不文明的狀態，因為無論是資產者或是勞動者都只關注經濟的發展和物質的欲望，不過是唯利是圖的個人；尤其勞動者，因著生存的需要，只是追求個人物質欲望的滿足，在缺乏更高的人生目標的狀態下，無法從低階的生存狀態中，透過辯證，上升到高級階段。所謂更高的人生目標，指的是黑格爾所說的「絕對意志」；唯有在

絕對意志的統貫和引導下，人生才能辯證地往更高階段上升。因此，所謂的公民社會與政治社會基本上是合而為一的。唯有這樣的貫徹和統合，德國的民族精神才得以體現，民主意識才得以復興。當然，所謂的德意志精神在費希特那裡已有類似的看法，並且隱含著法西斯主義的種籽[7]。

馬克思不同於黑格爾，認為勞動者這種低階、原始的生存狀態是會改變的，因為勞動階級不會永遠停留在這種無知之中；相反的，正因為這樣的壓迫與剝削，使得他們必須找到反抗的動力和方法，從而組織起來，才能夠生存下去。如此一來，公民社會裡的勞工就可以脫離黑格爾認為的原始狀態。馬克思是從這樣的角度，來回應與修正黑格爾的理論。比較起來，黑格爾的觀點是唯心的，因為他強調某種民族精神所支撐的絕對意志將可以拯救勞工於水火，透過民族（乃至人類文明）的整體提升來改善勞動階級的生存困境。馬克思沒有繼承這個傳統，他最關心的是勞工為什麼受壓迫、受剝削，而不去反抗。所以就馬克思而言，受壓迫者是有可能經過集體反抗而理解與取得團結，因為有了團結，勞動者就不再是一個個分子化、唯利是圖的個體，而能夠辯證地從生存的原始階段上升至高級狀態。在馬克思這裡，公民社會是往政治社會的過渡，政治社會是對公民社會的克服。

所以總結這三個思想家的看法，我們可以發現，亞當斯密精準地看到了公民社會乃是資產者剝削勞動者的場域，但他只是描述，不予解決，甚至希望維持這樣的狀態，拒絕政府的介入；黑格爾認為民族精神的力量可以提升勞動者的地位；馬克思則強調勞動者必

---

7 關於這點，讀者可參考Pankaj Mishra, *Age of Anger*（New York: arrar, Straus and Giroux, 2017）。

須團結起來，才能改變原始的生存狀態。透過對公民社會這個概念的分析，我們可以清楚看到19世紀以來，西方社會有兩大主導性思潮：一是維持勞工被剝削的狀況，以維繫經濟與民族的發展，另一則是以改變勞動者困境為依歸的思想運動。

到了20世紀的上半葉，能將公民社會與意識型態整合起來的理論家，就是葛蘭西。他指出公民社會的意識型態是維繫資本主義穩定發展的重要因素。但是資本主義之所以能夠穩定發展，不僅僅是因為公民社會的存在，更是因為公民社會裡存在著一種主導性的意識型態，或是說文化的力量，形塑社會的發展。如此「文化霸權」不是靠少數人，或是黨的宣傳就得以實踐，而是透過滲入於日常生活的文化慣習，一點一滴累積而來。因此，對於資本主義的批判，也就轉向了對資本主義文化的批判，以及對公民社會這個文化意識型態的批判。然而，到了20世紀下半葉，僅僅批判資本主義文化霸權是不夠的，因為冷戰的到來，亦即共產集權陣營與資本民主陣營的對抗，使得意識型態的意義產生了不同的轉變，也使得原來帶有批判意義的公民社會概念，變成了一種正面的價值。

不過，在進一步申論冷戰時期的公民社會與意識型態之前，我們有必要釐清一下從亞當斯密到馬克思這段時間裡，公民社會與政治社會這兩個概念在內容上的變化。在亞當斯密的時代，資產階級仍未全面掌權；掌控政治與社會的仍是封建貴族，因此公民社會指向的是個體化的資產階級，想要掙脫封建政治的掌握，以追求更大的財富。亞當斯密認為，公民社會全面的自由發展，不受政治干預，才是為國家累積財富的渠道。然而，在馬克思的時代，資產階級已全面掌權，公民社會不再與政府（或政治）對立，而是政府與政治的一環。公民社會裡充滿著階級的壓迫，不僅僅是資產階級對無產階級的壓迫，同時也是統治階級對被統治階級的壓迫。在這個意義

上，雖然亞當斯密和馬克思都接受了公民社會與政治社會的區分，但這個區分的意義已大不相同。

因此，進入20世紀下半葉，公民社會，相較於18、19世紀，已有不同的面貌。如果說19世紀時的公民社會裡，絕大多數的人屬於勞動階級，到了20世紀下半葉所謂的勞動階級已有許多不同的變化：我們不僅有更多領薪水的管理階層（所謂的白領乃至粉領），還有更大量的服務業與創意勞動者，同時屬於傳統勞工階級的人數，在機器自動化的取代下大幅下降。僅僅以「勞工」為基礎的勞工運動所關涉的，僅是社會裡的一部分人，所謂的弱勢不一定是「勞工」，而是以更多不同的面貌存在的社會底層。因此，從1960年代開始，在西方，我們發現婦女解放運動、黑人民權運動、同志運動、環保運動以及其他各式各樣，在19世紀並不存在的運動大量出現。同時，資產階級也開始資助所謂的「第三部門」（相對於國家與政府主導的政治社會與資產階級所主導的公民社會），透過公益活動，包括晚近常聽到的「社會企業」的推廣，來改善和化解社會裡的階級矛盾。因為公民社會裡的成員已很不一樣，當前的社會改造運動必須採取不同於19世紀的形式。19世紀的馬克思希望透過勞工的團結重新組織公民社會，從而將勞工從資本與勞動異化的桎梏中解放出來，但是21世紀的今天，這樣的目標不再可能，因為時代已不一樣了。這不只是社會結構的變化以及資本主義的自我修正，使得傳統的勞工運動變得困難，乃至邊緣化，更是因為每個社運團體都有自己的優先議程。

何況，現在所謂的社會改造者，有許多人未必是因為自身受到了壓迫而投入社會運動。在某些脈絡裡，社會運動甚至成為一種「專業」。投入社運的年輕人可能任職於某些基金會或社福團體，甚至以個體戶的方式承包公部門的案子。因為到了1960、1970年代，社

會變得比較富裕，商品化也達到相當的程度，年輕人的就業選擇也
更為多樣化。他們更願意去追求非制式的工作環境，參與社會改造
運動，也改變既有的生活與勞動模式。在這個意義上，不同的社運
團體有著自己的追求，但不一定有一個全局性的觀點。所以，團結
雖然重要，但在這個時代裡，要橫跨不同光譜與需求來取得團結，
是很不容易的事。因此馬克思依據19世紀他所處的時代所擬定的這
些策略和目標，一定要重新檢討。我們若是繼續墨守成規，不願反
省，就是僵硬、教條，非但無助於改造社會的整體目標，也是對左
翼精神的背叛。

那麼，這個變化怎麼發生的呢？為什麼19世紀相對單一的公民
社會到了20世紀後會變得如此多元？這跟整個世界局勢的演變是密
切相關的。19世紀勞工運動的結果，跟馬克思所預期的並不一致。
勞工運動的成果（包括社會主義革命）使得資產階級必須做出一些
讓步，其原因有三：一是歐美資產階級在全世界侵略殖民，搜括物
資，但馬克思的分析，雖然已經指向這個可能，尚未將全世界視為
一個整體的經濟體來看待，國家的界線依然明確。這使得勞工的問
題往往是在國界之內被處理，勞工的國際主義性格因而逐步被淡化
為國內的「勞動權益」問題。西方國家因此可以運用其殖民獲利來
支應與回應勞工的要求，從而將勞動階級的國際連繫切斷在國境線
上。資本的跨國移動，一方面解決了西方國家的勞工問題，從而往
福利國家的方向建設，另一方面其實是將本國的勞動成本轉嫁至前
殖民地或是後來的第三世界新興國家[8]。其次，19世紀以來科技突飛

8　西方資本向第三世界的移轉，不只關乎勞動成本的起伏，也在金融
　　領域造成衝擊，乃至轉化為第三世界內部的不均衡發展問題。見溫
　　鐵軍，《八次危機》（北京：東方出版社，2013）。

猛進，釋放了大量的生產力，也創造了巨額的財富，但同時也使得勞動力的需求逐漸下降。勞工在公民社會的比重也因而直落，影響了勞工運動的實效與發展。更重要的，是冷戰的到來，使得資本民主陣營得以藉著妖魔化共產主義而自我鞏固。公民社會內涵與理論的轉化就是在這個脈絡下發生的，成為資本民主陣營的主導性意識型態。在後冷戰的今天，它又配合著新自由主義全球化的發展向全世界散布，而我們也一步步走向福山所謂「歷史的終結」的盡頭。

再談東方主義

　　用什麼方式能夠克服從歐洲啟蒙運動到工業革命以來，加上帝國主義的侵略所建構出來的那套——我們姑且名之為——東方主義的意識形態，是我們討論至今的核心。但要破除東方主義的意識型態並不容易。因為我們不能期待歐洲的知識分子會自動反省歐洲中心主義所造成的問題。我考察過去這一、二十年來，第三世界——特別是台灣跟大陸兩岸的華人知識分子——的思想也是現代的產物，可以說是東方主義的俘虜。頂多是少數的左翼分子，針對大局做出一些非常微弱、幾乎無補的批判而已，頂多只是為現代留個紀錄，見證左翼的存在，但是對於推動整個社會的改造，他們並沒有發揮出什麼特別的作用。我們現在缺乏毛澤東在中國革命時，那種能夠統觀全局，建立全局性策略觀的能力。

　　現在，全世界的左翼包括兩岸的華人左翼，對於左翼革命史的總結，跟我的考察大致相同，那就是想要透過奪取政權，將世界整個翻轉過來的想法，是不切實際的，也將事情看得太過簡單了。左翼一定要根據全球視野建立一個大策略或大戰略，知道這段時間我們可以做什麼，什麼事情不能做，因為做了沒用、浪費力氣，而且還會增加挫折感。當然，不能做並不表示不能進行討論，或者提升

理論的分析能力。但是，不要把這個當做短期目標，譬如說十年內，
或甚至是三、五年內就可以達到的目標。把這個當作目標，必定失
敗無疑、挫折無疑。如何訂定適切的目標，以達致社會整體改造的
終局，這個問題全球左翼幾乎都不討論，兩岸的左翼更是沒有討論。

　　　但最近這十幾年來，第三世界力量的興起，讓我看到一種切入
這個問題的方法，這切入的方法可能有些迂迴，但可能成功。所以
如果我們可以掌握好這個迂迴的變化，就可能成功[9]。

　　　現在伴隨著各方面的崛起，中國在國際情勢上有一個全新的布
局，即「一帶一路」。「一帶一路」如果能夠成功，相當程度可以
激起第三世界新興國家的自信心，這樣對於克服東方主義的意識形
態，就會有相當的助益。如果這條路走得出來的話，中國不會孤立
於世界，而會領導第三世界國家新興國家、領導金磚四國，有效地
抗衡美國的霸權。

　　　從來強權在控制弱勢時有一個特色──強權數目很少，就是少
數幾個，弱勢者則有一籮筐，強權最害怕弱勢者團結起來。東方主
義的一個作用就是，瓦解弱勢團結的努力，讓你自覺沒有希望。現
在，由中國來帶動，加上其他國家共同的努力，很多第三世界國家
就會逐漸團結起來，這時候大家就敢於跟強權對抗，甚至回過頭來
有利於克服本國那些崇洋媚外的知識分子心態。這是破除東方主義
魔咒一個很重要的先決條件。因此，隨著中國經濟強大，並提出「一
帶一路」的大戰略來對抗美國的重返亞洲，在如此鮮明的對比下，
就更容易號召第三世界的人回應這條道路。當然少數自私自利的、

─────────

9　我無法確定孝信先生所謂的「迂迴」是什麼意思，但參照他多所期
　　待的「一帶一路」的發展，在經濟成長中帶著政治的保守，又在威
　　權的色彩中隱含著對西方的挑戰，我們或許可以約略體會他的意
　　思。

短視的國家，可能被美國收買，像是日本和菲律賓。但是我相信多數的人，會越來越清楚跟中國走，將更繁榮富麗，跟美國走，則要提心吊膽，甚至犧牲掉經濟的發展；雖然短期內美國會給予援助，以及一些軍艦和飛機，但長期來講，那對於國內整體的經濟成長、國民生活的提升，無所助益。二戰之後，東協最早的四個成員國中，經濟最好的是菲律賓，今天，東協國家中經濟最差的是菲律賓。菲律賓是跟著美國的屁股走。當然那是因為美國透過菲律賓的一些大家族來進行統治，只要給他們一些好處，他們就不管國家的經濟成長、民間疾苦。這個我們再找機會分析[10]。

遺憾的是，與大陸一衣帶水的台灣，選擇了跟隨美國的道路，而置台灣民生經濟與國家發展於不顧，任台灣成為美國的籌碼，對抗中國。為了權力與台獨，蔡英文政府心中其實沒有台灣。在這個意義上，像蔡英文政府這樣的政權與知識分子可以說是東方主義的俘虜。

社會達爾文主義

1859年，達爾文提出了著名的「演化論」，強調「物競天擇、適者生存」。而1859年正是歐洲科學突飛猛進的時代，同時也是歐洲各國經濟實力增強，在全世界瘋狂侵略，建立殖民地的時代。

達爾文的演化論是19世紀科學革命重要的里程碑之一。一開始當然受到很多的挑戰，但最後證明基本上他的說法是站得住腳的。基於演化論的觀點，帝國主義分子借用了「物競天擇、適者生存」

---

10 川普當選後，「重返亞洲」已不再是美國政府的官方說法。同樣的，杜特蒂的菲律賓政府也不再跟著美國的屁股，而開始走「自己的路」。

的想法,來合理化他們在第三世界的侵略與殖民。我們曾經談過,西方的帝國主義需要向殖民地灌輸東方主義的意識形態,達爾文主義的發展,更使帝國主義如虎添翼,從科學的基礎上確認了西方優越、東方劣敗的觀點。因此,19世紀的帝國主義有兩個相輔相成的面向:一是歐美國家的國富兵強,這是拳頭的一面;另一方面就是,以意識形態為輔助,甚至是強化了這樣的比較性差異。社會達爾文主義就是這樣一種以科學為根基而發展出來的帝國主義意識型態。

當然,社會達爾文主義究竟是意識型態,還是科學,還是有不少辯論的。主要原因就在於,在19世紀科學已經成為一種權威。雖然科學未必能夠用來分析社會上的所有現象,但是科學主義的盛行,使得大家都嘗試在紛雜的社會現象中找到像是牛頓力學那樣的規律。這是「物競天擇,適者生存」這句話得以流傳久遠的原因,因為它含有一種可以預測與檢驗的規律性與普遍性。

牛頓力學最根本的主張就是,宇宙是理性的,是有規律、普遍的,並且可以預測的。這樣的觀點恰恰與基督教的宇宙觀完全相反。如果世界是上帝的創造,那麼所有的問題只能回歸於上帝。但是,世界若不是上帝創造的,而有自己的規則與理性的話,那麼人的價值就得以展現。這也是為什麼科學革命本身就是一場思想革命。牛頓力學厲害的地方就在於,它不僅能夠描繪天上行星的軌跡,更能夠藉由一個方程式——以數學這樣最根本、最純粹的形式——來描繪地面上所有的重力現象。因此,牛頓力學不只是關於星體和宇宙的理論,更是關於地面和人間的理論。這樣一來,它打破了「天堂是神聖的」的迷信,因為那些天上的,你認為是屬於天堂的星星,其實和地面上的東西服從相同的規律。牛頓力學強大之處還不只如此。當 $F=ma$ 可以應用於分析地面上的現象,它也就可以被運用於建設,例如蓋一座橋,或是設計機器和武器。科學不只可以解釋世間

萬物運行的道理，也能提供解決問題、改善生活的方法。由此一來，科學的權威自然居高不下，大家也就體會到理性與教育的重要。

牛頓力學不僅找到自然界的規律，也就是物理世界的規律，它還可以根據這規律得出一個著名的方程式，就是F=ma。而微積分就是為了解釋這個方程式而發明的。這裡有兩個預備知識得先說明：第一，物理的量都是可以測量的。這是一個非常大的思想革命。牛頓所說的質量（mass）和力（force），大家可以賦予各種神學和形而上學的詮釋，但重點是怎麼測量。測量，不是牛頓，而是伽利略的貢獻，這是伽利略被視為現代物理之父的原因。有了測量的觀念，牛頓才能發展出F=ma這個方程式。第二，F=ma首先應用於觀察天體。牛頓發現，我們只要固定一段時間觀察星體，就可以測量它的位置與移動速度，只要知道星體的位置和速度，根據方程式F=ma，我們就以推測那個星體是行星或慧星，以及它的運行速度。這個方程式一旦可以應用在人間社會，就表示社會上的現象一樣可以預測。可以預測非常重要，因為這表示理論非常可靠。將牛頓力學的原則應用到觀察社會現象的學者，其目標就是想發現社會的「運作法則」（law of the motion for society）。

這方面，最認真、最堅持探索的人就是1830年代的法國學者孔德。他發展出了一整套當時叫作「社會物理學」（social physics），即後來叫做「社會科學」的研究方法與理論。所以，有人就把孔德視為社會科學的創始者。但是社會科學的發展中，有一個重大的爭議，那就是自然科學與社會科學有沒有差別。進一步說，就是社會科學是否能夠量化的問題。量化是社會科學很重要的基礎，沒有量化（即測量與預測），社會科學就失去科學的根基，但不是所有事情都能量化的。比方說，誠實怎麼量化？愛怎麼量化？社會生活中，很多的概念是無法量化的。除此之外，社會科學仰賴統計作為量化

的工具，但這是有問題的。因為不管社會科學家提供了多大的樣本，找到了平均數，他們的預測還是面對不確定的風險，因為人有很多具體的差別，也會在不同情境中有不同的行為表現。可是在自然科學裡，石頭、金塊、水的質量都是穩定而普遍，因此可以測量。除此之外，物理對象可以重覆做實驗，人類對象很難重覆做實驗。很多人類社會的現象，都非常獨特，無法重覆。為什麼社會現象很難重覆做實驗？原因很多，也很複雜，例如物理對象可以任你隨時擺布，但人類不是可以隨時可以找來做實驗。其次，物理對象沒有記憶力，不會挑戰實驗的操作，但人就不是如此。同樣的實驗，同樣的對象，多做幾次，他可能熟能生巧，甚至投機取巧，而改變了實驗的結果，使得重覆實驗變得困難。何況，記憶之外，人類還有利益的考慮，成為實驗當中存在，但不容易剔除的變數。

然而，物質也罷，力也罷，原來都是古代就有的宗教性概念。以「力」來說，其原意是上帝為了懲罰不信仰祂的人所施展的神力。所以，伽利略、牛頓等科學家是撥開了宗教的迷霧，重新掌握了宇宙的真理，並且為後來的社會科學家開創了科學方法研究社會的道路。只不過，以科學方法研究社會究竟是不是一條合適的道路，仍是一個值得論辯的問題。

比方說，我們用統計的方法來追蹤分析一個人的學習狀態與社會成就。我們或許會從中學一直追蹤到大學畢業，然後設立各種指標來分析他的成就，例如賺多少錢，擁有多少權力之類的，並在他的成就與學習狀態之間設立關連性。這是時常可見的分析方式。但學習狀態與社會成就的關連是不是一種「運作法則」？「運作法則」不是指兩點之間的關連，而是一種普遍的規律。所以這樣的研究只能看到關連，而無法解釋兩點之間發生了什麼事；既沒辦法作為變因來控制，也無法描述，因為每個人從這點到那點之間的走法和路

徑會非常不一樣。這是人類社會特有的現象。但是物理的運作法則，不僅可以說明從這點到那點之間的邏輯關係，還可以解釋它的軌跡。這是社會科學，或是說統計方法沒有辦法做到的。也就是說，社會科學所發現的規律並不是自然科學所謂的「運作法則」，因為所謂的「法則」在自然科學的表現就是方程式。所以，社會科學要這麼搞，注定要失敗，但是這個發展還是有一個重要的貢獻，那就是實證主義。

實證主義

實證主義告訴我們，社會科學要取得科學的身份，就要到經驗世界裡去驗證自己的假說。這個實證主義的精神對社會科學影響很大，甚至對歷史學也有很深的影響。同時，實證主義對於物理學的哲學或者說方法學，還做了比較深入的分析。在這個之前，科學家不太研究這些問題，他們研究科學的內容，但對其背後的哲學概念和方法學沒有太多的關注。實證主義可說是科學哲學與方法學的開山祖師。所以，實證主義有兩項重要的貢獻：第一項就是實證的觀念。實證的主張要求社會科學家不能僅僅是觀察與描述，而不量化；它要求觀察和詮釋必須與客觀世界核實與驗證。研究者不能憑空想像，什麼是好，什麼是壞，什麼是勇敢，什麼是怯懦，而要有證據或數據來支持自己的觀察和假說。這對社會現象的研究造成很大的影響，這是實證主義的一大貢獻。另外一大貢獻就是對科學的方法，甚至對背後的這些概念做分析，甚至包括分析牛頓的科學概念，牛頓意義上的運作法則有什麼意義，怎麼理解，這個是它的第二大貢獻。這個貢獻隨著物理學不斷地進展，對這方面的分析也越來越精緻。可是進入20世紀，發生了兩大科學革命——量子力學與相對論——相當程度顛覆了牛頓力學。

　　特別是量子力學，因為量子力學顛覆了牛頓力學裡最核心的可預測性。對於實證主義來說，這是莫大的衝擊，因為它是建築在牛頓力學的典範上，現在典範出了問題，怎麼辦？所以實證主義進入20世紀算是遇到了挑戰。實證主義一方面要考慮如何量化，以致能實證地、科學地研究社會，另一方面它必必須設法解決量化中不可預測性的問題，並且思考背後的哲學與方法學難題。

　　那麼為什麼量子力學對於牛頓力學有最大的顛覆性呢？這就需要進一步說明牛頓力學的原理：F＝MA，即力等於質量乘以加速度。所謂速度，就是質量的位置變化，而加速度就是速度的變化率。所以F＝MA的意思是：施加一個力量給一個東西，它就會產生一個加速度。透過這個方程式的變化，我們可以推測物質的運動。例如行星的運行：只要找到特定時間行星的位置（X），而那個位置會隨著時間變化，所以它的運動就是時間的函數，以X(t)來表示。因此，只要我們給定一個力的數值，就可以藉由這個方程式解出行星任何時刻所在的位置，甚至劃出它運行的軌跡。也就是說，我們觀察星體的位置和速度所得的結果，可以用來推定另一個時刻，同一個星體的位置與速度，這就叫因果律。不論是電磁學、熱學或其後來其他的物理學說，其發現都要服從因果律。物理世界的一切都是可以預測的。這就是科學裡最重要的哲學思想與命題。

　　量子力學最大的革命就是顛覆了因果律。同時，相對論的發現也挑戰了我們對時間的認識。這些發現顛覆了人類幾千年來的想法。

　　王智明，現職為中研院歐美所副研究員。學術著作散見中英文學術期刊，如《中外文學》、《文化研究》與《歐美研究》。目前正在進行亞裔離散文學與台灣外文系建制史的相關研究。

回到康德：

李澤厚與八十年代的啓蒙思潮[1]

涂 航

　　1989年5月14日夜，十二名聲名卓著的知識分子接受學運領袖王超華的邀請，抵達天安門廣場向絕食學生發表演講[2]。這些知識分子、學者和作家在八十年代以直言不諱地批判毛式社會主義而著稱。文革的慘痛經歷在他們那代人的生命歷程中留下了深深的烙印，促使不少人熱情鼓吹西方啟蒙價值觀。作為一個特殊的社會階層，這些知識分子在八十年代中國社會轉型中逐漸成為意見領袖，引導公共輿論，而這一切皆得益於公眾對自由人文主義的熱情，相對寬鬆的政治控制，以及中共改革派對溫和批評的接納。1989年的北京學潮，與這些知識分子不遺餘力地宣傳啟蒙價值觀有著千絲萬縷的聯繫。儘管如此，當這場由胡耀邦去世而引發的默哀行動逐漸演變為一場激進的抗爭運動之時，知識分子們似乎認為他們能夠憑藉自己在學生中的威望而解決這場危機。面對廣場上激憤的學生，

1　本文由於2017年3月28-29日在哈佛大學召開的中國當代思想史工作坊的會議論文修改而成。

2　這十二位知識分子分別為：戴晴、于浩成、李洪林、嚴家其、蘇曉康、包遵信、溫元凱、劉再復、蘇偉、李澤厚、麥天樞和李陀。見《天安門對峙》，http://www.tiananmenduizhi.com/2015/05/blog-post_13.html。

戴晴朗讀了剛剛寫就的〈我們對今天局勢的緊急呼籲〉，以一種居高臨下的口吻勸說學生停止絕食。學生們對於知識分子在政府和學運之間遊移不定的姿態極其不滿，學者們不得不在一片噓聲中撤離現場。

　　在這十二名知識分子當中，李澤厚或許是那個時代最具影響力的哲學家，甚至有人宣稱這場浩浩蕩蕩的新啟蒙思潮皆因李氏學說而興起。李澤厚早在1956年便在「美學大辯論」中以批判朱光潛的唯心主義和蔡儀的機械馬克思主義而嶄露頭角。七十年代伊始，他在極其困苦的條件下潛心研究康德哲學，最終寫就《批判哲學的批判：康德哲學述評》。在這本影響廣泛的著作中，李澤厚試圖以馬克思主義唯物論改造康德的唯心主義學說。不僅如此，繁複縝密的哲學推演之中暗暗隱含了他對文革成因的歷史反思。李澤厚致力於將抽象的康德主體論歷史化為具體的中國問題。因此，他的名言「回到康德」成為八十年代知識分子追尋學術自主反抗毛式政治的哲學表達。八十年代中期，李澤厚發表了一系列評述中國現當代啟蒙思潮的論文，明確提出了「救亡壓倒啟蒙」的著名論述，把重新發掘五四啟蒙價值作為知識界當務之急[3]。

　　在當今中國學界，李澤厚的哲學傳奇和對八十年代啟蒙黃金歲月的追憶已經不可避免地交織在一起。儘管李澤厚在八九風波之後選擇淡出知識界，然而他的名字卻被銘刻在中國知識分子集體文化記憶的深處。九十年代伊始，李澤厚的學說和論述不斷地在新左派和自由主義關於中國革命與啟蒙的論戰中被援引。李澤厚逐漸成為一個空洞的能指，一個地標式的存在，一個冷戰自由主義的天真擁

3　李澤厚，〈啟蒙與救亡的雙重變奏〉，《中國現代思想史論》，生活·讀書·新知三聯書店，2008。

護者。即使是對於李的同情者而言，他的康德哲學也只能被理解為八十年代老式自由主義和溫和改革派的遺產。對於受後現代主義和新馬克思主義的學術新潮洗禮的年輕一代學人而言，李的啟蒙政治早已隨著八十年代的終結而破產，無力應對當下全球資本主義引發的諸多社會問題。

　　這些標籤式的批判往往基於對李澤厚學說的一種去情景化（decontextualized）的理解，從而遮蔽了李式哲學和八十年代錯綜複雜的歷史關係。本文試圖從思想史的角度探討李澤厚的哲學體系。首先，從觀念史的角度來看，如何理解李澤厚對於馬克思主義的社會化的革命主體的揚棄，以及對康德主體論中自我立法的重新闡釋？其次，從歷史哲學的角度看，如何理解李澤厚以康德學說為基點重新闡釋五四啟蒙與中國革命的辯證關係？為了回答這些問題，本文嘗試解讀李澤厚學說的哲學與歷史內涵，並以此勾勒其學說與八十年代啟蒙思潮的內在聯繫。

思想史的方法：觀念史還是社會文化史？

　　對於李澤厚的研究不可避免地觸及思想史方法論的分歧，即注重重構哲學論述的觀念史學和注重歷史情境的社會文化史學之間的衝突。觀念史學代表著一支獨特的學術傳統：對於哲學概念的分析是其敘述思想史的主要方法論[4]。相比之下，晚近興起的文化史學更

4　觀念史的代表性著作見Arthur Lovejoy, *The Great Chain of Being: A Study of the History of Idea*. Cambridge: Harvard University Press, 1976. Print; "Reflections on the History of Ideas." *Journal of the History of Ideas*, No.1（1）, Jan. 1940, pp. 3-23.

注重理念和社會情境之間的互動[5]。兩者的分歧體現在各自對於思想
與其社會背景關係的不同看法之中。觀念史學的開山祖師羅夫卓伊
承襲了黑格爾的唯心主義哲學傳統，把哲學看做是在思想中被把握
的時代精神。換言之，思想是對特定社會情境的抽象化
（abstraction）：思想的形成意味著從具體的歷史情境中抽取一系
列抽象的邏輯，並且把這些邏輯重新組合為一個封閉的哲學體系，
因此這個體系本身可以脫離其社會文化背景而單獨理解。正因為如
此，觀念史學家的任務便是把思想從特定的歷史語境中剝離出來，
並把其看做自主的哲學體系來研究。然而對於文化史學家而言，任
何抽象化的企圖注定是一場失敗：任何把思想從其歷史語境剝離的
嘗試，不過是以哲學話語來掩蓋思想背後的社會政治意蘊。例如，
對於像布迪厄這樣的極端情境主義者而言，任何思想背後都代表了
特定的個人意圖和階級利益，抽象化則是一個把這些特殊利益普遍
化的過程。因此，文化政治語境是理解任何思想的關鍵出發點。文
化史學家的任務便是把思想還原到特定的歷史語境之中，並從中讀
出思想背後的文化和政治意識形態。

　　根據兩種方法論之間的分野，對李澤厚的研究也可以粗略分為
哲學角度的觀念史研究，和情境角度的社會文化史研究。哲學學者
們傾向於從觀念史的角度分析李澤厚哲學對康德、馬克思，以及黑
格爾哲學的借用。他們面臨的首要問題，便是如何理解李澤厚的馬
克思主義與西方馬克思主義之間的深刻分歧[6]。從盧卡奇到法蘭克福

5　關於文化史學的興起及其對觀念史的挑戰，見Anthony Grafton, "The History of Ideas: Precept and Practice, 1950-2000 and Beyond." *The Journal of the History of Ideas*, Jan. 2006, pp. 1-32.

6　見Woei Lien Chong, "Combining Marx with Kant: The Philosophical Anthropology of Li Zehou." *Philosophy of East and West*, Vol. 49, No.

學派的西方馬克思主義哲學家們強調主觀意識和文化霸權在革命中的核心作用，以擺脫經濟決定論的束縛。與此相反，李澤厚卻試圖通過討論文化的物質基礎，來把馬克思主義轉化為一種有關經濟建設和物質生產的理論。為了避免把李澤厚視為庸俗唯物論的同路人，學者們試圖從社會歷史的角度解釋李澤厚對西方馬克思主義的拒斥：李氏對經濟基礎的強調旨在反抗毛澤東的唯意志論[7]。然而這種從哲學中讀出政治教誨的闡釋，違背了觀念史學的根本方法論，把哲學史變成了社會文化史。同時，社會文化史的學者們從情境主義的角度分析李澤厚哲學與八十年代文化政治的互動。例如，劉康認為李澤厚是八十年代鄧小平改革的意識形態代言人。李澤厚的美學論述促成了中國馬克思主義由強調階級鬥爭轉向物質生產實踐的範式轉移[8]。這種布迪厄式的闡釋把哲學等同於意識形態，忽視了李澤厚的哲學體系和哲學所激發的政治想像之間的區別。

　　本文試圖調和觀念史與社會文化史之間的張力。思想史的研究不需要重蹈黑格爾式唯心主義的覆轍，也不必追隨極端情境主義者把抽象思辨簡單化為一種粗糙的知識社會學。本文試圖解決的問題是：抽象的哲學思辨和具體的文化政治變革在何種程度上不可避免地相互作用？因此，本文對李澤厚的分析分為三個層面：李在概念層面上對康德和馬克思的借用；李在歷史哲學層面上對啟蒙與革命

（續）────────────────────

　　　2, Apr. 1999, pp. 120-149.

　7　見Gu Xin, "Subjectivity, Modernity, and Chinese Hegelian Marxism: A Study of Li Zehou's philosophical Ideas from a Comparative Perspective." *Philosophy of East and West*, Vol. 46, No. 2, Apr. 1996, pp. 205-245.

　8　見Liu Kang, *Aesthetics and Marxism: Chinese Aesthetic Marxists and Their Western Contemporaries*. Durham: Duke University Press, 2000, pp. 145-166.

的重新闡釋；以及李著所激發的政治想像和社會影響。我對這三個
闡釋層面的區分並不是試圖否認三者在很多時候相互重疊，而是堅
持三者在邏輯分析層面上的差別。首先，雖然李澤厚的哲學和他對
毛澤東的政治反抗緊密相連，然而他的論述是在概念層面上重新闡
釋馬克思和康德來建立自己的哲學體系，而非對時局的政治評論。
這意味著思想史的闡釋不能僅僅從知識社會學的角度，把李澤厚的
理論看做一種特定的歷史與政治意識形態，而需要追蹤概念演化的
過程，並研究抽象概念的演變是如何與歷史政治背景發生互動的。
因此本文的第一層闡釋框架關注李澤厚哲學的概念層面：將馬克思
和康德結合在哲學上意味著什麼？換句話說，康德的自我立法預設
了一個自為自主的個體，而馬克思的社會本體論則聲稱自我概念的
形成離不開外在的社會性力量，李澤厚如何調節這兩種截然不同的
自我觀念之間的張力？將會在下文指出，李澤厚的「積澱說」是對
這兩種主體論的調和：李試圖在維護意識的內在心理結構的同時論
證其社會和歷史成因。這種折中主義背後是對黑格爾式綜合的拒絕。

在第二個闡釋層面裡，我集中處理李澤厚的歷史哲學：第一個
層面中抽象的普遍概念在這裡被轉化為中國現代性的歷史經驗。李
澤厚對黑格爾的排斥源於他對中國現代歷史的認知：李堅信黑格爾
式的絕對唯心主義深刻地影響了毛澤東的唯意志論的形成，從而造
成了中國社會主義實驗的種種悲劇。因此，李澤厚的新康德主義不
僅僅是對黑格爾的反抗，更是重新思考中國社會主義革命的必然性
與合法性的嘗試。在對中國現代思想史的重新闡釋中，李通過發掘
五四啟蒙運動的遺產來尋找中國現代化過程中被革命摧毀的其他可
能性。這種歷史哲學，把中國現代思想史變成了一種關於啟蒙的萌
芽如何在社會主義到來之前即被扼殺的悲劇敘事。這裡隱含的訊息
是：中國社會主義實踐從一開始便走上了歧路，因為革命壓抑了啟

蒙主義的價值觀，並走向了一種帶有民族主義色彩的集體主義。在
這裡，「回到康德」的哲學口號變成了一種特定的歷史政治意識，
即回到五四時期對啟蒙普世主義的承認和尊重。李澤厚的歷史哲學
以一種「未來先在時」（future anterior）的語態，通過回溯歷史上
的五四，來寄託他對八十年代新啟蒙運動的展望和期許。

　　在第三個闡釋層面裡，本文關注李澤厚哲學的政治意蘊。李澤
厚的歷史哲學把空疏的抽象思辨轉化為一種特定的政治訴求，這也
意味著其理論獲得了政治性。在這一層面，思想被置於一個混亂的
政治競技場，不同政治勢力都根據各自的意識形態來奪取對李澤厚
體系的闡釋權，把一系列修辭，話語，戰略，和政治利益強加在哲
學之上。我將集中考察新左派和自由主義的知識分子如何通過宣揚
或是批駁李澤厚的哲學，來為自己的政治議程服務。雙方都企圖超
越李澤厚的啟蒙／革命二元論：自由主義的知識分子希望以一種告
別革命的姿態來啟動啟蒙主義的遺產，而新左派的信徒則要求拯救
被新啟蒙運動汙名化的中國革命。我將論證，這兩種闡釋並沒有突
破李澤厚二元論的局限性，因為新左派和自由主義知識分子的批判
繼承而非摒棄了八十年代的啟蒙主義。

「要康德，不要黑格爾」

　　在其1979年發表的著作《批判哲學的批判：康德哲學述評》中，
李澤厚系統討論了康德關於認識論、倫理，以及美學的有關論述。
這本在文革期間構思並寫就的論著立即成為八十年代初知識界的一
個關鍵文本。對於李著熱情洋溢的接受和評論，體現了知識圈中普
遍增長的對文革政治的不滿情緒，伴隨而來的是一種要求徹底變革
知識生產與政治體制的呼聲。隨著鄧小平的上臺，政府暫時放鬆了

黨對文化和知識生活的控制。以傷痕文學為首的一系列文學和思想
作品不斷湧現，反映了文化大革命對於中國社會各個方面的災難性
影響。有學者認為鄧小平暗中支持這股反思極左政治的思潮，因為
這有助於削弱以華國鋒為首的毛式政治的堅定擁護者的合法性，鞏
固改革派對於權力的控制[9]。與此同時，以鄧小平為首的改革派也在
尋求辦法以促進經濟增長，在政治制度中引入有限的權力制衡，以
及培養支持改革的新文學。然而，知識界對於極左政治的批判繼而
引發了一種激進的思潮，這種激進主義通過揭露中國社會的文化、
政治，以及社會的危機來表達根本性變革的訴求。這種啟蒙主義的
升溫把知識界推入一種和黨國政治對立的緊張關係之中，結果便是
兩個思想運動之間的不斷衝突和妥協：由共產黨的改革者發起的旨
在改革社會主義制度的思想解放運動，和知識分子宣導的系統接納
啟蒙價值觀的新啟蒙運動[10]。官方思想改革的擁護者試圖從馬克思
主義的人道主義中獲取靈感，使鄧小平的現代化政策獲得合法性，
而另一些年輕的知識分子則逐漸轉向擁抱以啟蒙價值為特徵的西方
現代性。

　　李澤厚的立場似乎在這兩股思潮之間遊移不定：他試圖用官方
改革主義的理論資源（馬克思主義的人道主義）來改造啟蒙議程（康
德理論）。此外，李氏學說繼承了一個更為寬廣的思想譜系，即被
壓抑的五四啟蒙遺產和中國馬克思主義之間的複雜律動。李澤厚在

9　傅高義，《鄧小平時代》，北京：生活・讀書・新知三聯書店，2010，
　　頁217-249。

10　思想解放和新啟蒙對立的觀點最先由李陀提出。李陀進一步認為這
　　兩股思潮在八十年代中期開始由合作逐漸轉為對立。見查建英，《八
　　十年代訪談錄》，北京：生活・讀書・新知三聯書店，2006，李陀部
　　分。

1956年的「美學大辯論」中以一個美學家的身分登場,提出了一種
獨特的美學理論。這場學術辯論背後是毛澤東為系統清除五四時期
資產階級知識體系而發動的一場政治運動,其目標是朱光潛的主觀
唯心主義哲學。以蔡儀為首的馬克思主義理論家推崇列寧的社會主
義反映論,聲稱思想只能被動反映物質世界[11]。不同於朱光潛和蔡
儀的學說,李澤厚認為美的生產包含了社會和個體心理的互動。李
的學說一方面試圖解決個體對美的接受問題,另一方面強調美的社
會性——即美是通過集體勞動生產出來的[12]。李澤厚並沒有完全否
定朱光潛的唯心主義美學,而是試圖把布爾喬亞的孤立個體
(bourgeois alienated interiority)納入社會性的人類歷史整體。如果
毛澤東推崇的美學要求個人放棄內在性,擁抱無產階級的汪洋大
海,李澤厚的折中美學卻為個體的內在性保留了一線生機。

為了對抗文革高潮期間歇斯底里的階級鬥爭風潮,李澤厚隱退
到一種內在流亡(inner exile)的狀態,同時秘密編織著他對毛澤東
的哲學反抗。在七十年代下放到五七幹校的艱苦歲月裡,李澤厚設
法取得了康德的《純粹理性批判》,並藏在毛主席語錄下面閱讀[13]。
回到北京之後,李澤厚開始把自己的閱讀筆記整理成一部完整的著
作[14]。此時此刻,李澤厚僅僅打算從美學的角度撰寫一部康德哲學

---

11 見蔡儀,《論美學上的唯物主義和唯心主義的根本分歧》,文藝報
    編輯部編,《美學問題討論集》,第二集,北京:作家出版社,1957。
12 見李澤厚,《美的客觀性和社會性》;《論美感,美和藝術》,文
    藝報編輯部編,《美學問題討論集》,第二集,北京:作家出版社,
    1957。
13 見李澤厚,《走我自己的路》,北京:生活·讀書·新知三聯書店,
    1986,頁7-8。
14 見李澤厚,《走我自己的路》,北京:生活·讀書·新知三聯書店,
    1986,頁9-10。

的入門讀物。然而當《批判哲學的批判》出版時，書中對自我立法
的複雜論證，對於僵化的馬克思主義教條的迴避，以及純粹學術類
著作的常年缺失，使得李澤厚在青年學術圈中迅速走紅。不少讀者
把這本書當做飽含微言大義的政治宣言，把其對康德體系的理論闡
釋，例如自我立法、物自體，以及無目的的合目的性（purposiveness
without a purpose），看做對文革暴力的哲學控訴。不僅如此，李著
筆下的康德對法國大革命的矛盾態度，對德國君主專制的含蓄批
評，以及他對啟蒙理性的渴望，無一不與剛剛走出文革的中國知識
分子所思索的問題不謀而合。知識界普遍流行著一種文化恥辱感，
即中國還未走出舊式封建傳統的桎梏，而這種文化落後性與康德提
倡的啟蒙普世主義理想發生了衝突。這種歷史化的解讀，並不意味
著李澤厚不惜用曲筆來把自己的政治訴求摻雜在哲學論述裡面。相
反，正是由於李著純粹的哲學論調，反而賦予自身一種疏離世俗政
治的批判性距離，並由此獲得了一種激發政治想像的力量。換句話
說，康德哲學在李澤厚的筆下被賦予了一種特殊的歷史意識，引導
著讀者反思毛澤東的革命實踐，但李著在方法論上仍然是哲學式
的：李試圖回到他在1956年闡發的折中主義美學理論，調和心靈的
內在性和社會性。這意味著利用馬克思主義來改造康德的唯心主義
圖式論。

　　由二元論引發的主體自發性與被動接受的二律背反，貫穿了康
德哲學的整個體系。這在康德認識論中格外明顯。正如康德所言，
「沒有內容的思考是空洞的；沒有概念的直覺是盲目的」[15]，一方
面人類主體具有被動接受外在世界感性資訊的能力，另一方面人類

15　見 Immanuel Kant, *Critique of Pure Reason*. New York: Penguin Books,
　　2007, Print, p.12.

心靈必須主動地產生認知框架，將直覺式的感性經驗翻譯成有意義
的資料。我們用於認知外部經驗的基本概念框架（康德在其先驗推
論中稱之為「範疇」）必須源自理性本身，而不能訴諸直覺式的經
驗。更重要的是，只有當被動接收的外在經驗和自發的概念框架一
起合作時，我們才具有主體認識。接踵而至的問題便是：兩種截然
不同的認知範式──概念和直覺──是如何結合在一起的呢？換句
話說，如果來自外在世界的感性資料和我們內心的概念框架必須一
一契合，那麼必須存在第三種認知能力將直覺式的經驗轉換成抽象
概念。康德把這種認知能力稱為「超驗想像力」（transcendental
imagination），一種能夠調和直覺和概念的能力。然而，第三種功
能的介入似乎打破了主客體之間的微妙平衡：這意味著人類心靈不
僅需要提供將經驗轉化為概念的準則，還需要提供如何應用該準則
的先驗判斷。康德由此推論外在世界只有通過在我們腦海中呈現出
表徵（representation）才具有意義，從而肯定了人類主體的自由──
我們能夠制定關於如何認識外在世界的規則。然而，對現象世界的
認知是以犧牲對實體世界的感知為代價的，即康德認為我們完全無
法瞭解世界在人腦表徵之外的物自體的存在。因此，康德關於自我
立法的論述肯定了人類主題的自主性，卻無法提供一種關於自我和
外在的社會交互關係的辯證理論。

　　與此不同的是，李澤厚對康德二元論的改造始於對經驗/概念的
優先秩序的顛覆。李對主「體」性（subjecticality）的理解迥異於西
方哲學關於主「觀」性（subjectivity）的論述[16]。李澤厚認為對「體」
的強調體現了人類心靈的物質基礎，因此康德的先驗論必須放在人

16　Li Zehou, "Subjectivity and Subjecticality: A Response," *Philosophy of East and West*, Vol. 49, No. 2, Apr. 1999, pp. 174-183.

類主體和物質世界交互作用的漫長的歷史演化過程中檢驗。換句話
說,人類的認知能力起源於對自然的物質改造。通過製造和使用工
具來進行物質生產實踐,人類不僅形成了關於這個世界的感性認
識,也鑄就了主體內在的理性[17]。如果康德的主觀性預設了一個超
驗的普遍認知框架,李澤厚的主體性則歷史地產生於內在心理與外
在活動的交互作用。因此,李澤厚致力於修正康德的先驗學說,強
調正是由人類物質實踐,而非先天的理性框架,構建了人類主體性。
同時為了解決康德圖式論中直覺與概念二律背反,李澤厚從哲學人
類學的角度提出了文化心理積澱論。在李澤厚看來,人類在通過勞
動改造外部物質世界的同時也改變了其內在本質。這個過程被李稱
為「自然的人化」:人類在改造外在自然的過程中不僅把人性外化
於自然,而且通過構建社會組織和集體文化心理,改造了內在的人
性[18]。換句話說,人類通過勞動來改造外在世界,並且逐漸將這種
「人與自然的新陳代謝」(men's metabolic exchange with nature)內
化到自己的頭腦中。因此,正是人類的感性經驗構築了內在理性。
為了印證自己的理論,李澤厚通過一個考古學的案例來闡釋「積澱
說」的歷史合法性。在《美的歷程》中,李澤厚指出即使是最原始
的圖騰圖像也具有一種粗糙的幾何形狀,而這種幾何形狀正是歷史
積澱的產物。在考察中國新石器時代的陶瓷設計之後,李澤厚認為
其設計原理並非單純模仿動物圖形,而是蘊含了幾何原理。這種從
簡單仿製到程式化的抽象幾何的發展正是一種歷史積澱,正是人類
勞動過程中的經驗積累把單純的內容變成有意味的形式,從而創造

---

17 李澤厚,《批判哲學的批判:康德述評》,北京:生活·讀書·新知
   三聯書店,2007,頁28。

18 李澤厚,《華夏美學·美學四講》,北京:生活·讀書·新知三聯書
   店,2008,頁34。

了比較純粹的美的幾何形式和審美感[19]。對於康德而言，美感在超脫的客觀性（detached objectivity）和主觀感覺之間徘徊不定。更重要的是，康德的美感是一種與感性經驗無關的普遍理性。相比之下，李澤厚的美感則源於人類與自然的直接感性關係。對於李澤厚而言，只有通過勞動的歷史過程，粗糙的感性經驗才能被轉化為抽象的美的形式。

李澤厚用馬克思主義的自然論克服康德二元論的辦法，迥異於後康德時代的德國哲學思潮。從費希特到黑格爾的德國哲學家致力於把客體主體化來克服內在理性和外在經驗的對立。對於後康德的時代的德國哲學家而言，主體與客體之間的鴻溝必須被消弭，使孤立的康德主體得以擁抱主客體合一的總體性知識[20]。與此相反，李澤厚的哲學致力於把主體客體化：當內在主體主觀地改造世界之時，外在世界也通過改造主體來把主體客觀化。主體與客體的界線並未被揚棄。相反，李澤厚構建了一條雙向街道，保持著主體與世界之間的辯證運動，而非把兩者納入一種黑格爾式的絕對精神之中。

李澤厚與後康德哲學家的分道揚鑣並不意味著他成功解決了康德二元論的問題。李澤厚的積澱說過於依賴青年馬克思關於勞動是人與自然之間新陳代謝的理論，因為只有通過馬克思主義的勞動，李澤厚的主體才能和外部世界發生關係。李的浪漫主義視角把勞動闡釋為一個綜合調節的過程：通過勞動，人和自然，感性和理性，主體和客體得以互相轉化。然而，這產生了另一個問題：李澤厚能

19　李澤厚，《美得歷程》，北京：生活·讀書·新知三聯書店，2008，頁28。

20　關於以費希特和黑格爾為首的後康德德國哲學家對於康德的揚棄，見Terry Pinkard, *German Philosophy 1760-1860: The Legacy of Idealism*. Cambridge: Cambridge University Press, 2002. Print.

否繞開黑格爾來討論馬克思？眾所周知，青年馬克思的新陳代謝論
依賴於黑格爾的一個重要觀點，即人和自然之所以能夠辯證互動，
正是因為兩者已經屬於一個有機的整體，消弭了主/客體的界線。換
言之，在馬克思的理論框架中，人與自然之間的新陳代謝必須建立
在一個前提之上──即內在心理與外在世界的黑格爾式綜合已經完
成。因此，李澤厚把主體客體化的嘗試並不成功，因為他的理論基
點──青年馬克思的哲學觀是建立在黑格爾的絕對唯心主義之上
的。此外，即便李澤厚在一定程度上有別於黑格爾的絕對唯心主義，
其積澱說中的主客體分野並未脫離康德圖式論的二元論色彩：李澤
厚對文化心理結構和技術社會結構的區分，難道不是對康德的心物
二律背反的反復嗎？

　　李澤厚的哲學嘗試不僅觸及了一個普遍的哲學問題，也代表了
一種特殊的歷史意識。李氏對於黑格爾的拒斥與貫穿二十世紀的新
康德主義思潮隱隱相合。從某種意義上而言，黑格爾對於理性的社
會性闡釋（socialized reason）是克服康德圖式論內在缺陷的必然後
果。康德哲學的諸多方面已經蘊含了黑格爾式綜合的思想萌芽，這
使得康德和黑格爾之間的分歧並沒有許多人想像的那樣勢同水火。
然而問題在於，康德愈是靠近黑格爾，愈是顛覆了自身關於個體自
由的論述[21]。黑格爾認為康德式個體自由忽略了「他者」（the other）
的存在。在黑格爾看來，主體的自我意識是處在與「他者」的衝突
之中了克服「他者」的異質性，主體需要在更為廣闊的社會場域中

21　以Yovel 為首的新康德主義學者認為黑格爾理論的諸多方面──綜
　　合式的邏輯，歷史哲學，和社會主體論──都可以在康德學說裡找
　　到萌芽，然而康德拒絕突破二元論體現了其對黑格爾式綜合的後果
　　的警惕，見Yirmiyahu Yovel, *Kant and the Philosophy of History*. New
　　Jersey: Princeton University Press, 1989, p. 300-302.

與「他者」搏鬥，從而獲得絕對理性。為了獲得更高的社會性的存在，自我意識不得不揚棄個體自由，來擁抱總體性的絕對精神。對於李澤厚和他的新康德主義同道而言，黑格爾對康德二元論的克服付出了慘重的代價，因為黑格爾放棄了自我立法的可能性。正因為如此，李澤厚八十年代對康德的重新闡釋，實際上更加接近朱光潛的布爾喬亞美學——李氏論述肯定了孤立個體存在的合法性，並且拒絕黑格爾式的自我和社會的融合。儘管如此，李澤厚仍然堅持在馬克思主義的理論視野下，把內在心靈的塑造歸功於集體的社會性。這種折中主義反映了李澤厚在康德式的自我立法與黑格爾式的社會性之間不斷遊移的姿態。在下一節，我將闡釋李澤厚的諸多哲學命題——對康德的同情、對黑格爾的拒斥，以及對青年馬克思的迷戀——是如何影響他對中國思想史的闡釋的。

重新闡釋五四啓蒙思潮

從八十年代初開始，李澤厚撰寫了一系列闡釋中國近現代思想史與啟蒙思潮的論文，對二十世紀的中國思想主潮——新儒家，五四啟蒙運動，以及馬克思主義——進行了系統反思。這些論著體現了一種強烈的歷史意識——重建被壓抑的啟蒙普世主義傳統。李澤厚的哲學體系變成了一種歷史敘事：康德與黑格爾之間的張力被歷史化為啟蒙世界主義與革命民族主義之間長達半個世紀的糾纏。換言之，李澤厚的中國思想史在方法論上是一種歷史哲學。在歷史哲學的層面，李澤厚的折中主義涉及了康德與黑格爾對於歷史進步觀念的迥異看法。康德認為，理性不僅僅表現為一種個體意識，而且是一種真實存在的歷史力量。因此理性可以通過制度化的形式在具體的歷史發展過程中得到實現。雖然康德悲觀地認為人類本性的問

題——被其稱作「非社會性的社會性」（unsocial sociability）的劣
根性——無法通過歷史演化來根除，然而康德承認大自然有其隱秘
的宏大計畫（the hidden purpose of nature）——在歷史進步中實現理
性和自由[22]。儘管如此，歷史演化論與康德關於人是歷史最終目的
的倫理學自相矛盾：歷史進步論意味著人類理性有其缺陷，需要在
發展中得以完善；然而歷史發展卻意味著不完美的人性本身並非自
然的最終目的，從而取消了人在歷史中的核心地位。黑格爾的解決
管道是超越個體理性的限制，通過歷史的辯證運動將個體理性的特
殊性融入絕對知識之中。諷刺的是，黑格爾成功地建立了一套完整
的進步史觀，卻完全抹殺了個體理性，因為人性本身不過是實現黑
格爾式的歷史目的過程中的一個媒介罷了。偏激地說，黑格爾的歷
史觀是一種自動主義（automatism）：絕對精神的演進預設了歷史的
軌跡，而歷史進步甚至不依賴於個體意識的參與。與此相反，康德
認為歷史是根據人的欲望、意圖，和行動而不斷變動的，人類理性
參與了重塑世界的浩大工程。這種分歧從根本上塑造了康德和黑格
爾對於法國大革命的不同看法。康德受到了大革命的激勵，卻試圖
告誡世人不要輕易把大革命視為歷史進步本身。康德非常含混地
說，正是歐洲公眾對革命的普遍同情，而非大革命這個歷史事件本
身，顯現了道德進步的歷史跡象[23]。康德沒有同黑格爾一般把大革
命等同於歷史的客觀發展，而是通過細緻地區分對革命原則的肯定
與作為真實事件的革命本身的意義含混性，來展現抽象理性與其歷
史實現之間的差別。由此可見，正是因為他再度回到了二元論，康

22 Kant, "Idea for a Universal History with a Cosmopolitan Purpose," in
   Kant: Political Writings, edited by H.S. Reiss, Cambridge: Cambridge
   University Press, 1991, Print, p.41-53.
23 同上，pp. 41-53.

德才能夠抵抗黑格爾式的歷史目的論的誘惑。

　　康德關於理性原則與其歷史實現的區分，在李澤厚的思想史研究中起著至關重要的作用。李澤厚認為，中國革命與黑格爾式的融合有著異曲同工之妙：兩者均熱衷於揚棄個體意識和理性。在其最為著名的論文〈啟蒙與救亡的雙重變奏〉之中，李澤厚提出，五四啟蒙運動伊始，中國知識分子企圖通過彰顯個體自由來推動文化的革新，使中國大眾能夠接受康德式的啟蒙觀念。不幸的是，這場文化革新運動被一連串的內戰、民族主義運動，以及政治鬥爭所壓倒，因為戰爭的威脅使個體自由不得不讓位於集體主義。自由主義的軟弱性，使得部分知識分子開始尋求能夠賦予中國人民更為強大的歷史意志、激發政治行動的思想資源，即馬克思主義。以馬克思主義的中國接受史為例，李澤厚指出馬克思主義在中國的興起源自無政府主義思潮的傳播。然而在政治鬥爭的過程中，無政府主義逐漸被馬克思主義列寧主義所取代，因為馬列主義能夠系統而具體地指導革命鬥爭。隨之而來的國共內戰進一步加劇了革命的激進化，以及對個人權利的壓制[24]。

　　李澤厚進而把毛澤東思想看作馬克思主義中國化的重要代表。李澤厚認為毛澤東思想中濃厚的唯意志論是黑格爾主義和王陽明心學的結合產物。在其著作《青年毛澤東》中，李澤厚探討了毛澤東早期思想與黑格爾式絕對唯心主義的隱隱相合之處。李著認為青年毛澤東思想的幾個顯著特徵為「動」「鬥」「貴我」以及「通今」[25]。青年毛澤東認為宇宙處於永無止境的運動和衝突之中，並由此領悟

24　李澤厚，〈救亡與啟蒙的雙重變奏〉，《中國現代思想史論》，北京：生活·讀書·新知三聯書店，2007，頁21-27。

25　李澤厚，〈青年毛澤東〉，《中國現代思想史論》，北京：生活·讀書·新知三聯書店，2007，頁127。

了一種強調自我與他者，人與自然之間不斷鬥爭的倫理學。對毛澤東來說，萬變宇宙中唯一恆常不變的便是不斷抗爭和抵抗各種外力的主觀戰鬥精神。此外，毛澤東的絕對主觀倫理拒絕一切康德式絕對律令。毛的倫理近乎尼采式的超人意志，以克服混沌宇宙中的永恆鬥爭。李澤厚認為這種倫理學夾雜了龐雜的思想靈感——從《水滸傳》中的個人英雄主義，到五四啟蒙運動中的無政府主義，都深刻影響了毛澤東的唯意志論[26]。

李澤厚進一步認為，毛澤東早期的唯意志論，從根本上塑造了他在戰爭年代對於馬克思主義的理解。李澤厚認為毛澤東對於馬克思主義的鑽研大多集中在延安時期。唯意志論和緊張的革命鬥爭，使得毛澤東把馬克思主義看做一套軍事策略：辯證唯物主義有助於理解戰場上瞬息萬變的局勢。毛澤東這一時期的重要著作《矛盾論》中宣稱，萬事萬物處在永恆的運動之中，而運動則產生了無數矛盾。同時，矛盾的普遍性與矛盾的特殊性相依相存：在每一個特定的歷史時期，一個特定的矛盾主宰著歷史運動的軌跡。對於特定矛盾的克服並不能恢復宇宙的秩序，而僅僅是將主體推向由另一個矛盾主宰的鬥爭運動之中。因此，毛的辯證法無法導向黑格爾式的辯證演進，而是使得主體陷入永無止境的鬥爭之中，並不存在著克服矛盾的可能性。對與李澤厚而言，毛式辯證法近乎道家關於恆常變化的學說，並且加強了毛澤東對於政治鬥爭永恆存在的信念[27]。

李澤厚認為，中國社會主義實驗的悲劇來源於毛澤東唯意志論中對鬥爭的推崇。正是這種存在主義式的邏輯，把毛變成了一個永遠革命的信徒：矛盾的恆常性使得毛澤東相信，即使是在建立了社

26　同上，頁132。
27　同上，頁145。

會主義制度之後，由矛盾引發的暴力鬥爭也無處不在。如果無法客
觀地發現矛盾，中國人民必須主動創造矛盾，以便將潛在的鬥爭敵
人轉化為社會主義主體的一員。對於毛澤東來說，從農業集體化、
工業現代化到無產階級文化建設中的所有問題，都可以通過階級鬥
爭來解決。

　　毛澤東憑藉著他的軍事鬥爭經驗，認為社會主義的敵人無處不
在。毛澤東不斷地通過批鬥從知識分子、民族資產階級到黨內走資
派的一系列社會階層來印證「敵我矛盾」的存在。在他著名的「批
評-團結-再批評」的口號中，毛澤東不斷地通過找到人民內部的敵
人來擴大社會主義的外延，把一切個體身分都納入社會主義革命的
總體性之中。這是一種瘋狂的黑格爾邏輯：每一個把個體融入總體
性的階段並沒有帶來歷史的辯證演進，而是將主體不斷地驅趕回循
環往復的激烈鬥爭之中。每一種身分、階級和個體都可能被定義為
社會主義的敵人，需要被否定、批判、和改造，然而每一次改造又
將導向另一輪激烈的敵我鬥爭。在這個無限迴圈中，無產階級革命
的勝利總是一個將來到來卻並未到來的存在。黑格爾邏輯演繹到極
致的後果，不僅僅體現在個體自由的湮滅，更體現在永無止境的階
級鬥爭之中。

　　在系統審視了毛澤東思想和社會主義革命的內在聯繫之後，李
澤厚呼籲創造性地轉化啟蒙傳統[28]。更具體地說，李澤厚希望從毛
澤東的黑格爾邏輯回到五四啟蒙時期的康德主義。他警告讀者，八
十年代新啟蒙運動可能如五四啟蒙一般，導向另一輪政治激進主

28　李澤厚關於「創造性轉化」五四傳統的觀點受到了林毓生的影響。
　　見林毓生，《中國意識的危機：五四時期激烈的反傳統主義》，穆
　　善培譯，貴州：貴州人民出版社，1986。

義。李澤厚從「積澱說」的角度提出，走出思想困境的關鍵在於創
造性地改變中國的技術社會結構和文化心理結構，而這種創造性轉
化的思想靈感來源於五四啟蒙運動。因此，李澤厚對於五四啟蒙傳
統的發掘是一種「未來先在時」（future anterior）：啟動歷史的目
的在於對未來的展望。根據這種敘述模式，李澤厚從根本意義上改
變了中國現代思想史的結構和意義，因為李氏學說重新闡釋了五四
啟蒙運動與毛式社會主義的歷史關係。在毛時代的歷史學家筆下，
無產階級革命的登場克服了五四啟蒙內在缺陷，因此具有政治合法
性和歷史必然性。這種敘述試圖強行建立一個穩固的因果關係，把
社會主義革命實踐視為不可逆轉的歷史進步。與此相反，李澤厚顛
覆了啟蒙與革命之間的歷史因果關係，把這部社會主義革命成功的
「喜劇」變成了啟蒙失敗的「悲劇」：中國革命的勝利是以系統摧
毀啟蒙傳統為代價的。

八十年代的啟蒙與知識分子的政治

李澤厚的歷史哲學把抽象的康德學說轉化為關於中國現代歷史
的具體敘述，使得空疏的哲學論述充滿了政治想像與歷史意識，在
八十年代的知識界產生了廣泛的社會影響。從這種意義上來看，李
澤厚的學說具有深刻的政治性。本文試圖拒絕把哲學看做是意識形
態，然而這並不意味著哲學不具有特定的政治功能。李澤厚的每次
哲學創舉都產生於中共對意識形態作出路線調整的變革關頭。1956
年的「美學大辯論」的展開，與毛澤東試圖通過公共辯論來清除資
產階級思想資源的意圖息息相關。李澤厚的成名離不開馬克思主義
正統化的時代潮流。同樣，鄧小平的改革開放迫切需要一種修正主
義的馬克思主義理論，來印證其摒棄階級鬥爭發展經濟的合法性。

李澤厚對於物質生產實踐的論述,似乎又與改革派的意識形態轉向
隱隱相合。李氏哲學與其時代的微妙互動彰顯了中國獨特的文化傳
統:學術與政治、哲學與現實,個人反思與公共批判相互融合。這
種獨特的文人傳統鼓勵知識分子介入公共政治,而非投身疏離世俗
的形而上學,在前現代中國、士大夫的文化理想和道德義務與投身
合法的政治訴求息息相關[29]。學術的政治化集中體現在綿延千年的
科舉制度上:這種細緻的旨在為封建王朝選拔人才的學術性考試,
指導著文人如何思考政治、文化、與道德[30]。同時,對於「政治」
的詞源學考察,揭示了中國統治階層對於政治與學術互為表裡的認
知:以「文」為首的學術成就與政治權術都是構成善政的不可或缺
的組成部分[31]。因此,「政統」與「道統」之間的分分合合構成了
前現代中國士人與政權關係的主軸[32]。這種獨特的文化傳統,深刻
影響了民國乃至共和國時期的學術與政治。在毛澤東的時代,幾乎
每一次重大的政治運動都是通過政治化的學術批判而開始的。更重
要的是,毛澤東把自己視為在新儒家「知行合一」理想下融合政治
與學術的完美典範:他氣勢恢宏的七言律詩,對馬克思主義文學理
論的強力干預,以及對古今中外偉大人物的精到論述,無一不體現
了政統與道統、哲學王與立法者的完美融合。正因為如此,毛澤東

---

29 關於士大夫文化理想的詳細闡釋,見余英時,《士大夫與中國文
   化》,上海:上海人民出版社,2003。

30 關於科舉制度的考察,見 Benjamin Elman, *Civil Exams and
   Meritocracy in Late Imperial China.* Cambridge: Harvard University
   Press, 2013.

31 見 Peter K Bol, *Neo-Confucianism in History.* Cambridge: Harvard
   University Press, 2008, pp.132-142.

32 例如,葛兆光從政統與道統的關係出發重新梳理了中國思想史,見
   葛兆光,《中國思想史》,上海:復旦大學出版社,2001。

格外強調哲學的政治化：哲學的沉思必須為政治參與讓路，從而使得思考與行動、學術與意識形態合二為一。

李澤厚哲學的政治影響必須放在這種文化傳統之中理解。八十年代政治對學術的控制日漸鬆弛，然而知識分子與政權的緊密關係意味著哲學在公眾生活中仍然佔有重要地位。鄧小平的改革開放始於一場關於真理與實踐關係的哲學辯論。當權者需要一套系統理論來印證經濟發展優先於階級鬥爭，然而放鬆思想控制所引發的關於社會主義異化以及人道主義的激進反思超出了黨的預期。自由主義思潮的反彈不僅僅是對毛時代政治化學術的反抗，也意味著政統與道統的重新分化。在這種時代背景下，像李澤厚這樣的哲學家被賦予了一種特殊的歷史使命，來重振知識分子失落已久的道德理想，即通過批判政權來介入社會議程。李澤厚的哲學論著並不是在象牙塔中獨自沉思的結果。與此相反，李澤厚的哲學總是對接踵而至的社會危機和政治例外狀態的一種回應。李著最重要的兩個部分——康德哲學與對五四啟蒙的反思——均是對時局危機的思想闡釋。因此，李的著作中充滿了抽象哲學思辨與現實政治隱喻的緊張關係。在整個八十年代，李澤厚關於哲學、美學和政治改革的每一個論述，幾乎都對知識界產生了重大衝擊。他的主體論哲學被用來支持從尋根文學到現代主義的各種文學流派。他的美學論述引發了一場空前絕後的「美學熱」，在八十年代初期橫掃中國學界。他對新儒家傳統的發掘成為八五「文化熱」中文化保守主義的重要思想資源。八十年代興起的諸多思潮——人道主義、新儒家、現代化理論——都或多或少地需要藉著回應李澤厚來建立自己的論述。

八九風波之後，李澤厚的影響日漸減弱。即便如此，他仍然成為新左派與自由主義論戰中無法迴避的存在。九十年代中國知識界分裂背後的根源，在於對李澤厚的啟蒙／革命二元論的不同理解。

自由主義的信徒強調當今中國需要重新啟動李澤厚發掘的普世啟蒙
主義的遺產。對於像李慎之和王元化這樣的知識分子來說，李澤厚
所代表的啟蒙理性在八十年代後半葉被政治激進分子劫持，學術日
益僵化為激進主義的政治口號，因此八九風波不是啟蒙的宿命，而
恰恰是由於偏離啟蒙議程所導致的悲劇性後果。因此，李慎之和王
元化宣稱當今知識分子的使命在於再次拯救被打斷的啟蒙進程[33]。
與此相反，九十年代興起的新左派認為當今中國社會病症的根源，
在於啟蒙主義對於西方現代性毫無批判的全盤接受。九十年代肆虐
的全球資本主義正是八十年代啟蒙運動的後果。因此，需要被拯救
的恰恰是被啟蒙打壓的社會主義革命的遺產。在汪暉對中國革命的
重新闡釋中，毛澤東領導的革命代表了一種「反現代性的現代性」，
並由此推論中國知識分子需要重新發掘中國社會主義的批判性力
量，用以抵禦新自由主義秩序的侵襲[34]。在後現代主義學界新潮的
影響下，汪暉和他的新左同道們致力於通過解構啟蒙運動的普遍主
義，來揭露八十年代的中國新啟蒙運動的內在缺陷。更具體地說，
自由派哀歎啟蒙的終結，而新左派則把李澤厚的啟蒙哲學視為一種
「去政治化的政治」，認為九十年代崛起的全球資本主義是八十年
代啟蒙普遍主義的延續。例如，張旭東認為，李澤厚的「回到康德」
預示著新時期布爾喬亞個人主義的興起：「在中國後社會主義的文
化語境裡，從馬克思、黑格爾回到康德，就是要從歷史回到規範，
從革命、烏托邦、大敘事回到一種過日子的常態，回到常態所需要

33 見李慎之，《風雨蒼黃五十年》，《李慎之文集》，張貽編，自印，
　　2004；王元化，《九十年代反思錄》，上海：上海古籍出版社，2000。
34 汪暉，〈當代中國的思想狀況與現代性問題〉，《去政治化的政治：
　　短20世紀的終結與九十年代》，北京：生活·讀書·新知三聯書店，
　　2008。

的穩定的形式和範疇。」[35] 同樣，賀桂梅將李氏哲學放在冷戰自由主義的意識形態光譜之中檢驗，認為其哲學背後的政治議程是復辟資產階級的道德與法律權力[36]。汪暉更加有力地反駁了李澤厚關於五四啟蒙與中國革命的論述。在汪暉看來，毛澤東的革命並沒有推翻五四啟蒙的遺產，而是啟蒙最激烈的表現形式，是民族獨立與個體自由的有機結合。因此，李澤厚的啟蒙議程被看做是系統推翻毛澤東革命遺產──階級政治、革命世界主義，以及無產階級文化意識──的意識形態[37]。

　　新左派與自由主義的紛爭仍然無法擺脫李澤厚的幽靈。從某種程度上來說，兩者的核心理論資源都建立在李澤厚的啟蒙／革命二元論基礎之上，並試圖通過重新啟動啟蒙／革命的遺產來解決當今中國的社會病症。諷刺的是，兩者對於過去的闡釋都是片面的。對於新左派而言，自由主義者的「救亡壓倒啟蒙說」是充滿問題的：這種二元的歷史闡釋一方面質疑中國革命的合法性，另一方卻不加批判地全盤接受啟蒙普遍主義的價值觀念。同樣，對於自由派而言，新左派企圖啟動革命遺產來抵抗全球資本主義的嘗試也是可疑的：這種同樣二元論式的歷史哲學在抬高社會主義遺產的同時，忽視了革命與暴力糾纏的陰暗面。這兩種方法都企圖用一種決定論式的歷史哲學，來論證啟蒙／革命是現代中國唯一的合法道統。兩者都遵循著一種二元的、非此即彼的歷史闡釋方法，而這種理論的源頭正

35　張旭東，《全球化時代的文化認同：西方普遍主義話語的歷史批
　　判》，北京：北京大學出版社，2005，頁37。

36　賀桂梅，《「新啟蒙」知識檔案：80年代中國文化研究》，北京：
　　北京大學出版社，2010，頁1-25。

37　汪暉，《短二十世紀：中國革命與政治的邏輯》，香港：牛津大學
　　出版社，2015。

是李澤厚關於啟蒙／革命的二分法。從這個意義上來說，新左派和自由主義都是八十年代啟蒙政治的遺產，雖然兩者以迥異的方法企圖超越李澤厚的啟蒙議程，但終究殊途同歸，無法擺脫八十年代時代精神的束縛。

後世的思想史家或許會禁不住地困惑：九十年代伊始的一連串「主義」與「紛爭」的鬧劇究竟是克服新啟蒙運動內在缺陷的嘗試，還是回歸毛澤東時代政治化學術的歷史倒退？知識場域中政治的回歸（return of the political）是否已經偏離了李澤厚的啟蒙議程，還是對八十年代啟蒙遺產的辯證揚棄？思想史家們或許會不得不一次又一次回到1989年5月14日的那個夜晚，那個李澤厚的哲學與時代精神擦肩而過的歷史性時刻。當李澤厚和他的同伴們試圖用康德式的理性來說服學生抗議者之時，啟蒙的理念和真實的歷史力量之間的對立彰顯無遺：對於李澤厚來說，主導這場學生運動的激進主義無疑是毛式政治的延續，而這正是整個八十年代的啟蒙運動想要竭力阻止的；對於青年學生來說，李澤厚刻板的啟蒙議程與毛主義一樣企圖為了「大我」而壓抑「小我」[38]。八十年代的啟蒙思潮引發了這場學生運動，然而當理念成為一種真實的歷史動力之時，理念自身卻被歷史所揚棄。六四學潮乃至整個新啟蒙運動的最終悲劇或許不在於其被激進政治所吞噬，也不在於其陰差陽錯地促成了改革派的黯然退場與保守派的上臺。更深層的悲劇是，啟蒙思潮以疏離政治開場，卻以回到政治而終結。

涂航，哈佛大學東亞語言與文明系博士研究生。主要學術興趣為中國當代思想與文學，知識分子研究，及德國政治哲學

---

38 劉曉波，《選擇的批判：與思想領袖李澤厚對話》，台北：風雲時代出版公司，1989。

開創論辯毛時代的文學空間：
論閻連科《四書》裡的大躍進虛構

魏　簡

楊焯灃　譯

　　一般來說，後毛時代的開始都被認為是在1978年12月、毛澤東死後兩年的第十一屆三中全會前後，以四人幫倒台、鄧小平掌權為記。不過，中國政府從來沒有完全否認過毛澤東是中國國父的看法。現任中共總書記習近平亦提出一套相當耐人尋味的說法即「兩個不能否定」，指出即使有了改革開放年代的進步，毛時代的成就也是不能「否定」的[1]。波士頓大學國際關係與政治科學教授傅士卓最近也撰文提出：「現在處理毛澤東遺風的問題，比起十至二十年前更

譯註：除標明為譯註外，本文所有附註均從原文。

1　習近平在2011年中國共產黨九十週年的一場講話上就開始傳揚類似的理論。最經典的說法出現在2013年1月「十八大精神研討班」的講話，參見《人民日報》2013年1月6日〈毫不動搖堅持和發展中國特色社會主義——在實踐中不斷有所前進〉http://politics.people.com.cn/n/2013/0106/c1024-20100407.html （參考於2014年6月23日）。這個意念在中央黨史研究室撰寫的一篇文章裡再次得到申述，文章刊在三中全會前一天的《人民日報》上。見《人民日報》2013年11月8日，〈正確看待改革開放前後兩個歷史時期〉http://politics.people.com.cn/n/2013/1108/c1001-23471419.html（參考於2014年6月23日）。

加棘手。」[2]毛澤東影響之深遠，自然也是許多學術研究的對象，當中較具代表性的有：白杰明著的*In the Red*，點出了毛澤東形象在文化界和知識分子圈子的吸引力；李靜君與楊國斌合編的*Re-envisioning the Chinese Revolution*，則轉而討論社會低下階層呈現「革命年代」的方式；韓博天與裴宜理合著的*Mao's Invisible Hand*就側重政令決策，強調毛時代和後毛時代的共通之處[3]。

1981年的〈關於建國以來黨的若干歷史問題的決議〉（下文簡稱〈歷史決議〉），為官方史學或其他公開文章對毛時代的處理手法劃下了整體上的界限，主要是對毛時代的批評無法超越建設社會主義的正確道路上的某些「錯誤」[4]。不過，與此同時，中共政府也積極打壓，不容在公共領域評論毛時代，實施「淡忘的權術」（politics of amnesia）。在1989年民運遭鎮壓後不久，方勵之在藏身美國駐京大使館時，便寫下著名的〈共產黨的遺忘術〉一文[5]，並提出了「斷

2　Joseph Fewsmith, "Mao's Shadow," *China Leadership Monitor*, No. 43, 14 March 2014, p. 1, www.hoover.org/research/maos-shadow（參考於2014年6月23日）。在李永峰2013年發表在《亞洲週刊》的一篇文章之後，傅士卓提出，習近平是受到當時在中共中央文獻研究室的朱佳木2007年提交的一篇文章的啟發，而提出對毛澤東的新評價。這篇文章是在十七大之前提交，但被江澤民擋了下來。

3　Sebastian Heilmann and Elizabeth Perry（eds），*Mao's Invisible Hand*, Cambridge, Harvard University Asia Center, 2011；Geremie Barme, *In the Red*, New York, Columbia University Press, 1999；Ching Kwan Lee and Guobin Yang（eds），*Re-envisioning the Chinese Revolution: The politics and poetics of collective memory in reform China*, Stanford, Stanford University Press, 2007.

4　關於毛澤東在官方史學中的地位的泛論，參閱 Arif Dirlik, "Mao Zedong in Contemporary Chinese Official Discourse and History," *China Perspectives*, No. 2012/2, 2012, pp. 17-28.

5　Fang Lizhi, "The Chinese Amnesia," *The New York Review of Books*, 27

代」的概念，指出中共是靠著切斷民運記憶在世代之間的傳承，來維繫手上的權力，結果是每個世代都不知道他們的先行者的理念和成就，而不得不從頭起步。

　　但這並不等於中國沒有人辯論過1949年至1978年之間的往事，不管是黨內高層關上門來，還是民間大眾刊物上，對毛統治下所發生的事的拷問多年來一直不缺[6]。早在1978年，還未到三中全會確認鄧小平的掌權時，一直冰封的文學和藝術界開始回暖已是有跡可尋，具體體現在兩篇短篇小說的面世，當中其中一篇盧新華的〈傷痕〉更是影響深遠，展開了一整個回想文革種種事跡的文學風潮，文題本身也成為了這場思潮的名字。由七十年代末開始，文學便是取代公眾討論毛時代歷史的空間。雖然經常有論調指讓民眾暢所欲言、百家爭鳴，是真正的政治改革和中國民主化進程不可或缺的一塊，但顯然易見，官方一直沒有容許過中國公眾有系統的討論毛時代的歷史和政治，讓史家和公民（以及上學的學童）更加了解五十年代早期便開始的整風運動、五十年代末到六十年代初的大飢荒、以及文革年代農村地區的群眾暴力，背後所牽涉的種種體制和機

（續）————————————————————

　　September 1990, www.nybooks.com/articles/archives/1990/sep/27/the-chinese-amnesia/.（參考於2013年11月16日）中文版題為：〈歷史將不再被遺忘〉，收錄在《方勵之文集》，第二版（紐約：明鏡出版社，2014）。

6　民間聲音的一些近期例子有：南京史學家高華（1954-2012）的著作，他的延安研究專著《紅太陽是怎樣升起的》（香港：香港中文大學出版社，2001）在大陸仍未有出版；經濟學家茅于軾的書評〈把毛澤東還原成人〉（財新網，2011年4月26日）；退休黨史學家辛子陵在2011年末到2012年初上書要求把毛澤東的名字從黨文件中刪去；退休北大教授錢理群最近也在台灣出版一本兩冊的毛澤東傳記，相當浩大：錢理群，《毛澤東時代和後毛澤東時代(1949-2009)：另一種歷史書寫》（台北：聯經，2012）。

構。不過，因為出版制度裡藏著種種漏洞，審查制度觀感上也往往
對虛構作品從寬處理，加上出版社和期刊編輯的自由派作風，希望
大眾對毛時代多加反思，展開討論，這些因素都是作家和出版單位
不時在打擦邊球時利用的。故此，文學就成為了中國社會民眾規避
官方話語界線的方法之一。

　　本文不打算詳細回顧知識分子對毛時代的商榷，也無法給出文
學界處理毛時代問題的全盤歷史。它的焦點比較集中，只探討一個
最近以虛構作品提出在中國再現毛時代問題的例子，處理該作如何
打破了以往牢不可破的界限。本文的理論基礎受哈貝馬斯提倡的公
共空間理論啟發，這位新法蘭克福學派理論家曾提出文學在歷史上
使公共空間成為體制的角色；同時語用學家瑟爾（John Searle）將
虛構寫作界定為具實際意義的語言行動，也是本文賴以輔助的理論
觀點。依哈貝馬斯之見，現代公共空間起源自18世紀歐洲，與受過
教育的資產階級社會差不多同時興起，這個公共空間由印刷媒介和
刊物所支撐，可視為「一個論壇……讓本來屬於私人領域的個體可
以聚集成公眾，形成公共意見，令把持公權力的人在其面前不得不
解釋自己行事的原則，約束公權力的使用。」哈貝馬斯這樣描述這
個進程：「在這個過程中，由個別個體構成的公眾利用理性思考，
將原來由當權者操控的公共空間挪為己用，使之成為散播批判國家
權力聲音的場所，將本來已具有公共性質、起著討論平台作用的文
學公共空間，改造過來。」[7]很多人已討論哈貝馬斯理論的規範性，

7　參見 Jürgen Habermas, *Strukturwandel der Offentlichkeit*, Frankfurt,
　　Suhrkamp, 1990 [1962], pp. 81 and 116。查理斯·泰勒（Charles Taylor）
　　曾對哈貝馬斯對公共空間的定義作出批評，相當為人所共知，他批
　　判的理據在於基於差別和差異的政治觀、否認哈貝馬斯的「公共」
　　概念裡固有的「平等價值」普世觀的「認同的政治」（哈貝馬斯並

以及該理論在中國語境裡的應用，這些討論已超出本文的範圍。不過，要在「社會主義中國文學體制」（林培瑞語）[8]內書寫，無疑面臨非常強大的掣肘。林氏雖然認為這個體制在九十年代已經不復存在，不過他近來的著作仍然提及「體制」一詞，可見當中一些做法和慣例名亡實存[9]。不過，雖然審查和操控一直以來都存在，我們也不能否認自九十年代的經濟改革以來，也出現了新的出版和討論空間，情況一如哈貝馬斯所指的18世紀歐洲。本文的基礎觀點是，文

（續）

不接受這項批評）。雖然本文作者知道這項批評，本文並不將閻連科對毛時代的質疑，視作試著宣告一種「本真身分」來爭取認同。參見泰勒和哈貝馬斯收在下書的文章：Amy Gutman （ed）, *Multiculturalism: Examining the politics of recognition*, Princeton, Princeton University Press, 1994.

8 Perry Link, *The Uses of Literature: Life in the socialist Chinese literary system*, Princeton, Princeton University Press, 2000。林培瑞文中並沒有明文引用布迪厄（Bourdieu），不過他的研究方法也是建立在一種實證主義（非美學）的觀點，把文學了解為「多個觀點並列的光譜」（用語來自布迪厄，林培瑞引用於頁56）。林培瑞為這個體制下的定義是蘇聯傳入的官僚制度，和中國社會普遍對文學的功用價值的假設合流，特色是著重領導和讀者的關係，而作者本人反而變得次要，還有非常依賴自我審查，而達到這點的方法是把作家編入工作單位，利用當中提供的好處而形成「組織性的依賴」（Andrew Walder語）。

9 例如，他寫道，「像莫言之類的作家都清楚這個政權的手段，可能不怎麼喜歡，不過都接受了一些東西怎麼說出來要有所妥協這一點。這就是在體制內書寫的代價。（⋯⋯）當今的中國作家，體制內也好，不在內也好，都一定拿捏如何和自己國內的專制政府周旋，這少不免要算計、要有所進退、也要懂得耍些手段。」Perry Link, "Does this Writer Deserve the Prize?", *The New York Review of Books*, 6 December 2012. 閻連科在散文〈在高度集權與相對寬鬆的雙重天空下〉裡也討論了這個問題，收於閻連科，《沉默與喘息》（台北：印刻，2014），頁151-171。

學作品及其在媒體引起的辯論，可以帶來對國家大權的批判。在這重意義下，中國可以視為有一個正在萌芽醞釀的公共空間，而這個空間既是經濟改革的成果之一，也是由更為廣大的華語公共空間所衍生出來的，因為雖然中國國內沒有出版和新聞自由，但香港、台灣和中國內地以外的網絡世界，保障了這個權利。閻連科的《四書》最後無法在中國內地出版，但即使身在內地只要上網也不難取得（見下文），所以此書當以更廣大的華語公眾為框架來討論。

除此以外，本文也借助瑟爾的理解，將虛構話語視為和其他話語一樣，是具備作者用意的發言行動，當中既有溝通話語的言內之意，對讀者也有實質的言後之果。因此，雖然虛構可以有「玩世」之況味，但同時也可以是一種介入的行動，而行動的受眾可以是無限的[10]。因為這個原因，本文除了細讀閻氏《四書》的文本外，也得助於筆者與小說作者本人的兩場深入訪談，以了解介入行為背後的意圖（但這重意圖自然不可限制閱讀的可能，以及閱讀的語用作用）。與此同時，本文也引用了一些閻連科所作的公開訪問，當中他也提出相似的觀點[11]。本文順此途徑提出，在當代中國知識分子公開討論中共歷史上毛澤東時代的種種時，可能已出現了新的轉捩點。

本文第一部分會勾勒寫作毛時代的歷史回顧，接著再分析閻氏的著作和該書在中國的回響。

10　John Searle, "The Logical Status of Fictional Discourse," *New Literary History*, Vol. 6, No. 2, 1975, pp. 319-332.

11　閻連科最新的散文集，談論了審查制度、國家失憶等種種政治問題（見附註9），但本文刊印時才剛出版，因此本文只能參考而未能全面討論這本書。

針對毛時代的論辯與文學空間的歷史概覽

自七十年代末興起傷痕文學以來，虛構作品和自傳體的虛構一直發揮揭示文革中個人傷痛的作用，角色相當重要。盧新華的〈傷痕〉一作（1978），以一名年輕女性為主角，因為家人背景不良而斷然斷絕來往，但響應下鄉號召後才發現自己依然受家人出身的問題所困。她母親最後得到平反，她回到上海打算照料母親，才發現她剛剛去世。這些文本往往由個人經歷出發，但只在既定的框架中打轉，並沒有觸及政府體制本身，反而經常著筆在人民對黨的信任，始終認為黨有能力把它的歷史錯誤改造過來。這種想法也反映在幾年後的〈歷史問題決議〉當中，雖然提及五十年代集體領導層所犯之過，還有將文革全盤定性為「錯誤」，但對毛的最後定論仍是正面的[12]。中共跟從由1951年決議案裡已奉行的一貫做法，把文革之過牽扯到更宏大的敘事裡，和現代化進程以及中共統治在歷史上的合法性連繫起來。

---

12 參見《關於建國以來黨的若干歷史問題的決議》http://news. xinhuanet. com/ziliao/2002-03/04/content_2543544.htm（參考於2014年6月25日）。對毛澤東和1956至1966年代主要的評價在第十八段：「這十年中，黨的工作在指導方針上有過嚴重失誤，經歷了曲折的發展過程。（……）這十年中的一切成就，是在以毛澤東同志為首的黨中央集體領導下取得的。這個期間工作中的錯誤，責任同樣也在黨中央的領導集體。毛澤東同志負有主要責任，但也不能把所有錯誤歸咎於毛澤東同志個人。」第二十段：「『文化大革命』的歷史，証明毛澤東同志發動『文化大革命』的主要論點既不符合馬克思列寧主義，也不符合中國實際。這些論點對當時我國階級形勢以及黨和國家政治狀況的估計，是完全錯誤的。」

　　某種程度上，八十年代的知識分子也心知遊戲的規則。政治上他們和黨內的精英階層有著同樣的共識，以中國現代化進程的一個段落來看待毛時代，於是乎把那個時代解釋為中國文化本質的重現：在毛的統治下，中國農民傳統中愚昧和獨裁等種種陰暗面，又重新浮面，最顯然而見的就是毛的個人崇拜。這種解讀也是中共可以接受的，因為中國廣大民眾無知、未受教育，毛澤東本人也只是受基層和幹部所累，所以說不是不可以用啟蒙的角度批評這些陰暗面，不過這股啟蒙的力量也要歸功於黨[13]。這串敘事也有另一重好處，就是可以把知識分子描繪成受害者：在毛澤東統治下，黨國機關辜負了知識分子的信任，和廣大受蒙蔽的農民群眾連成一氣，不過現在知識分子還是忠心的，並且願意與黨國政權聯手克服這些劣根性。整體上，這就是八十年代裡最先出現的毛時代評價的用詞。

　　不過一些異議之聲也是存在的[14]。其中一位就是劉曉波，他早在一九八六年便寫下〈危機〉一文，抨擊知識分子面對才過去不久的極權歷史問題時，只願隔靴搔癢：

　　張賢亮作品中的「右派」知識分子們非但沒有在非人的勞改中喪失人的尊嚴和價值，反而在艱苦的體力勞動中，在與下層人民心心相印的結合中，在善良，樸素，粗魯，勤勞的村姑們的

13　例如王瑾，參見Jing Wang, *High Culture Fever: Politics, aesthetics, and ideology in Deng's China*, Berkeley, University of California Press, 1996，尤以第二章為重 "High Culture Fever: The Cultural Discussion in the Mid-1980s and the Politics of Methodologies," pp. 37-116.

14　白睿文（Michael Berry）也討論過知青文學裡戀舊和創傷的辯證關係作，尤重兩個較偏離典型的作者（王小波與阿城），參見他的著作*History of Pain*（New York, Columbia University Press, 2008）的第四章，特別是頁260。

擁抱，愛撫之中，竟重新獲得了馬列主義世界觀和無產階級感
情，得到了靈魂的淨化和道德的升華。[15]

　　依劉之見，張賢亮雖然不遺餘力地將勞改營的苦況和知識分子
的屈辱一一痛陳，可他的寫作並未正視毛派政策的體制層面，也沒
有發掘知識分子在這些政策背後的支持角色。

　　到了九十年代，王小波的《黃金時代》面世，標誌著新形式寫
作的出現。王小波以戲謔不恭的口吻，將下鄉知青的經歷，寫成在
國家權力手下的一場場性虐遊戲，當中知識分子欲拒還迎的姿勢，
自虐地享受著被害的境況，實是質疑知識分子作為受害者的身分。
這在中國文壇是首見的。他對「文革受害者」多有嘲弄諷刺，無疑
是有意讓公民社會在論辯毛澤東作風和時代裡，扮演更積極的角色
[16]。

　　到了最近，作家也開闢出更新穎的角度，一邊將視野從文革推
前到五十年代，一邊用更顯露的筆調，詰問黨在死傷枕藉的連番群
眾暴力中的所作所為。其中有三篇作品最為突出，只有一篇在內地
出版。楊顯惠的《夾邊溝記事》（天津，2002）可算是最早處理反
右和大飢荒甘肅勞改營死亡事件等題材的作品。形式上雖屬虛構結
集，故此得以在中國境內出版，不過內容大多參照倖存者的訪談寫
作[17]。楊繼繩《墓碑》（香港，2008）則屬於民間史學作品，也可

15　劉曉波，〈危機，新時期文學面臨危機〉，《深圳青年報》，1986
　　年10月3日。

16　參見Sebastian Veg, "Utopian Fiction and Critical Reflection," *China
　　Perspectives*, No. 2007/4, pp. 75-87.

17　參見Sebastian Veg, "Testimony, History and Ethics: From the Memory
　　of Jiabiangou Prison Camp to a Reappraisal of the Anti-Rightist

以視為依中國報導文學傳統寫成的散文。最後，閻連科《四書》（香港，2010）則以黃河沿岸一處勞改營為背景，虛構出大躍進飢荒期間的故事。雖然這些作品採取的形式都有所不同，但它們同樣以五十年代為主題，試圖將質疑的目光放在中共政府最先初的合法性，在華語世界裡打開空間，讓公民一辯當今政權的基石何在[18]。

我們在此先指出這些作品在處理毛時代上的手法和過往的著作之間的不同之處，以下幾點可視為一個權宜的基礎，下文亦會詳論：

(1) 離開文革這個自〈歷史決議〉就判為「完全錯誤」，巧妙地在中共國史上帶過的「安全」時代，轉而應付五十年代建國時期這個忌諱的時間；

(2) 質疑的對象不單止在中共政權發展路上的一個「錯誤」，而是它本來的性質；

(3) 不再將知識分子寫成受害人，而是處理他們在政權初立至成形期間互為表裡的「罪過」；

(4) 不著筆於精英分子吃過的苦頭，改為試著記錄普通民眾身受政權所害的經歷，也為他們賦予自主能力；

(5) 當許多過往的作品限於個人回憶，而對更宏大的政治架構不加評論時，這些作品試圖超越一己之見，為公眾打開論辯歷史的空間。

（續）————————————

Movement in Present-Day China," *The China Quarterly*, Vol. 218, June 2014, pp. 514-539.

18 八十年代也有幾部個別的文學作品探討了飢荒一事。林培瑞提到佚名劇作《野火》、張一弓短篇小說〈犯人李銅鐘的故事〉和錢玉祥的〈歷史，審判我吧！〉。參見Perry Link, *The Uses of Literature*, pp. 254-255。

　　閻氏這篇小說獨一無二的提出具體的問題，探問文學是否可以嘗試在身處某種限制下，打開批判官方敘事的公共空間。小說雖然不得不在國境以外另覓出版空間，不過，該書在中國互聯網上仍是不難取得，而且廣受大眾討論。如果把小說與閻連科在《紐約時報》發表的散文並讀，則可以看出，小說的命題是作家追憶過往、拒絕遺忘的責任。更具體地說，小說帶起的問題，是作家追憶的責任、回溯的意圖，可以怎樣體現為開放的文學形式，而又不被中國文學審查制度所消音？這重探問又跟瑟爾的語用學理論隱含的問題類似，是關乎寫作意圖本身，與有多種解讀方法的文學形式之間的關係。林培瑞等人曾強調，要打進中國的公共空間，需要各種避重就輕的計謀，而這些做法不是沒有危機的[19]。再者，虛構作品又可以如何追認湮沒的歷史事件呢？到最後，要是說當今最缺乏的就是公共領域開明的辯論毛時代群眾暴力事件，那麼虛構作品怎樣留下多重解讀和討論空間，而又燃起辯論和追問歷史的星火呢？

閻連科的《四書》

　　閻連科的《四書》標記了中國文學書寫敘述毛時代史事的新轉向，當中閻氏嘗試著手處理大躍進人命如草芥的情況，亦反思了一

19　林培瑞指的是一種「倒轉的磁鐵效應」，即是先提出大飢荒之類的敏感問題，然後用他所謂的「俗不可耐的滑稽」把焦點從那些敏感的地方轉移開去（像莫言一樣）。雖然「社會主義文學體制」實體已經消亡，不過靠著「組織性的依賴」，這個體制的操控之手還是陰魂不散，讓作家們不得不在選題方面有所「分寸」，「來保住他們在黨治之下的仕途」。參見Perry Link, "Politics and the Chinese language," *ChinaFile*, 24 December 2012, http://chinafile.com/politics-and-chinese-language（參考於2014年8月12日）。

些人，包括受過高深教育的人，是如何共同造成了飢荒時期的政治
恐怖氣氛。在談論是甚麼驅使他寫一本關於1958-61年大飢荒的書
時，他指出1978年後大部分作家都自我局限在文化大革命這一塊
上，雖然這在他的年代裡（閻生於1958年）也是很自然的，因為那
是大家都經歷過的事。但他同時批評他的父執輩明明經歷過大躍進
和飢荒，卻沒有人出來書寫它。他推測，這可能是因為1978年他們
都埋首於反思文革，也是因為黨國政治在「五十年代神話」方面的
箝制更多，所以飢荒向來不如文革在〈歷史決議〉那樣，明文批准
可以拿來批判[20]。劉曉波在〈危機〉中就曾提及，許多作家都不敢
將批判的力度放在文革之外的對象，因為這就等於質疑五十年代奠
下的中華人民共和國基石。從閻氏看來，在八十年代書寫文革，太
過單調，也太零碎，人人都寫自己的記憶，沒有反思背後的政治體
制[21]。文學也沒有反思到各人經歷的迥異之處：百分之九十的民眾
都沒有發聲的權利，可以發聲的人卻都只談自己。在他眼中，在這
些文革文學裡，知識分子往往都只是良心清白的受害人，他們的自
白不過是在延續中共一手創下的「訴苦」做法，跟農民當眾抱怨地
主無道不仁沒兩樣。但他想寫出來的書，是有更多重涵義的，是要
能夠質疑知識分子的角色的[22]。

---

20 與閻連科訪談，香港，2013年10月11日。

21 同上。

22 與閻連科訪談，香港，2012年5月24日。關於「訴苦」，參見孫飛
    宇Feiyu Sun, *Social Suffering and Political Confession: Suku in Modern
    China*, Singapore, World Scientific, 2013。亦見閻連科，〈恐懼與背
    叛將與我終生同行〉，《沉默與喘息》，同上，頁127-150。

記憶與失記

閻相信，可以跟國家培植出來的遺忘對抗的，是作家寫出結構傑出的文學作品，因為只有文學價值可以盛載和重構記憶，正如歷史悠長的中國經典小說，將早已為人淡忘的舊時代記載存世[23]。2013年4月，他於《紐約時報》發表了一篇評論，題為〈論中國的國家失憶〉，文中他斥責了國家政策讓「虛假戰勝了真相，臆測造成為了歷史和邏輯連接的鏈條和接口。」對他來說，體制內作家在某方面是與之合謀的。「（當今中國的）問題並不能籠統、簡單地歸咎為國家與權力，還要去質問那些在強制性失憶中心甘情願的知識分子們。」他用俄國的布林加科夫、柏斯捷爾納克等作家和中國作家作對照，指這些俄國作家「與其說是對權力、制度的抵抗，倒不如說是對（國族）記憶、遺忘的修復和療救。」反之，在中國，作家甘於擁護國家權力所扶植的一套說法，「飛向反真實和良知的方向。然後，以藝術和藝術家的名譽，堂而皇之地完成歷史遺忘中的虛構和現實假象那有磚有瓦的華麗重建。」[24]

一方面，楊繼繩讓我們明白到「真實的事情」，另一方面，閻相信他自己的功夫在於尋回「真實的感情」，所以閻不覺得要做任何歷史方面的考據[25]，不過寫作依然是以歷史痕跡為動機——1989-

---

23　2013年與閻訪談。

24　Yan Lianke, "On China's State-sponsored Amnesia," *The New York Times*, 1 April 2013, http://www.nytimes.com/2013/04/02/opinion/on-chinas-state-sponsored-amnesia.html?_r=0（參考於2014年6月25日）。此文中文版最先發表於閻的新散文集，題為〈國家失記與文學記憶〉，《沉默與喘息》，同上，頁9-23。（譯註：引用此文時譯者用的亦是此註所參考的中文版本。

25　2012年與閻訪談。

90左右，一個蘭州的軍中同袍告訴他在沙漠裡發現了人骨，相信是
死在勞改營的右派留下的。也因為如此，閻在《紐約時報》的評論
和訪談裡，都把小說呈現成一種有意為之的策略，要和方勵之口中
的「斷代」手段抗衡。有的評論家可能覺得閻的說法不過是要討好
外國的讀者[26]，而不以為然，不過作者動機的「不純粹」到最後也
是文學本來無可避免的面向。所以，比較可取的研究方法是，留意
這些說法如何與小說的布局還有社會受眾間的反應互相磨合。在這
個互聯網的世代裡，把目光放在國際的公共空間，也不失為一種反
過來改變本國的公共空間的一個方法。

　　《四書》出眾之處，在於它結構複雜嚴密，加上它的主題，與
閻之前的作品如《受活》（2004）可謂有共同點，都是在主線敘述
外又加插「絮言」，功用如劉劍梅所言，在於「載史」，也應驗了
封面所說的「遺忘是我們共同的罪惡」這一句話[27]。書中也以列寧
紀念館暗喻毛澤東的天安門靈柩，橋段圍繞角色把紀念館當成生財
工具，也同樣足證閻氏長久以來對毛時代的反思。

　　《四書》分成四線敘述，每條線索都連繫上一則經典文本，但
事實上《四書》裡每一部「書」都是以短摘、隨筆剪貼而成，並不

26　《四書》至今已譯成了法文版，譯者是林雅翎（Sylvie Gentil）（*Les
　　Quatre Livres*, Arles, Picquier, 2012），但出版時此書在國際媒體上
　　的報導似乎不如《為人民服務》或莫言的最新作品。李素（Zuzana
　　Li）也將此書譯成了捷克文版*Čtyři knihy*，閻連科在2014年獲得卡
　　夫卡獎也可能得助於此。（本文作者藉此感謝一位佚名評論人向他
　　指出這重關係。）英文版到2015年才問世。

27　這句出現的地方是在《受活》的封面。參見Liu Jianmei, "To Join the
　　Commune or Withdraw from it. A Reading of Yan Lianke's *Shouhuo*,"
　　Modern Chinese Literature and Culture, Vol. 19, No. 2, 2007, pp. 1-33,
　　p. 25.

連貫。故事發生在黃河邊一個叫九十九區的勞改營育新區（「九十九」一詞可暗指「長長久久」），裡面困上了一百多個讀書人在當苦工，一開始是煉鋼，繼而是要趕上畝產千萬斤的糧食產量。他們的領導叫「孩子」，而每個角色名字也是用他們的銜頭取代，例如「作家」、「實驗」、「音樂」、「宗教」。小說在三條線索中來回穿插，而第四條〈新西緒弗神話〉則出現在最後，自成一體的改編希臘的西緒弗斯神話。其中兩條敘事線都是由故事角色之一「作家」擔當敘事者，一條叫〈罪人錄〉，是用來向「上邊的人」告狀揭發區裡其他的人，另一條叫〈故道〉，是部小說，題指黃河的舊河道。第三條〈天的孩子〉則用第三身、畫外音的敘事手法敘事[28]，圍繞著「孩子」這角色，語言風格和隱喻都帶著聖經的色彩。由於小說結構複雜，在進一步解讀之前，有需要花些功夫釐清各條敘事線，再回到它的背景脈絡裡去探討。

毛主義作為宗教（〈天的孩子〉）

　　小說裡一個令人注目的特色，是用字遣句極具宗教色彩、而且用聖經口吻敘事的〈天的孩子〉。在書的第一頁，育新區的成立便是借用〈創世紀〉開天闢地的語氣，錯落有致的重覆「事就這樣成了」一句：「事就這樣成了。光是好的，神把光暗分開。稱光為晝，稱暗為夜。有晚上，有早上。」（30）[29]孩子回到大原野來，說：「我

28　畫外音（Heterodiegetic narration，或譯「故事外敘事」）根據Gérard Genette的定義是指敘事聲音不能判別為故事裡任何一個角色的故事構成手法。這個特點讓〈天的孩子〉有別於以「作者」為敘事者的另外兩部書。

29　本文用的頁碼指的是閻連科，《四書》（台北：麥田，2011）。亦參見第七章第四節〈開拔〉，講的是用黃河泥煉鋼的「神蹟」。

回來了。從上邊,從鎮上。宣布十條。」(31)這裡把孩子比作摩西,也把幹部比作「從上邊」天上來的使者,閻相當明確的把毛澤東治國之道和宗教相提比論,而此舉也固然是帶諷刺意味的,到了孩子告訴眾人要畝產五百斤、超英趕美、不從的話便請大家把孩子他「銃了」的時候,這點更加明顯[30]。

整篇小說裡閻連科都在展現,毛時代的政治和宗教信仰是如出一轍的,都是一種拜物,圍繞著紅花和星星的迷信,用來推動育新者行好事。「孩子」紅衛兵的天真和對革命毫不質疑的信仰,也點出了一個國家的成年人是如何都變成了無從自我思考的兒童。這個主題也在「宗教」這個角色身上體現出來,他是個基督徒,敵不過孩子的相逼,踐踏銷毀自己的一本聖經和聖母像。有一次,因為作家的告密,宗教被發現鑲空了由「學者」翻譯的馬克思《資本論》,在裡面藏了一本小聖經。(138)不過,孩子也對聖經表現出興趣,他有一次叫宗教從「你最愛看的那本書上」說個故事。(178)在故事另外一個地方,區內的人也發現孩子在看《聖經故事集》的畫冊,而當宗教踩在他最後一張聖母像之前,孩子制止了他。(289)整體而言,育新區裡的世界都是按照著信仰來運行的:只要有信心,就可以行神蹟,產出前所未聞的畝產量和用黃河的泥沙煉鋼。有趣的是,閻關注的是毛主義政治裡的儀式層面,這和社會學家所言的「生產過程的儀式化」不謀而合,根據郭于華的研究,勞動的目的不再在於生產,而是改造農民的自我表現[31]。閻也同時點出,毛澤東在

---

30 閻連科以前也在《丁莊夢》開首一章化用了聖經故事,創世紀裡約瑟的三個夢中異象在書裡變成了一種先知預言。不過,《四書》是他第一次明確的把它和毛主義互相對照。

31 Guo Yuhua, "Folk Society and Ritual State," in Laurence Roulleau-Berger and Li Peilin (eds), *European and Chinese*

農村裡的形象是有著施行神蹟的本領的[32]。

　　孩子是一個特別耐人尋味的角色。育新區怎樣創立是沒有解釋的，而〈天的孩子〉跟聖經一樣，是全知而沒有明確的敘事者，沒有作者或來源。孩子這角色既沒有生平背景，心理活動也是不可理喻的，就如蔡建鑫和閻連科所說，是個「小法西斯」，全心全意的相信了社會體制，隨時預備為它而犧牲[33]。不過到小說最後，孩子從北京回來以後也變了一個模樣。他帶著作家用自己的血種出來的十八穗麥上京，希望從上邊討個榮譽給九十九區，當時一半的育新者都死了，學者託他把一份揭露真實情況的手稿上交中央。雖然當時一個中央領導已經來過看望育新區（依書中描述的身材外貌看可能暗喻劉少奇），所以中央理應知道飢荒的規模，但這些育新區裡的知識分子仍然相信中央會幫助他們。不過，孩子回來以後，絕口不提在北京發生的事，而只是一人派一顆「鐵造的」紅星（365），讓他們回家，第二晚把自己釘在十字架上。他是不是不再天真的相信這個體制了？是不是他對聖經的興趣帶來信念的改變，最後引發

（續）————————————————————

　　Sociologies: A New Dialogue, Leiden, Brill, 2011, p. 220.

32　閻連科在一場訪談中討論了毛澤東在農村地區裡的聖人形象，評論了那裡的「神對人的管理」；依他所見，毛澤東是神一般的人物，人們可以質疑，不過因為他有權，所以人們崇拜他。2012年與閻訪談。

33　參見Tsai Chien-hsin, "The Museum of Innocence: The Great Leap Forward and Famine, Yan Lianke, and Four Books," *MCLC*, 2011, p. 6。閻連科也用過這個措詞，不過不是在小說裡。在一場訪談裡，他說雖然這是個「小法西斯」，但上千成萬的讀書人在勞改營裡也甘願服從他。參見：〈閻連科：生活的下邊還有看不見的生活〉，《南方週末》，2011年7月27日，www.infzm.com/content/59605（參考於2014年8月12日）。（譯註：中文譯文參考的蔡文版本刊登在《四書》麥田版的序論，〈屈辱的救贖〉，頁3-21。以下同。）

了這場自我犧牲？蔡建鑫在台版的序言上，討論了孩子這角色最後
化身為烈士贖罪的弔詭之處，他寫到他把自己釘在十字架上，「不
見得是一種屈辱的救贖，也可能是一個對社會主義理想的殉節」[34]。
更有趣的是，這個角色口中的毛語體話語帶著聖經一樣的簡樸之
風，詢問的正是黨本身能不能、該如何為自己的罪過懺悔贖罪。

　　從這方面看，一個饒有趣味的細節，出現於書中第十三章第三
節〈天的孩子〉一開始敍述大飢荒開始的手法。「這個雨，連下四
十日，天下汪洋了。挪亞堅持造方舟，才得救留下人和動物們。」
（268）表面上看這句好像證實了官方的說法，認同飢荒是天然災害
造成的，不是人力所逮，不過我們也要留意，這種巵言敍事的方法
並不見於其他事件的記載之中。作者想指出的可能正是，在毛澤東
崇拜的邏輯裡，人沒法達到糧產量目標的話，都只能像聖經故事一
樣怪罪到天災頭上。

知識分子的罪惡（〈故道〉）

　　閻與以往書寫毛時代另一大不同在於，《四書》的本意是把困

34　參見Tsai Chien-hsin, "The Museum of Innocence," p. 7。蔡亦留意到
　　《四書》是第一次文學全面的質問大飢荒歷史，把書讀成是一種道
　　德上的詰問，可與David Grossman的納粹大屠殺小說《證之於，愛》
　　（*See Under: Love*）和魯迅《野草》的兩首散文詩〈復仇其一、其
　　二〉參照。一如《復仇》裡的基督形象，蔡認為孩子一角可以解讀
　　為作者在試探道德上亦正亦邪的層面。他把自己釘在十架上，表現
　　出「自虐式的情趣和屈辱式的揚棄」（7）。（譯註：蔡文的中文
　　版並沒有這一句，此句是直接從英文版翻譯過來，頁碼也是參考英
　　文版。）蔡把這點和魯迅將小說視為「亦毒亦藥」的混合體連繫在
　　一起，似乎暗示孩子被釘十架可以在象徵上帶來「祛魅」，把「有
　　毒」的毛澤東過去驅除出社會之外。

在育新區裡的知識分子描寫成批判的對象。他們的罪有兩個層次：其一，知識分子是毛時代的施害者之一；其二，知識分子沒有能夠面對他們的過去，將當時所發生的事的記憶傳承下去。這點在《四書》當中另外兩道由作家當敘事者的線索裡最為顯著。「作家」本來是個頗有名的人，作品在反右運動前也得到體制的認同，運動開展後工作單位裡的人投票挑選他投放下鄉。不過，上邊當局同情他的境況，給他格外開恩，如果他願意秘密監視其他育新者的一舉一動，每週向孩子報告的話，便對他寬大處理。不過，九十九區所有的知識分子本來大多時間都花在舉報其他人，尤其是捉姦，希望可以藉此獲獎足夠的紅花，恩准回家。但是，作家對其他育新者的背叛是有系統的，程度遠超過其他人的所作所為。他告發了「學者」和「音樂」是通姦犯，同一時間也出賣了試著要當場抓現行犯的「實驗」，一人獨攬所有的功勞。到了第十一章，他又在孩子帳屋被燒後，告發了那些謊報自己紅花數目的人，到了第十四章飢荒死人的時候更一直盯著音樂不放。所有政治運動他都隨時積極參與，甚至用自己最後一滴血來種出碩大的麥穗。當其他知識分子同時也是受害者時，作家一人作為權力的共犯，積極參與這些有乖常理的生產計劃和無孔不入的監控，形象是相當突出的。

　　不過，作家最後對他用來告發其他人的〈罪人錄〉也沒那麼大興致，在遠離育新區種田的時候，他再寫另一部書作為補遺。（234）只有在這一本書裡才能出現飢荒和人相食的記載。因為飢荒失控，育新區的人都在吃其他死去的人的屍體。這也符合中國現代文學裡吃人比喻的一貫用法，標誌了基本人性道德的淪喪[35]。不過，閻連

35　參見樂鋼的著作：Gang Yue, *The Mouth that Begs: Hunger, cannibalism, and the politics of eating in modern China*, Durham, Duke

科最後卻反其道行之。作家告發了音樂和學者「通姦」以後，又瞟上了音樂跟一個和上邊有聯繫的官員來往，用來換取食物，作家正想去勒索這官員的時候，官員卻告訴他，音樂已經在一次和他私通時被黃豆噎死。作家在她的遺物裡，發現了他向孩子上繳的告密報告。到了此時此刻，為了向她的屍體和她的情人學者請求原諒，他往自己的小腿割了兩塊肉，一塊跟音樂陪葬，一塊當成豬肉給了飢腸轆轆的學者。當學者把另一塊肉拿出來端在音樂墳前，學者意會到他吃的實在是甚麼，便喚著：「讀書人呀……讀書人……」（341）知識分子終能忠實的面對他與體制共謀的角色，明白他也是個食人者，吃人的隱喻在此逆轉了過來，變成了懺悔的方法。閻在幾個場合也曾用上「懺悔」一詞，雖然這詞從未出現在小說裡，而這詞的宗教含意（大半卻不完全只是基督宗教）也暗示，對閻來說，面對毛時代這段往事，是一重關乎道德的任務[36]。

　　在訪談裡，閻連科強調，中國知識分子批評他人一直以來都相當了得，要到了這本書裡他們才能懺悔和批判自己。「從延安以來，知識分子都是又是受害者又是罪人。知識分子是怎樣成了政權的最

（續）

　　University Press, 1999，內容相當全面；另外 Katherine Edgerton-Tarpley, "Eating Culture: Cannibalism and the Semiotics of Starvation, 1870-2001," in *Tears from Iron: Cultural Responses to Famine in Nineteenth-Century China*, Berkeley, University of California Press, 2008, pp. 211-233 的批評亦頗有建樹。

36　例如：「《四書》裡有一個知識分子的深長懺悔，那個人是作家，他也是一個告密者。他的懺悔在我們中國當代文學中幾乎沒有過。」（〈閻連科：生活的下邊還有看不見的生活〉，同上）這點不是完全沒有出現過：第一次有知識分子號召懺悔是1986年劉再復的〈文學與懺悔意識〉，這篇文章直到1988年前仍然被薄一波禁止出版。參見 Perry Link, *The Uses of Literature*, *op. cit.*, p. 45, note 109.

大的幫凶呢？更不堪的是，他們告訴我們的都是假話。比毒假奶粉更不堪的是他們製造出來的假歷史。至少奶粉你來香港可以買到真的。但我們的史書讓一整個國家都失憶了。」[37]在書中作家透過被吃這舉動，來表達懺悔，同時也讓他重新思考，該如何書寫飢荒的事，和把這本「在為了上報孩子而記錄罪人言行的空隙中」（212）寫就而成的書發表的問題：「我要寫一部真正善良的書，不為孩子，不為國家，也不為這個民族和讀者，僅僅為了我自己。」（211）這純然關乎個體的記載，雖然純屬虛構，不是實事實話，卻可能是對飢荒最真實坦然的證言。閻除了他的道德批判以外，更是用了「作家」角色的兩重敍述來指出有別於官方歷史的史記，也點明了兩者之間的差距。

《四書》的迴響：論辯歷史

從一本沒有在內地出版的書說到中國公共空間的問題，乍看似不合常理。不過閻並不如蔡建鑫所說那樣「自我檢查」，也沒有不把書交給內地出版社，而是把書先輪流送去了幾個商業出版社，他們拒絕了，書才落到了要在香港出版的境地[38]。據閻所說，這是因為他不夠謹慎之過。如果書第一次遭拒之後沒有人知道，那麼其他出版商還會把書當成一回事（就如他的新書《炸裂志》一樣），不過風聲一漏出去，沒有人再敢踫，事情就這樣成了。閻道破了一件

---

37 2013年與閻訪談。

38 見：Tsai Chien-hsin, "The Museum of Innocence," *art cit*., p. 4。本文的論點立足於閻個人的證言（2013年訪談和親友贈閱版的後跋），閻連科又提供了出版商的名字和交稿過程的細節，來證明他的確曾把書交給大陸出版社。

事：出版小說不見得比紀實著作來得容易，一切在於作者本人是不是「可信」，而且也有其他不成文的規矩[39]。無論事實為何，閻確實試過要書在內地面世，甚至做過一些改動，試著讓書在內地出版比較容易，「讓真正母語和歷史、文化上同一塊土地的讀者，可以看到這本書不差太遠的成書樣貌。」[40]

閻用上了幾個方法，用意可視為是要讓內地讀者展開論辯，而這種論辯某程度上也是存在的，體現於報紙報導和知名學者評論家發表的學術文章，例如孫郁（人民大學文學院長）、陳曉明（北京大學）和王彬彬（南京大學）等學者[41]。這些文章刊登，正好是在不少其他關於大飢荒的報導出現在媒體的時候，報導的語境也相似，譬如《南方人物周刊》2012年5月的「大飢荒」專題[42]。本節因此針對作者敘事的手法和中國出現的解讀之間的關係，特別是最後一部書〈新西緒弗神話〉裡多重意義的技巧，容許了不同解讀的可能，也為對歷史的論辯墾出土壤。這種論辯雖然不得不在文學期刊或者人跡罕至的網站裡進行，可畢竟出現了，也證明中國自九十年代改革開放以來出現的一個相對自由的文學評論空間，的確可以在社會中間打開一個更廣闊的地方來討論政治，和哈貝馬斯講的「已經賦有公共性的文學空間」不謀而合。

---

39 2013年與閻訪談。閻說笑道如果談計劃生育的《蛙》要是他寫的就不會通過，莫言寫的就拿下來茅盾獎。

40 閻連科，〈寫作的叛徒：四書後記〉，2010年10月16日，Word文檔由書作者提供。

41 亦見2013年10月10日香港科技大學舉辦的閻連科和余華研討會上王堯（蘇州大學）和程光煒（人民大學）的論文。

42 參見〈南方人物週刊〉，第299號，2012年5月21日，專題頁34-51。

中國內部的迴響

　　《四書》雖然沒有在中國大陸出版，不過在大陸也自有它的迴響。《北京青年報》早於2011年2月28日便有報導，閻連科任教的人民大學文學院在2月26日為《四書》舉辦了一場研討會，會上也討論了由人民大學同時出版的閻連科散文集《發現小說》。報導文章複述了閻本人的講話、還有院長孫郁和作家張悅然的評價，也提到書已經印了，一些親友已拿到贈閱版[43]。同一時間，香港和新加坡的媒體也刊載了首批全書評論，網上也有流傳。六月《南方都市報》刊登了撰稿人趙勇所寫的全頁文章，雖然主題是《發現小說》散文集，不過也提到他讀了《四書》的自印贈閱版，提到後面很多人等著要讀，催他快讀完[44]。八十後作家蔣方舟在一篇深圳刊登的文章裡，也提及過閻連科為小說做的「巡迴宣傳演講」，文章題目相當鮮明，叫〈通過看書來緩解政治幼稚病〉[45]。自由派教授王彬彬也曾收到一冊贈閱版作為禮物，他就描述過這版本的棗紅色封面，題有魯迅筆跡的「四書」，還有作者的跋〈寫作的叛徒〉[46]。最後，《四書》獲得華語文學獎紅樓夢獎的提名和入圍（最後由王安憶的《天香》獲獎），也在大陸傳媒界掀起新一波的報導。

　　王彬彬在2011年4月號《小說評論》裡詳盡介紹了《四書》。勾

43　〈閻連科：我要努力做一個寫作的皇帝，而非筆墨的奴隸〉，《北京青年報》，2011年2月28日。

44　趙勇，〈閻連科的自省意識〉，《南方都市報》，2011年6月26日。

45　〈通過看書來緩解政治幼稚病〉，《南方都市報》，二零一一年七月十六日。

46　王彬彬，〈閻連科的《四書》〉，《小說評論》，2011年第2期，2011年，頁18-22。

勒了書的文字風格以後，他特別集中在書中描述的慘絕人寰、道德
淪亡的境況，作家割肉餵友的自我救贖，最後文章以孩子把自己釘
在十字架上的「懺悔」舉動作結，對閻書中的救贖方法不夠「世俗」，
感到若有所失：「如果他帶領這些罪人走出集中營，衝向檢查站，
並死在『專政』的槍口下，我會更感動。」[47]不過他仍然認同書中
對歷史的批判。

　　陳曉明2013年末登在《當代作家評論》的文章基調大致相同，
不過相比之下，陳文來得更學術。他著重於在閻三本小說裡所謂的
「震驚場景」，在《四書》裡他所指的是「音樂」死去的那一幕。
文中也把作家這角色講成一個與「現代性」搏鬥的人物（在這裡「現
代性」可看成中國左傾評論家常用的用來批評政權的委婉說法）。
陳比王更常借用理論，文末呼應了傅柯的「被歷史打滿烙印的身
體」，並提出這些「震驚場景」讓閻連科能夠把歷史敘事重寫，作
為文章的結論。不過，他仍認為閻的風格是胡風的現實主義的變體，
是帶著批判精神的承繼了中國革命遺產[48]。

　　孫郁的學術文章日期標為2011年10月，收在一本在一家北京小
出版社（海豚出版）和中國國際出版社在2013年5月聯合出版的論文
集裡，但可能是他在人民大學宣傳《四書》的研討會上發表過的。
孫把《四書》形容為「形而上的寓言」，特別側重閻的「零因果」

47　同上，頁22。
48　陳曉明，〈「震驚」與歷史創傷的強度：閻連科小說敘事方法探討〉，
　　《當代作家評論》，2013年第5期，2013年，頁22-30（閻連科專題）。
　　現實主義的問題自然是具爭議性的。閻連科形容自己的風格是「神
　　實主義」，是一種在現實中發掘超現實元素的形式，當中最主要的
　　是重構因果關係。閻連科，《發現小說》（台北：印刻，2011），
　　尤其是最後一節，頁172-200。

現實主義，利用四道互相矛盾的敘事線所造成的有違常態的效果[49]。雖然他也指出書的母題是「罪感」，同時道明這種罪感不是「儒家層面」的，但沒有進一步說明它的根源。

「宗教」一角的「沉默的反抗」和作者在贈閱版後記的「寫作的叛徒」（後來成為孫文的散文集標題），跟一種和「舊」語言的對抗[50]連上了關係，讀者不難發現這種舊語言和近代中國的意識形態有關係。當孫提到「狂熱的時候」的「宗教般的神秘體驗」時，這種關係就變得很明顯。孫郁認為，閻連科對毛體語言呈現的「自覺」，是為書中最大的發現。事實上，我們也可以這樣推敲下去，閻別具匠心的用上四道不同敘事聲音的結構，破壞了毛體最講究的風格統一，而閻以往也處理過毛體，譬如《為人民服務》的調侃，和《受活》裡的方言顛覆[51]。

雖然他們對小說裡著重的方面都有不同，也或多或少觸及了歷史事件，而且三個著名學者對一本沒有在中國出版的書發表詳細的討論，也足證這部書在重重限制中還是能夠進入國內的公共空間。

多聲道結構與小說迴響

雖然早有評論指出小說的多聲道結構，我們還是可以強調，《四書》裡各部書在最後一章的引言裡（374），都自有一個虛構的出版

---

49 孫郁，〈寫作的叛徒〉，收於《寫作的叛徒》（北京：海豚，2012），頁127。「零因果」一說是閻連科自己發明的一個概念，見於閻連科，《發現小說》，同上。

50 「作者不斷掙脫舊的語言習慣給自己帶來的壓迫」，見於孫郁，〈寫作的叛徒〉，同上，頁134。

51 參見蔡建鑫的探討，見於Tsai Chien-hsin, "In Sickness or in Health: Yan Lianke and the writing of auto-immunity," *Modern Chinese Literature and Culture*, Vol. 23/1, 2011, pp. 77-104，特別是頁93-94。

和迴響背景。據書中說法,最先出版的《罪人錄》,是一份八十年代的黨內文件,是對政府政權最安全的一部,也呼應了傷痕文學裡自傳式的描寫,和當中知識分子自命清高、良心清白的態度。《故道》據說是2002年出版,反應平平,不過石沉大海,可見讀者不再對這種老故事感興趣。《天的孩子》是敘事者在舊書攤裡發現的佚名著作,由一個神話出版社出版。這樣閻連科就在自己的小說裡安插了一個尚未成形的公共空間,當中可以有不同的歷史討論、不同方式的「介入」,與此對照的是他希望以此書在現實中帶起的一個論辯空間。

第四部書《新西緒弗神話》本身也帶來幾個問題。四部書中只有它不是在敘事,而只有一篇形容是「晦澀難懂」的手稿,比較長而且沒有寫成,書中則說是敘事者在一個文獻研究所找到的,是唯一拒絕接受勞動改造的學者所寫,而且也是孩子帶上北京的手稿,也因此這手稿落在研究所裡。這篇序言改寫了西緒弗神話,說到神因為西緒弗已經習慣了推石上山的懲罰(因為他愛上了一個在路上遇到的神秘孩子),所以讓他推的石頭會自動向上滾(就跟第九章《天的孩子》裡的紅星鋼鐵車一樣),而他就要把石頭往下推。跟八十年代的知名作家一樣,啟發閻連科的還是一種對中國文化精神的批判(可以說這種批判也隱含在黃河「故道」這意念裡):西方的知識分子為著理念原則努力的把石頭往上推,而中國的知識分子卻是追求今生更實際的好處,溫飽、富貴、安康、齊家,而在把石頭往下推[52]。西方的西緒弗接受了懲罰時,他的罪名是愛上了一個孩子,但東方的西緒弗在適應要石頭往下推的時候,「愛上了」代表山下人世間的「這俗世的禪院炊煙圖」。「現實的炊煙給了西緒

---

52 2013年與閻訪談:閻用來概括這重對立的用詞是「今生」和「後世」。

弗被懲戒中新的意義和適應的力。」（380）孫郁將這最後的啟示解
讀為離開超越、形上的幻象，不論是宗教或政治的形上思想，而回
歸到接受現實作為更理智的選擇。「中國人一方面沒有形而上的生
活，可在狂熱的時候又有宗教般的神秘體驗。閻連科注意到對這兩
種存在的抵抗。」[53]

互相矛盾的歷史敍述

　　《四書》一題同時指向魯迅斥為吃人的儒家經典（四書五經）
和記載同一系列故事但版本不同的四福音書，由此帶出中國歷史存
在正統和異端，不同敍述並存的問題。《紐約時報》裡閻寫道「我
們慢慢安於失憶，倒過來質疑那些提出問題的人」，批判了官方寫
作窒礙了批判思考。相反，在《四書》裡，四道不同記載之間的矛
盾顯然易見，拋出來的問題並不容易打發。四部書中三部是故事，
一部是思辯文章；兩部（？）指涉經典文本《聖經》和《西緒弗神
話》，而另外兩部是作家一角對同一事件的實際和虛構記載。作家
的小說題為《故道》，指的是黃河舊河道。閻暗喻了歷史可能的另
一道軌跡，也暗喻了虛構小說作為《罪人錄》裡紀實書寫的對立。
閻認為，《罪人錄》裡，一切都是事實，記載的都是育新者的罪行；
《故道》小說裡，記的可能是創作出來的事實（尤其是割肉自殘一
處），不過卻代表了作家真誠的自我反省，比告密報告更真切[54]。
如閻所言，真切的感情從個人的觀點出發，容許個人的判斷，比歷
史調查更能打動讀者[55]。所以同一個故事也可以用「福音」的方法，

53　孫郁，〈寫作的叛徒〉，同上，頁137。
54　2013年與閻訪談。
55　2012年與閻訪談。

用一種不可質問的宗教文本、一連串告密報告、或者一部小說的形式說出來。每道敘事都引人探問敘事者或作者的處地和立場背後的倫理問題，還有史事記載和它參照的歷史事件之間的關係。小說理所當然無法重現真相，不過比重現真相更重要的，是閻如何播弄敘事手法（矛盾的多重故事）和語言風格（戲仿毛體等的不同風格）去營造複調的效果，開創讓讀者討論的空間。

　　所以，雖然孫郁的文章表面上是討論美學和文藝的問題，不過他也清楚表明，他對書的興趣是在書中所作的對「二十世紀歷史」的重新審視：「《四書》好像在諷喻歷史，實則在掙扎裡處理知性世界的空白。」[56]這篇文章直接面對小說和它背後的歷史時期的問題，文章本文唾手可得，帶領有興趣的讀者去讀原來的著作，不論是盜印版或者是香港買到的版本。

結論

　　本文簡單勾劃了小說產生的反應，證明了中國公共空間生態越來越繁複多樣。問題已不再是書在中國有沒有查禁，畢竟已出版的書也可以絕版，有關部門又能用手段讓書不能再版。反而，更重要的問題在於書在學術界、在網絡、在民辦書店或咖啡室裡，能不能引來公眾討論，和討論的基礎為何。在閻的《四書》一例中，學術、媒體和評論界裡造成的反響，足以帶來一種公眾公共的討論。

　　閻連科力圖改寫對毛時代的主流文學敘事，但也盡力保持文本意義開放自由。其中一道敘事線批評毛主義背後的盲目信仰；不過這只是四道敘事線之一。為了達到意義開放，閻故意不釐清小說裡

56　孫郁，〈寫作的叛徒〉，同上，頁136。

四部書之間的關係，讓讀者自己思考該如何把宗教文本的信德證言、歷史資料、虛構史詩和哲思隨想一一理清統合。一如孫郁所言，這也是在小說的中心留下一種「空白」。固然小說最後未能在中國大陸出版，不過它在香港、台灣得以面世，也有盜印版和互聯網流傳的版本，書本也在不同的期刊、學術研討會和其他場地得以討論。在這重意義下，《四書》代表的，是中國民間對官方版本歷史敍事的質疑，而對這些積極的介入行動的逐漸發展，也作了傑出的貢獻。

魏簡（Sebastian Veg），法國高等社會科學院教授。

楊焯灃，香港大學比較文學哲學碩士畢業。評書、電影、政治。

川普上臺與全球右翼民粹主義的崛起

葉　攀

　　美國總統川普當選已經一年，但是川普對美國和世界政治引起的震動方興未艾。一石激起千層浪，川普的獲勝不僅引起了國際上評論人士的廣泛議論，也造成了美國各界的劇烈震動。在國際上，歐洲的各路新納粹組織例如法國的國民陣線，以及英國獨立黨等紛紛表示祝賀，並認為川普的勝利也意味著他們可能的勝利。這並不是這些人士的自吹自擂，事實上在歐洲一些國家例如奧地利、荷蘭與義大利將要進行的選舉中，右翼民粹主義勢力的勢頭都十分強勁，義大利的右翼民粹主義組織在此之前已經拿下了羅馬市長的職位。在2017年的法國總統選舉中，勒龐女士不僅進入了第二輪，而且拿到了空前比例的選票。在美國國內，各路右翼人士也彈冠相慶，北卡羅萊納州的三K黨甚至要組織勝利遊行。巴菲特等金融資本家也很快就對川普表示了好感和贊許。而國際上的左翼人士紛紛表示震驚，例如賴特（Erik Olin Wright）直接就用「災難」形容川普的當選。大陸的「自幹五」則一以貫之地為一切比主流政治更加野蠻的事物歡呼。大陸的一部分自由主義者，也延續了他們「凡是保守的就是好的，就是應該支持的」這個態度。

　　川普的政治傾向已經不是問題，他也毫無掩飾自己政治傾向的

意圖。在維州夏洛特維爾事件發生後,川普甚至拒絕譴責參與其中
的新納粹——畢竟川普也知道,這些人就是他的社會基礎。英國《衛
報》的一位專欄作家約拿桑·弗里德蘭就認為,川普對美國三K黨
和新納粹組織的消極無為打破了數十年來美國甚至西方對法西斯主
義的禁忌,而且沒有為之付出任何代價[1]。川普剛剛當選就任命了有
法西斯傾向的班農為其首席顧問(現已辭職)。川普的內閣幾乎全
部由華爾街和石油等傳統產業的富豪(這是金錢政治的不二標誌),
以及美國軍方的鷹派人士組成。川普就任之後立即採取了大量相關
措施兌現其競選時的諾言,比如廢除奧巴馬醫改(被美國國會阻
擋),臨時禁止七個國家的公民(含雙重國籍者)進入美國(引人
注目的是其中沒有沙特、埃及等美國共和黨傳統盟友),對墨西哥
的商品收取高額關稅並用這筆資金在美國和墨西哥邊境建立隔離
牆,提高合法移民特別是技術移民的門檻,實行刻意吸納「高端」
移民的措施。川普的這些措施不僅是對人民權利的侵犯,也極大地
不利於十分依賴吸納全世界人才的美國高科技產業。事實上,川普
的政策顧問斯蒂芬·米勒本人就是持強硬右翼和反移民立場的。據
報導,川普政府的教育部長公開支持密爾頓·弗里德曼的「教育券」
主張,甚至主張強化學校中的基督教教育。這並不是這位部長的個
人觀點:反對美國公立學校中的無神論教育,通過私人教育推行宗
教主張,正是美國保守派特別南方保守派的一貫主張[2]。根據《紐約
時報》和《華盛頓郵報》等媒體的報導,川普本人也表示要廢除「詹
森修正案」,允許宗教團體進入政治領域,從事政治活動。川普的

---

1   https://www.theguardian.com/commentisfree/2017/aug/25/donald-trum
     p-nazis-far-right-charlottesville

2   Dochuk, From Bible Belt to Sun Belt, London and New York: W. W.
     Norton, 2011

　　其它經濟措施也是傾向於傳統產業特別是石油行業，而對諸如新能源等新興行業不利。川普提出的第一份預算案，延續了共和黨的「劫貧濟富」傳統。他提出的減稅計畫是：最富有的0.1%人士減稅14%，中產階級減稅1.8%，他還要求大幅度削減公司稅和房產稅。這些都是一目瞭然的。川普的種種舉措激起了美國乃至全世界範圍內的抗議，也受到了美國體制內部的阻礙。川普能走多遠還要進一步觀察。

　　川普的當選不是孤立的，而是近年來國際上右翼民粹主義勢力崛起的一個標誌。西歐和東歐的右翼民粹主義已經於多年前崛起，成為各自國家政治活動中一支不可忽視的甚至主導性的力量。在東歐各國，自從劇變以後，各種牌號的右翼民粹主義尤其猖獗。在匈牙利，右翼民粹主義已經執政多年。波蘭的右翼執政者正在深入進行進攻。俄羅斯、烏克蘭等國家也是大同小異，無論是新自由主義，還是更加右翼的勢力在這些國家政治生活中佔據的位置也不是秘密。在奧地利，海德爾也早已於1995年上臺執政過了。前述法國國民陣線早已聲名遠揚，本次法國大選中勒龐的進展也引人注目；甚至一向「安分」的德國，右翼民粹主義力量近來也不斷崛起。一向被認為是「保守」、「溫和」典範的英國，去年年中也公投的形式脫離了歐盟，這也被廣泛認為有右翼民粹主義的因素。亞洲也未能倖免，菲律賓的新總統正是這樣的人物。換言之，川普是全球特別歐美諸國右翼勢力不斷膨脹的一個標誌，也是其結果。川普之所以如此引人注目，主要還是因為他是全世界資本主義的領袖美國的政治首腦。但從川普宣示「美國優先」，並且對德國、韓國等國進行赤裸裸訛詐來看，川普似乎並不想擔任世界領袖。

　　美國的右翼民粹主義從其獨立時期起就相當流行，這種思潮甚至在獨立之前的殖民地時代就產生了。從殖民地時代起，就有一部分白人殖民者以北美大陸的主人翁自居，發展出了一種「殖民者意

識」。這些殖民者以「主人」的態度面對英國統治當局,也面對黑人和印第安人等「少數民族」。他們一手向英國統治當局爭取自己的自治與政治權利,一手奴役、鎮壓和屠殺黑人和印第安人。這樣一種殖民者意識並不是美國白人特有;南非的布林人,以色列的定居者也有這種意識。並非偶然的是,這三個國家也有,或者曾經有互相頡頏、互相比肩的種族隔離制度。這種殖民者意識正是右翼民粹主義的重要起源之一。這種態度也是右翼民粹主義的兩面性的早期表現之一。右翼民粹主義是民粹主義,因為這種思潮以「人民」的代表自居,反對所謂「精英」,或者更準確地說,反對那一部分被他們認為「背叛」了自己,並造成現實中的種種社會問題的「精英」。右翼民粹主義是右翼的,因為這種民粹主義並不尋求克服現實社會中的政治壓迫(這一點是他們和沙俄民粹派的一個重要區別),恰恰相反,右翼民粹主義尋求的是維護並且強化現實社會中的壓迫。美國右翼民粹主義的基本主張是:現實政治制度是沒有問題的,社會的原則也沒有壓迫(當然也無所謂剝削)。這一點右翼民粹主義和世界各地的主流自由主義者是一致的。他們和主流自由主義者的區別是,右翼民粹主義一般不否認美國等國現實社會中存在的各種問題。對於這些問題,美國的保守主義歸咎於「傳統價值」特別是宗教價值觀和市場受到了阻礙,他們的解決辦法也是強化這些傳統價值——很顯然這只能使得這些問題進一步惡化;以民主黨為代表的美國意義上的自由主義則拿不出太多解決辦法來,奧巴馬執政時期的無所作為,及其支持者對他和希拉蕊的失望就是證明。在右翼民粹主義眼裡,這些問題並不是這些社會的基本結構和原則本身的問題——如果他們承認這個,那他們就不是右翼民粹主義,而是左翼的激進派乃至革命派了。在右翼民粹主義看來,這些問題是由於「精英」們的「背叛」導致的,這些「背叛」的具體內容就

是和右翼民粹主義認定的那些替罪羊，例如黑人、猶太人還有拉美裔等「勾結」——這麼一來，美國政府出於補償目的實行的一些措施也就成了右翼民粹主義眼中精英和黑人「互相勾結」的證據（這也是因為在右翼民粹主義的歷史敘事中，黑人等有色人種在智力上是低等的、低劣的，無力自我組織社會運動，只能或者和精英勾結，或者被外部顛覆分子們煽動）。右翼民粹主義者們認為，只要清除了那些替罪羊，還有和這些替罪羊們勾結的精英，那麼一切就都會回到正軌上。美國社會中平時就已經有大量正式的和非正式的種族主義、排外行為，右翼民粹主義的主張就意味著強化美國已有的種族主義：美國歷史上的排華、迫害黑人、三K黨等都是右翼民粹主義的傑作。這一次川普則把矛頭對準了拉丁裔以及底層移民。就川普本人而言，他這樣的億萬富翁簡直就是美國社會達爾文主義「個人奮鬥」的樣板，簡直就是美國社會達爾文主義塑造的霍雷肖·阿爾傑（Horatio Alger）神話在現實中的化身。筆者以為，這也是川普脫穎而出，成為美國右翼民粹主義的偶像的一個因素。正因為如此，筆者以為一些人從「精英」角度批評川普是不可取的，也是無法成立的。上述種族主義傾向和民族主義也往往混合起來，總的來說美國產業界中和全球市場聯繫相對不那麼密切的那一部分比較傾向於美國右翼民粹主義。川普內閣的構成及初步經濟措施說明了這一點。

　　在歷史上，美國的右翼民粹主義的表現形式很多，從19世紀初期的安德魯·傑克遜擴大白人內部的民主權利與強化鎮壓與屠殺印第安人相結合，到反共濟會、「本土主義」再到19世紀末期的老羅斯福，20世紀初年的基督教保守主義（例如著名的田納西州「猴子審判」事件），20世紀針對美國尚未被收編的白人工人運動的攻擊，著名的三K黨，反猶主義（美國汽車大亨亨利·福特就是其著名代表之一），反共（例如麥卡錫主義），反對民權運動（直至殺害民

權運動人士）的所謂「沉默的大多數」等等，甚至有一些右翼民粹主義分子公然主張篡改歷史為納粹和希特勒翻案，1990年代以來針對墮胎診所採取暴力行動，組織白人民兵──1995年奧克拉荷馬州聯邦大樓爆炸案正是由白人民兵組織進行的[3]。2017年8月夏洛特維爾市發生的事件也是其表現，這次事件中三K黨、新納粹以及白人民兵等右翼民粹主義的「主要代表」紛紛拋頭露面。很明顯，這樣一種思潮和運動是不可能緩解，更不用說克服美國社會面臨的各種危機的，那麼美國社會又將如何發展，無疑也是世界矚目的。

雖然現在無論大陸內外都有一些人力圖將川普描繪成「群眾」反對「建制」的代表，但是這並不符合事實。根據統計資料，美國大選中，低收入人群更傾向於民主黨，而不是共和黨。川普在白人中產階級及以上階層中獲得的選票更多。這也是整個美國右翼民粹主義的一般狀況。這個思潮的主要支持者是美國的中產階級乃至一部分上層。事實上，川普自己就是美國上層的成員，川普團隊中的人士也大量充斥著銀行高管、對沖基金經理和石油財團人士。川普剛上臺就廢除了2008年金融危機之後美國政府制定的金融管制法令，巴菲特以及美國華爾街就以股價上漲，金價下跌（亦即美元升值）的形式投桃報李。而且在選舉過程中，美國軍方以及情報部門支持川普的動作也是非常明顯的，這些都說明一些人加諸川普的「反建制」頭銜是多麼虛幻。事實上，川普這一路的思潮與運動一直以來強調的始終是實際存在的資本主義還不夠「純粹」，現存體制的鎮壓、壓制還不夠強烈。他們要求的，從來是強化既存體制的鎮壓。川普上臺之後的舉措也證明了這一點。

3　關於美國右翼民粹主義的歷史，見Chip Berlet, Matthew Lyons: *Right Wing Populism in America*，Guilford Press，2000。

其實，歷史上的左翼民粹派才真正「反建制」。19世紀沙俄的民粹派主張的是以俄國的村社（早期）和農民（後期）為基礎開展社會主義運動和革命；19世紀20年代到50年代的波蘭革命民粹派反抗沙俄與波蘭本國上層的統治；拉丁美洲的民粹派通常會採取針對大資本尤其是美國資本的打擊措施（例如將當地美國資本收歸國有，瓜地馬拉阿本斯政府就是其中之一）。很明顯，上述這些運動與川普為代表的美國右翼民粹主義無論在宗旨上、訴求上還是基本的社會構成上大異其趣。近年來歐洲崛起的幾個左翼民粹主義運動中，希臘激進左翼聯盟Syriza的訴求是取消希臘的債務（在實際中這體現為希臘和歐盟的重新談判），西班牙「我們能」Podemos的訴求則是通過基本收入等措施減少貧困，反對緊縮、減少化石燃料的消費，通過小型企業為地方提供食品等。很明顯，這些運動的訴求和川普的措施也是南轅北轍的。

川普並不是美國右翼民粹主義第一次進入主流政治。20世紀以來，美國的兩黨政治中，民主黨主要吸收的是工人運動、民權運動等比主流政治更加左翼的力量。20世紀以來的共和黨則主要負責吸收比美國主流政治更右翼的那些力量。例如20世紀60年代和詹森競選總統失利的巴里·高華德就是美國右翼民粹主義在主流政治內的早期代表。尼克森能夠上臺，一般認為和反對美國民權運動與反戰運動的所謂「沉默的大多數」有直接關係。雷根之所以獲勝，和美國基督教保守派亦即美國右翼民粹主義的另一個主要流派的支持也有很大關係。90年代初和老布希以及比爾克林頓競選總統的佩羅也是其著名人物。換言之，雖然川普算是美國右翼民粹主義中第一個成功當上總統的人士，但是這個思潮和運動一直作為一股潛流體現在美國政治中。這次川普的崛起和獲勝之所以引人注目，也是因為他的崛起和獲勝說明美國主流政治吸收比自己更加「激進」的思潮

與運動的能力正在下降。這不能不說是美國的社會與政治危機的表現，這也是美國經濟危機深化的表現。筆者以為，這個過程似乎可以與20世紀30年代魏瑪德國時期普魯士老權貴企圖利用納粹，但是最終被納粹反噬的過程相比。

　　但是既然川普在美國中下層特別是少數民族的勞動者中處於劣勢，他為什麼又能在選舉中獲勝呢？根據相關資料，在這次美國大選的民主黨黨內初選過程中，民主黨內比希拉蕊更激進的桑德斯在五大湖地區獲得了比希拉蕊更多的支持。如前所述，民主黨長期以來控制了美國工會（1960年代，把美國白人工人和當時如火如荼的民權運動與反戰運動隔離開的正有這個因素）。五大湖地區這個美國傳統工業區在傳統上也就成了民主黨的票倉。但是，在這次大選中，這個地區成了川普的票倉。同時根據統計，這次美國大選的投票率下降，共和黨方面的投票率保持了正常水準，民主黨方面的投票率卻極低。綜合上述因素，筆者以為似乎可以得出這樣一個結論：這次大選川普的勝利，與其說是因為所謂的「反建制」、「反精英」，不如說是美國工人──特別是五大湖地區的白人工人──在追隨民主黨幾十年之後，終於表達了他們的消極抗議。當然，這是民主黨自身的問題，或者說背叛造成的。雖然美國民主黨在小羅斯福時期和二戰後的一個時期，特別是甘迺迪-詹森時期，曾經推行過有限的福利國家措施，但是，這些政策始終是三心二意的。例如小羅斯福時期的不少改革措施就半途而廢，無疾而終了。這些政策的主要意圖始終是預防美國社會出現革命性危機和運動，而不是實質性改善美國社會的狀況。況且，自從1980年代雷根開始推行新自由主義之後，民主黨自也在1990年代以「第三條道路」的形式推行了新自由主義，繼續了雷根未竟的拆毀美國福利國家的事業。具體的執行者，正是克林頓總統。奧巴馬在這個方面也沒有任何實質性的改善。美

國民主黨的第三條道路政策無疑持續了美國社會分化的急劇惡化，對美國白人工人造成了極大損害，這是美國白人工人對民主黨日益離心離德的一個重要原因。用赫希曼（A. O. Hirschmann）的話說，美國白人工人在以支持桑德斯的形式進行「呼籲」無果的情況下，以「退出」的形式表達了他們的抗議。如前所述，川普當政採取的政策對白人工人（以及有色人種底層）只會更加不利，而美國民主黨並未從希拉蕊的失敗中吸取教訓（當然他們也不可能），那麼，美國的白人工人們將會是怎樣的態度呢？筆者以為還很難說。同時，美國民主黨推行的這一套新自由主義政策對黑人等有色人種底層也是極為不利的。事實上，由於黑人更加依賴公共部門的雇傭，他們受到的新自由主義打擊更為劇烈──他們的碎片化、非政治化反抗反過來又刺激了種族主義的發展，尤其是所謂「對窮人的專政」的政治──亦即強化員警機器對社會底層的鎮壓的政治（以前紐約市長裘里安尼為其典型代表，在巴西等國也相當流行）的發展。誠然，這次選舉中由於奧巴馬的背書，美國黑人和其它有色人種底層仍然投了民主黨的票，但是這種支持真的會永遠持續嗎？這也要將來的發展才能給出答案。畢竟瑪爾科姆・X（Malcolm X），安吉拉・大衛斯（Angela Davis），保羅・羅布森（Paul Robeson）等也都是黑人。美國黑人的這個激進主義傳統，不無可能重新浮出水面。據筆者了解，的確有一部分工人已經加入了抗議川普的行列，例如2017年5月1日反對川普移民政策的遊行就得到了美國碼頭工人、護士、郵政工人和電力工人工會組織的支援。筆者希望，這只是一個起點。

　　從這個角度說，川普的當選對於所謂的「美國例外論」是一個很大的衝擊。一個時期以來，一些人鼓吹了一個不存在根本性的分化與衝突的美國，一個主流政治從未受到，而且在可預見的將來也不會受到強有力挑戰的美國。但是現在，美國的主流政治已經受到

了強烈的挑戰。而且，這次川普的當選也把美國社會內的黑暗側面赤裸裸地暴露在全世界面前。在美國表面上的「自由」、「開放」等形象的身邊，一直有一個保守、封閉的影子。川普的崛起說明，這個影子並不是無足輕重的，可以忽略不計的。例如，根據弗里德蘭提供的資料，在夏洛特維爾事件後美國媒體進行的民意調查中，9%的被調查者認為，持有白人至上主義或者新納粹觀點是可以接受的[4]。這已經是一個令人觸目驚心的數字。

　　川普的崛起也說明，和世界絕大多數國家和地區的社會一樣，美國社會是一個高度分化甚至高度分裂的社會，美國的自由主義主流政治，並沒有像一些人認為的那樣或者實現「公平」，或者真正地彌合或緩和美國社會的分化與分裂。相反，美國的自由主義主流政治捍衛的是一個高度分化，而且這種分化還在不斷加劇惡化的社會。因此這種主流政治，也必然隨著其捍衛的這個社會的分裂而分裂。例如已經有研究指出，從1960年代末期起，美國普通勞動者的收入曾經連續停滯20多年。已經有工作的那部分人士，其工作也越來越不穩定，形成了一個被學者稱為「precariat」的「新階級」。實際上，美國的自由主義所起到的作用，毋寧說是把美國社會特別是底層的意識甚至反抗意識鎖定在自由主義軌道中。例如1960年代美國民權運動和反戰運動的時候，新左派人士也試圖聯繫美國白人工人，但是當時美國白人工人仍然跟著民主黨跑，最終和新左派分道揚鑣。這種鎖定所導致的結果，並不是美國工人運動和其它社會運動在政治上更加「安全」，可以有效地防止所謂極權主義。右翼民粹主義的崛起和進入主流政治，就是美國民主黨鎖定結果的最好說

4　https://www.theguardian.com/commentisfree/2017/aug/25/donald-trum
　　p-nazis-far-right-charlottesville

明。筆者以為，這也是美國社會對於全球化的反抗更多地採取了白人工人「退出」，以及右翼民粹主義崛起的形式，而不是前述希臘Syriza和西班牙Podemos的形式的一個原因。那麼，在新的狀況下，美國民主黨對白人工人以及有色人種底層的「霸權」還能持續嗎？這種「霸權」能持續多久？這只有實際的事態發展才能回答。據了解，自從川普當政以來，美國民主黨內的左翼組織「美國民主社會主義」（Democratic Socialists of America）人數顯著增長。見微知著，筆者希望這個勢頭能夠持續下去並且進一步強化。

　　實際上，不僅美國，在世界所有國家和地區，新自由主義不僅造成了急劇惡化的社會分化，也必然造成了相當廣泛的怨恨和憤怒情緒。傳統上，對歐美現實的批判是左翼思潮和運動的任務。但是自從蘇聯東歐等國變成了反面教材以後，左翼的思潮和運動就遇到了很大困難。冷戰後特別是歐洲的一部分知識左翼，轉向了文化多元和後殖民、承認的政治、身份政治等理論。這些理論雖然形式上很精美，但是對現實社會的批判顯然是軟弱無力的。例如，雖然美國一個時期以來「政治正確」似乎聲勢頗為浩大，但是美國的文化左翼並沒有真正貫徹「政治正確」，克服美國社會根深柢固的種族主義和種族歧視的手段。比如根據美國學者的研究，早在1990年代，公立學校中的種族隔離就捲土重來了；美國「內城」（inner-city）中的底層黑人以及拉美裔人士也受到了警方的「特殊關照」。「政治正確」顯然對這個問題束手無策。這次川普的當選也不是因為大陸某些人認為的「政治正確」太強以至於引起了「反彈」，而是因為「政治正確」太弱，無力克服現實社會中的種族主義思潮和運動。美國和世界其它國家地區的種族主義並不僅僅是一個文化問題。事實上「多元文化」本身，也可以成為種族主義的淵藪。例如白人南非正是在「文化多元」的幌子下通過「黑人家園」的手段搞種族隔

離的。總之，美國國內的種族主義不僅一直存在，而且近年來頗有抬頭之勢。上述西方文化左翼的「文化轉向」，在現實政治和社會中只能說是隔靴搔癢了。無論如何，人們生活在具體的社會經濟制度和關係中，這些才是切身的問題。事實上，雖然希拉蕊這次在選舉中特別強調自己的性別身份，但是根據統計，她得到的女性選票數量還不如上次選舉中奧巴馬得到的女性選票數量。這恐怕已經說明了上述種種理論的問題所在。筆者必須再次指出，具體的社會經濟和政治才是最根本性的問題。上述西方文化左翼的主張，正是因為和具體的社會經濟與政治脫離了，所以並沒有實際的力量。川普就任以來採取的政策已經激起了世界性抗議，那麼歐美甚至其它國家的左翼能否利用這個機會，從文化理論中走出來，再次進入現實政治，發起並主導一場大規模的、有實質性內容的社會運動呢？筆者拭目以待。川普雖然已經因為夏洛特維爾事件之後來自反種族主義和反法西斯主義人士的壓力，解除了班農的職務，但是這顯然是遠遠不夠的。

如前所述，川普就任以來採取的一系列措施，都是有意識地反對奧巴馬政府的政策，甚至過去幾十年以來美國民主黨政府的政策。川普的前任高參班農和歐洲新納粹右翼之間有直接的聯繫，他主持的網站明確地使用納粹式的反猶主義話語。種種跡象表明，川普企圖發動一場「右翼（反）革命」。從另一個方面說，美國的一部分左翼也不再遵守「共識」，採取了直接行動，亦即夏洛特維爾事件後美國多個地方發生的拆除南方標誌雕像的運動。此外，川普上臺之後美國統治階級內部的傾軋加劇，甚至發生了槍手襲擊美國國會棒球賽，並導致共和黨國會議員受傷的事件。這意味著美國政治的幾個方面都在越出主流政治的範圍採取暴力行動。更進一步說，筆者以為這意味著新自由主義「TINA」（There is no Alternative）

政治的重大危機，甚至無以為繼。

．　　川普執政了，歐美的右翼民粹主義勢頭強勁，大陸能夠置身事外嗎？筆者並不樂觀。事實上，在這次美國大選期間，大陸的川普粉絲數量之多，表現之活躍，已經引起了國際媒體的注意和重視。同樣，在川普上臺之後美國的一系列事件，特別是夏洛特維爾事件中，大陸的許多線民也是公開站在川普一邊為他叫好、為他吶喊助威，甚至把羅伯特李（Robert Lee）比喻成中國古代的岳飛、左宗棠等人。據筆者觀察，大陸的川普粉絲們大致有兩類：一類是一部分自由派特別是自由派右翼人士。從1990年代以來，大陸的自由主義者們就一直在鼓吹英美保守主義和自由主義右翼思潮。他們的敘事邏輯基本上就是：「只要是右翼的，就是好的。只要是保守的，就是好的」。他們中的一些人也對基督教趨之若鶩。這一路人士對「白左」可謂恨之入骨。在川普當選之後不久，大陸微博上就出現了一篇名為〈精神瘟疫之路──白左進化史〉的文章。這篇文章一邊痛詆啟蒙運動以來的一切歐美左派知識分子（這讓筆者想起了英國保守主義者保羅‧詹森的論調），一邊又奉行陰謀論和社會達爾文主義式的「文明」史觀（這種史觀也是大陸自由主義右翼共同奉行的）。夏洛特維爾事件中，這部分人士重複了美國保守主義的說辭，用「州權」之類的藉口否認美國南北戰爭中南方一方的非正義性質，進而為種族歧視辯解。另一些川普粉絲們則把川普塑造成「人民代表」，把反對川普的人士扣上「白左」、「東林黨」等帽子。和歐美的右翼民粹主義勢力一樣，這些通常被稱為「自幹五」的人士，一直以來就是在鼓吹比新自由主義更加野蠻更加反動的政治的，他們讚揚的始終是鎮壓和蠻幹。他們追隨新自由主義，把自己當成「勞動人民」的代表，而把美國底層當成「吃福利的蛀蟲」和所謂「票蛆」。在對待有色人種的時候，他們更是表現出種族主義傾向，對黑人、

拉美裔和穆斯林，甚至一部分底層華人極為歧視。例如，美國底層黑人為了反抗前述的他們被美國警方「特別關照」，提出了 Black Lives Matter這個口號。大陸的自幹五和「川粉」特地把這個口號翻譯成「黑命貴」，從而扭曲了黑人的主張。他們眼裡的世界，就是一個徹底奉行叢林法則和陰謀的世界。例如，在這些人的敘事裡白人南非就是因為太「強大」了，「想要充當非洲領袖」，被「五大流氓」（亦即聯合國安理會的五個常任理事國）聯手搞垮的。不難發現，這種「精英」和替罪羊聯手的敘事正是前述美國右翼民粹主義的翻版。

　　無論自由右翼還是民族主義的「自幹五」，上述兩類人在不少問題上的觀點是一致的。例如，他們都把歐美目前的危機歸咎於「白左」，並且以種族主義性質的強硬措施，例如驅逐移民、強化隔離壁壘等為榮。一言以蔽之，他們基本上複製粘貼了歐美右翼的一切觀念和觀點，並且只恨大陸不夠右。他們中的一些人甚至用大陸前三十年流行的口號和語言，來表達新自由主義甚至右翼民粹主義的內容。的確，這樣一種思潮在目前的大陸還處於檯面之下，作為一股潛流存在，但是，大陸社會也並不真的就是一片安寧祥和。這股思潮今後將怎樣發展，也是一個非常引人注目的事情。

　　如果不出現重大意外，川普對美國和世界政治造成的影響將持續相當一段時間，他所代表的這股思潮和運動的勢頭也將持續一段時間。這股思潮和運動將發展到什麼程度，對美國和世界造成怎樣的影響，需要我們繼續注意。

　　葉攀，社會學博士，著有《文化壓抑與文化自主——B市Q村新生代農民工案例研究》，目前從事社會學研究工作。

全民基本收入：

理念與實踐

序 言

「全民基本所得」是一個古老的烏托邦理想，乍見之下有些聳動，但它不僅沒有像其他的烏托邦一樣歸於破滅消散，近年來反而益發顯露生機。在當代，思考、鼓吹全民基本所得最力的代表性人物當推范·帕雷斯教授。他應雷震民主人權基金的邀請，在年底來台擔任雷震紀念講座，將發表數次演講；他的新著《基本所得》，也同時由衛城出版社推出中譯本。

在雷震基金的諮詢委員黃文雄先生的鼎力相助之下，《思想》邀集四位學者撰稿，加上范·帕雷斯的一篇綜論，組成本期的專輯。「全民基本所得」涉及的爭議很多；它需要滿足道德上的正當性質疑，需要在實際上證明踏實可行，也需要獲得社會公意的認可。專輯裡的幾篇文章，對這幾個問題展開了初步的探討，值得我們的讀者參酌、思考。

——編者

給所有人的基本收入

菲利普‧范‧帕雷斯

劉宗為 譯

邁入新的千禧年，為改善人類的生存條件，我提出一項方案供大家討論：亦即每個人都應該獲得一份「全民基本收入（universal basic income，UBI）」，其金額足以維持基本生計。

在當下世界，每兩秒鐘便有一個五歲以下孩童死於營養不良，而地球上有大約三分之一人口生活在「極度貧窮」狀態，往往進而致命。這時候要將「基本收入」方案納入全球各國法規，似乎是狂想的烏托邦。讀者們可能猜想，即便在經濟合作暨發展組織（OECD）中最富有的國家，這個方案都不可能實現。

事實上，那些國家在生產力、財富、與全國所得等方面的進展，業已足以支撐適當的全民基本收入。何況，如果執行此方案，「基本收入」將成為社會正義的有力工具：藉由提供人們在追求各自目標時所需的物質資源，可以提升所有人的實質自由；與此同時，也將有助於解決貧窮與失業的政策困境，並有利於實現女性主義與綠色運動的相關理念。對此我將進行論述。

我與歐洲許多人深信，「全民基本收入」非但遠非烏托邦，在

歐盟當前脈絡下其實合情合理[1]。巴西參議員伊杜瓦都·蘇普利西也
指出過，全民基本收入對開發中國家同樣有其意義，不僅因其有助
於在高失業率逆境中保持高度的社會團結的遠景，還可激發和引導
更溫和的當下改革[2]。而假若全民基本收入在歐洲和開發中國家都說
得通，那它在北美國家為什麼不應同樣（或者也許更應該）說得通[3]？
畢竟，美國是全世界唯一具體看得到全民基本收入制度的國家：自
1999年起，在阿拉斯加住滿至少一年的居民，不分年齡，均由阿拉
斯加永久基金（Alaska Permanent Fund）支付每人每年1680美元的
全民基本收入。儘管這項金額遠低於基本生活所需，但在創立二十
年後，早已不容忽視。此外，早在歐洲學界開始關注全民基本收入
之前，美國社會已經有公開的論辯。在1967年，諾貝爾經濟學獎得

1　許多抱有此觀點的學者與行動者皆參與了「基本收入歐洲網絡
　　（BIEN）」，BIEN成立於1986年，在2000年10月於柏林舉行第八
　　屆代表大會。該網絡發行電子通訊（bien@etes.ucl.ac.be），並在網
　　站以所有歐盟國家語言登載附有評註的大量參考書目（http://www.
　　etes.ucl.ac.be/BIEN/bien.htlm）。近期發表關於歐洲的論文，請參閱
　　由Loek Groot與Robert Jan van der Veen所編著的 *Basic Income on the
　　Agenda: Policy Objectives and Political Chances* （Amsterdam:
　　Amsterdam University Press, 2000）。
2　伊杜瓦都·蘇普利西（Eduardo Suplicy）是巴西聖保羅的聯邦參議
　　員以及反對派工人黨（PT）成員，他倡導具有抱負的保障最低收入
　　機制，其中一個版本在1991年已由巴西參議院通過。
3　今年初成立的兩個北美全民基本收入網絡：the United States Basic
　　Income Guarantee Network, c/o Dr Karl Widerquist, The Jerome Levy
　　Economics Institute of Bard College, Annandale-on-Hudson, NY
　　12504-5000, USA（http://www.usbig.net）；以及Basic Income/Canada,
　　c/o Prof. Sally Lerner, Department of Environment and Resource
　　Studies, University of Waterloo, Waterloo, Ontario, Canada N2L3G1
　　（http://www.fes.uwaterloo.ca/Research/FW）。

主詹姆斯‧托賓發表關於這個主題的第一篇專業性論文，數年後，他說服喬治‧麥高文在他1972年的總統競選中倡導全民基本收入，當時稱為「人口津貼」[4]。

　　沒有錯，在短暫的公共生命之後，全民基本收入在北美幾乎遭人遺忘。有什麼好理由嗎？我相信沒有。在勞動市場、教育體系，與種族組成等方面，美國與歐盟之間的確存在著許多真實的差異。但這些差異均不足以使得全民基本收入本身在美國比在歐盟更不適合。比較重要的是政治力量強弱態勢的顯著差異。在美國（遠甚於歐洲各國）一項提案在政治上的可行性，深切地取決於它在多大的程度上能夠迎合富有的政治獻金者。任何旨在對最不富裕者擴大選項和賦予權力的提案，必定在這方面多遇到一層嚴重的障礙。但是，讓我們不要把不得已的事說成天經地義，結果為了增進政治上的可行性犧牲了社會正義。在美國與其他地方皆然，在為減少經濟不平等對政治議程的影響而進行戰鬥時，提出、探究、和倡導在道德上有力而且在經濟上成立的觀點至關重要，縱使在政治上的可行性並不確定。過去二十年間的歐洲辯論，逼我的想法更為清醒、審慎、和補強，我願在此為這件任務略盡棉薄之力。

全民基本收入的定義

　　「全民基本收入」意指由政府定額、定期發放收入給每位成年

4　參閱James Tobin, Joseph A. Pechman, 與Peter M. Mieszkowski合著的 "Is a Negative Income Tax Pratical?" *Yale Law Journal 77*（1967）: 1-27。亦參閱刊登於BIEN電子通訊中對James Tobin的訪談（"James Tobin, the Demogrant and the Future of U.S. Social Policy," 收錄於 *Basic Income 29*［Spring 1998］，可於BIEN網站中搜尋到該篇訪談）。

的社會成員。不論富有抑或貧窮、獨自生活或與他人同居、是否願意工作，都應得到定額收入。在大多數的構想中——（當然包括我的構想）——不只公民，而是所有具有永久居留權者都可領取基本收入。

「全民基本收入」之所以是「基本的」，因為我們可以安心指望這筆收入，也就是生活可以穩定依靠的物質基礎。在這項基本收入之外，任何其他收入都可合法地加入個人收入中，不論是現金或實物，來自工作或儲蓄，來自市場或國家。另一方面，此處所用的「全民基本收入」的定義，並不涉及任何「基本需求」的概念。根據這裡的定義，全民基本收入的額度可能不敷——但也可能超過——被認為像樣的生存的基本所需。

我贊成在可持續限度內的最高額度的全民基本收入，也相信當今世界上所有富裕國家，皆有能力支付高於基本維生需要的基本收入。不過，「全民基本收入」的倡導者不需要馬上要求我所提倡的基本收入水準。事實上，儘管細節可能因國而異，最簡單和最安全的推動方式，可能包含先實施低於維生需要的全民基本收入，然後再隨著時間的推移而增加額度。

全民基本收入的想法至少已有一百五十年。它最早為人所知的兩種構想來自著作等身的法國烏托邦社會主義者傅立葉的啟發。在1848年，當馬克思即將完成《共產黨宣言》時，在布魯塞爾活動的傅立葉主義者約瑟夫・夏萊爾出版了《社會問題解決方案》，在書中他主張，由於每位公民對國家領土具備相等的擁有權，每位公民都有權利分得一份「領土股息」。翌年，約翰・彌爾發表他的新版《政治經濟學原理》，其中對傅立葉主義的陳述充滿同情（指其「極為精妙地結合各種形式的社會主義，並卓越預見種種反對意見」），其陳述的方式則得出明確的全民基本收入方案：「在分配方面，首

先給予每位社群成員某種最低程度的生計所需，不論他們能否從事勞動。剩餘的生產價值則按照事先決定的比例，在勞動、資本、與才能這三項要素之間來進行分配」[5]。

在整個20世紀，在各種名稱下，諸如「國家紅利」、「全民股息」、「社會股息」、「公民薪資」、「公民所得」、「普遍補助」、「基本收入」等等，知識圈反覆地探索「全民基本收入」的概念。在兩次世界大戰之間，許多左翼學者認真探究這個概念，例如英國的柯爾（G. D. H. Cole）與米德（James Meade）；另一方面，透過經濟學家阿巴‧勒納（Abba Lerner）的引介，這個概念似乎啟發了米爾頓‧傅利曼的「負所得稅」方案[6]。但直到1970年代晚期，從荷蘭與丹麥開始，全民基本收入才在一些歐洲國家取得真正的政治影響。不少政黨，通常是綠色的或（在歐洲意義下的）左派自由主義政團，如今都將這個概念列入正式黨綱。

全民基本收入與現行方案

要看出對全民基本收入的興趣和支持有什麼意義，理解全民基本收入與現行福利機制之間的差異非常重要。全民基本收入明顯迥異於以傳統社會保險（如社會安全制度）為基礎的「維持收入水平」制度，後者的受益對象限於受薪工作者，因他們從過去薪資中貢獻

5　參閱 Joseph Charlier, *Solution du Problème social ou constitution humanitaire* （Bruxelles: Chez tous les libraires du Royaume, 1848）；John Stuart Mill, *Principles of Political Economy*, 2nd ed. [1849] （New York: Augustus Kelley, 1987）。

6　參閱 Eduardo Suplicy 與 Milton Friedman 之間的意見交流，刊登於 *Basic Income* 34 （June 2000）。

過一定的比例，而取得了受益資格。它也不同於西歐或北美有條件的最低收入方案（例如社會福利制度）。

在二次大戰後，許多（事實上是大多數）西歐國家都選擇時機，引入了某種形式的保障最低收入方案[7]。但這些方案仍屬有條件的，若要獲得政府給予的收入補助，受益人必須符合寬嚴不一的形式下的這三種條件：受益人若具有工作能力，必須願意接受某項適任工作，或願意參與所提供的適當的工作培訓；受益人必須通過資產調查，這意謂受益人必須證明自己無法從其他管道獲得足夠收入，才有資格受益；而且，受益人的家庭狀況必須符合某些標準，例如受益人是否獨自生活，與有工作者同住，或與無工作者同住等等。對比之下，全民基本收入並不要求受益人必須滿足上述任何一項條件。

全民基本收入的倡導者可以主張完全取代現行的有條件收入補助，但他們通常不會這麼做。大多數支持者希望保留——盡可能以簡化的形式和必要地降低門檻——由政府提供的社會保險與殘障補償計劃，並且使這類計畫依舊受限於原有條件，以之補充無條件的全民收入方案。如果政府所發放的無條件收入金額太少，無法滿足基本需求——如前文所述，在全民基本收入施行之初，這幾乎是必然的情況——全民基本收入的倡議者並不想取消現行的有條件最低收入方案，只希望重新調整發放標準。

舉例來說，在歐洲最發達的福利國家裡，我們可以設想立即實施全面的兒童福利，以及針對個人、無賴於工作時先提撥的基本養老金，藉以完全取代現行透過資產調查給予兒童與老年人的福利計

---

7 新近在國家層級採用保障最低收入的國家為法國（在1988年）與葡萄牙（在1997年）。歐盟15個會員國當中，只剩下義大利與希臘尚未採行這個方案。

劃。事實上，其中幾個國家已針對幼兒與老年人採行了具有年齡限
制的全民基本收入方案。而提撥部分負擔的退休保險制度，不論是
強制性的或選擇性的，則可以補充基本養老金。

　　對於適齡勞動人口，全民最低收入的倡議者認為，在短期內，
可以先實施「部分的」（低於基本維生需求）」但以個人為對象的
全民基本收入，初期可以定在個人保障最低收入的一半。以美國現
況來說，大約每月250美元，或每年3000美元。而對那些淨所得並未
達到當前社會所界定之基本維生需求的家庭，這個無條件的、針對
個人的標準，可以用按照資產狀況所發放的其他福利來補充，其水
平則可依據家戶人數的多寡和類型分級，並與現行政策一樣，需遵
從某些工作的要求。

全民基本收入與一些替代方案

　　「全民基本收入」不僅與傳統的收入補助辦法有差異，亦不同
於最近引人注目的一些其他創新方案。或許最接近全民基本收入
的，是各種負所得稅方案[8]。

負所得稅

　　雖然各種「負所得稅」方案的細節互有出入，但其基本想法均
在於給予每位公民一筆基本收入，只不過是透過所得稅退款方式進

8　在美國，最近一項這類議案由Fred Block與Jeff Manza提出，他們合
　　著的「我們是否能在後工業社會終結貧窮困境？一個累進負所得稅
　　案例」（"Could We End Poverty in a Post-industrial Society? The Case
　　for a Progressive Negative Income Tax," *Politics and Society* 25
　　[December 1997]: 473-511。）

行。亦即,從每個家戶應繳的個人所得稅額,減去該家戶所有成員
之法定基本收入總額,如果計算結果為正數,便須繳納所得稅;如
果為負數,則政府應給予家戶收入補助(或負所得稅)。原則上,
家戶不論在全民基本收入還是負所得稅下,稅後轉移收入都可得到
相同的金額分配。事實上,負所得稅的施行成本可能更低,因其避
免支付給擁有足量收入的人基本收入,然後又透過徵稅取回款項,
這樣來來回回的成本。

不過,全民基本收入相較於負所得稅,有三項主要優點:第一,
任何「負所得稅」方案,只有藉助於在財政年度檢視個人稅務前,
事先支付足以讓人們免於飢餓的機制,才能對消除貧窮產生預期效
果。但依據我們對社會福利制度的理解,無知與混亂總會讓一些人
無法取得這類預付款項。全民基本收入必定較高的領取率,對任何
想消除貧困的人來說,這件事實意義重大。

第二,雖然負所得稅在原則上可以以「個人」做為基本單位,
但其最自然且較為常見的執行方式卻是以家戶為單位。結果,即使
家庭間的收入分配在「負所得稅」和相應的全民基本收入下完全一
樣,但在全民基本收入下,家庭內成員的收入分配將更平等。特別
是,在當今情況下,婦女直接獲取的收入在全民基本收入方案下會
遠大於負所得稅方案,因為後者傾向將至少一部分低收入或無收入
者的稅收減免,歸屬於家庭中較高收入者。

第三,在被社工人員強調但通常被經濟學家所忽略的「失業陷
阱」方面,我們預期全民基本收入比負所得稅能更好地處理這方面
問題。對一個失業者來說,去尋找或接受新工作是否有任何意義,
並不僅取決於工作或不工作收入之間的差異。阻礙著人們投入工作
的原因,往往來自對不確定性的合理恐懼。當人們嘗試一項新工作,
或剛剛失去工作,定期的福利收益常被中斷。行政延宕的風險,使

得依附原本的福利補助成為最明智的選擇，尤其是那些弄不清楚自身權益和擔憂負債者，或是那些無積蓄可依靠的人。負所得稅無法處理上述情況，而全民基本收入能提供穩固的收入基礎，不論個人是否有工作，因此更適合處理貧窮陷阱的問題。

股東式社會

　　全民基本收入亦迥異於湯瑪士・潘恩與歐瑞斯提斯・布朗森以及近來布魯斯・艾克曼與安・愛爾史托特等人所主張的「一次性付款」或所謂的「股份」概念，這幾位學者建議在重新設計的「股東式社會」（the stakeholder society）中，應該普遍授予每位成年公民一筆資金[9]。艾克曼與愛爾史托特主張，每位公民在年滿21歲時，不論貧窮或富有，都應一次性給予80,000美金。收受者可以任意使用該筆款項，從投資股票市場或支付大學學費，到一夜狂賭將其揮霍殆盡。這個一次性付款並沒有限制收受者是否「應得」，或收受者是否展現出對社會有所貢獻的興趣。此項資金可由百分之二的富人稅提供，之後則隨時間推移逐漸由一次性徵收80,000美金的遺產稅來取代（假設有一定比例的收受者在其過世時擁有足夠的資產，

9　參見Bruce Ackerman與Anne Alstott合著的 *The Stakeholder Society*（New Haven: Yale University Press, 1999）。他們的方案比湯瑪士・潘恩（Thomas Paine）曾對法國督政府提出的方案更繁複且與時俱進。參見"Agrarian Justice"［1796］，收錄於 P. F. Foner 編輯的 *The Life and Major Writings of Thomas Paine*（Secaucus, N.J.: Citadel Press, 1974）, pp. 605-623。新英格蘭自由主義者，後期成為高度保守主義者的歐瑞斯提斯・布朗森（Orestes Brownson）亦曾單獨提出類似計畫，參見*Boston Quarterly Review*（October 1840）。布朗森論述，如果美國人民堅信「機會平等」的原則，那麼他們就應該確保每位成年公民能夠平等分享「公眾繼承款」。

80,000美金遺產稅的徵收實際上就在要求收受者償還先前所得到的
股金）。

　　我並不反對徵收富人稅或遺產稅，我也不認為給予每位公民一
些資金幫助其開展成年生活會是甚麼壞事。甚至，在每位公民成年
之時給予一大筆資金，等同於在其有生之年給予總額相同的無條件
收入（前者可為收受者帶來更多自由度）。畢竟，正如艾克曼與愛
爾史托特所提方案，如果收受者必須在生命終結之時歸還股金，每
年發放之無條件收入將等同把股金乘上實際利率之利息所得，比如
每年2000美元（相當適中）的金額，或不會高於阿拉斯加所發放的
年度股息。如果每位公民有權在有生之年動用他們的股金——誰可
能阻止他們呢？——如此一來，每位公民的年收入將明顯高出許多。

　　但不論所得金額為何，在「一大筆初始股金」與「同額的終身
基本收入」之間，我們應該選擇後者。「初始股金」充斥種種浪費
的可能，尤其對出生和成長背景不足以讓他們善加利用股金所提供
的機會的人來說。如果在既有基礎之上，要達到維持某種基本收入
的目的，我們必須保留資產調查的福利制度，同時回到本文的起始
點——以全民基本收入作為現行制度的替代方案的必要性和可行
性。

爲什麼需要全民基本收入？

　　關於概念的定義與區分討論夠了，現在讓我們來探究全民基本
收入的核心價值。

正義

　　支持全民基本收入的主要論證奠基於一種正義觀。我相信，社

會正義要求我們的制度設計最好能夠確保所有人的實質自由（real freedom）[10]。這種「實質自由論」（real-libertarian）的正義觀結合了兩項概念。首先，所有的社會成員應該擁有形式上的自由，社會應具有一種徹底實現財產權（包括每個人的自我所有權）的良好制度結構。然而，實質自由論者所在意的，不僅在於保障個人權利，也在確保這些權利的實質價值：我們不僅要關注自由權，借用羅爾斯的語彙來說，更要關注「自由權的實質價值」。大體來說，個人自由權的實質價值或真正價值，端賴個人擁有什麼資源，能夠用來使用、施展其自由。依此看來，我們必須設計出一套分配機會的制度——所謂機會，意思是人們能夠獲得必要的資源與途徑，從事他所想做的事情——給那些最欠缺機會者提供最大可能的實質機會，前提是每個人的形式自由都先獲得了尊重。

這樣一種關於一個正義、自由社會的想法，還需要在許多方面加以說明和釐清[11]。但任何人，只要認為這樣一種正義觀有吸引力，就有強烈的理由支持全民基本收入。不問任何問題，不帶任何條件，在制度能夠永續的前提下，發放最高額度的現金給所有人，一定能

---

10 較為詳盡的討論，參閱Philippe Van Parijs所著 *Real Freedom for All* （New York: Oxford University Press, 1995）。

11 我們可以探究其他的規範性基礎。例如，在一些經驗性假設下，「全民基本收入」可說也是羅爾斯的差異原則能夠辯解的一環。參閱 Walter Schaller所著 "Rawls, the Difference Principle, and Economic Inequality," *Pacific Philosophical Quarterly* 79（1998）368-391；以及Philippe Van Parijs 所著 "Difference Principles," Samuel Freeman 編輯 *The Cambridge Companion to John Rawls* (Cambridge: Cambridge University Press, 2002)。或者，我們可以將「全民基本收入」視為馬克思主義者依照需求的分配原則之部分體現。參閱Robert J. van der Veen 與 Philippe Van Parijs 合著的 "A Capitalist Road to Communism," *Theory and Society* 15（1986）635-55。

夠推進正義的理想。如果有人認為做不到，挑戰者一方有責任說明
問題何在。

工作與經濟成長

　　證明全民基本收入的第二種方式較為政策取向。在歐洲式的有
限貧窮加高失業率，與美國式的低失業率加廣大貧窮之間的兩難局
面，全民基本收入或許提供了一種解決的途徑。這個論證概要闡述
如下。

　　二十多年來，大多數西歐國家都經歷了嚴重的失業問題。即便
在工作週期的高峰，仍有數百萬歐洲人徒勞地尋找工作。這個問題
應該如何因應？有一段時期，既成的想法是透過加速經濟成長率來
處理大量失業。然而，考慮到科技進步減少工作機會的速度，顯而
易見的是，即使要維持住就業穩定，都需要驚人的成長率，更不用
說企圖藉此減少失業人數了。考慮到環境保護和其他理由，如此的
高成長率實非良策。一個替代策略是考慮大幅降低工人薪資。藉由
降低相對的勞動成本，科技可被重新導向，進而減少被犧牲掉的工
作機會。如此一來，一個較適度和可持續的經濟成長率，或許可能
穩住、並且逐步降低當前的失業水平。但是，這種方式的代價在於
強加大部分人不可接受的生活水準；更不用說，降低薪資需要同時
減少失業補助以及其它替代收入，這就讓人更難以接受了。

　　如果我們拒絕加速的經濟成長和降低薪資，是否便必須放棄充
分就業？如果「充分就業」意謂每一個想擁有全職工作者都能得到
全職工作，同時雇主在沒有任何政府補助下都能負擔，工作者在沒
有任何額外津貼下都能受惠，那麼答案為「是的」。但答案或許「不
是」，如果我們願意藉由縮短工時、補助雇主、或補助工作者等方
式去重新定義「充分就業」。

第一個選項在當下法國特別流行，即由社會重新界定「全時」工作——亦即降低最大工作時數，減少工作週的標準長度。其基本理念在於把工作變成配給制：因為沒有足夠的工作分配給所有想要工作的人，就讓我們想法杜絕由部分人占據所有的工作。然而，詳加檢視，這個策略並不像表面看來那麼有用。如果目的是在降低失業，降低單週工時的幅度必須大到足以抵銷生產力的成長率。如果降低工時方案搭配一定比例的降低薪資，最低工資便將降到低於社會最低標準，這結果讓人無法接受。但如果讓總薪資保持不變，或只對較低所得者維持不變，勞工成本將會增加。隨著機械化「減少較低技能之工作機會」的壓力增加，如果不進一步扭轉情勢，將會降低對失業問題的改善效果。換言之，降低工時方案勢必對最低技能的工作者有害——或因該方案害了勞力供給（其薪資低於替代收入），或因該方案害了勞力需求（廠方必須支付較以往更高的時薪）。

但這並不代表「降低標準工時」的方案在降低失業而且不會增加貧窮的策略上，起不了作用。不過，為了避免上述描繪的困境，需要對「低收入工作」搭配明確或隱含的補貼。例如，「降低標準工時」的確在所謂的「荷蘭奇蹟」中扮演一定角色——近十年來，荷蘭比其他歐洲國家的工作擴張更快速，但這個情況源於，每週標準工時減到低於工廠平常運作的時間，因而觸發工作組織的重構，導致出現更多的半時工作。但如果沒有大量的隱含性補助（在荷蘭，政府提供普遍的基本養老金，普及的兒童福利，和全民健保制度），這類工作沒有辦法發展出來。

由此可見，任何旨在降低失業而不增加貧窮的策略，必須依賴各種積極的福利政策——也就是說，依賴某種積極的福利國家，不會補貼被動狀態（如失業者、退休者、殘障者等），而是有系統地和持久地（也許幅度有限）補助有生產性的活動。這類補助可有多

種不同形式。在其中一端,是對雇主提供一般的補助,補助金額隨著工作時薪的調升而降低。愛德蒙‧菲爾普斯曾向美國政府提出類似方法,但限於全職工作者[12]。在歐洲,這類方法通常採取的形式,為廢除雇主對最低所得者的社會安全年金負擔,但維持工人享有相同水平的福利權益。

全民基本收入即是屬於另一端的形式;它也可被視為一種補助,不過是直接付給受雇者(或潛在的受雇者),因此受雇者能夠選擇是否接受較低時薪或較低工時的工作。在兩者之間,還有為數眾多的方案,例如美國的勞動所得稅扣抵制(Earned Income Tax Credit)以及限於正在工作、或積極尋求全職工作者的各種福利計劃。

以背後的經濟分析和(部分地)以追求的目標而言,「一般就業補助」與「全民基本收入」兩種方案非常近似。比如,兩者都正面回應前面提到的因降低工時而來的困境:兩者都讓雇主可以以較低成本雇用最低技能者,因此沒有讓這些工人陷於貧困。

然而,上述兩種方案在一個面向上存在著根本的差異。藉由補貼雇主,人們身上的就業壓力會維持不變,甚至可能增加;藉由全民基本收入,就業壓力會減輕。這不是因為持久的懶散成了有吸引力的選項:即便高額的全民基本收入,也不能單靠它便保障舒適的生活水平。反而是,全民基本收入讓人們可以在失業期間稍獲喘息、減少工時,為更多培訓騰出空間,自行創業,或加入合作組織。而且有了全民基本收入,求職者可以挑選適合自己而且有吸引力的工作。但「補貼雇主」會使人們在經濟壓力下,被迫接受自己不喜歡的、低生產力的工作。如果對抗失業的動機並不是某種對工作的崇

---

12 參見Edmund S. Phelps, *Rewarding Work*(Cambridge, Mass.: Harvard University Press, 1997)。

拜——要求每一個人都維持忙碌狀態——而是著眼於讓每個人從事有所得的工作，從中獲得認可與成就感，那麼全民基本收入是首選。

女性主義與綠色關懷

　　支持全民基本收入的第三個論點，特別著重它對實現女性主義與綠色運動願景所作出的貢獻。全民基本收入對女性主義的貢獻應該很明顯。鑑於家戶中的性別分工和婦女不成比例地擔負特殊的「照顧」功能，她們的勞動市場參與和工作選擇範圍，比男人更受限制。因此，從個人收入分配的直接影響和工作選擇的長期影響來看，全民基本收入勢必有利於女性更甚於男性。無疑地，有些女性會利用全民基本收入提供的較大物質自由，減少她們從事有給職的工作時間，從而在生命某個時期減輕「家庭與工作兩頭燒」的困境。但究竟有誰會真心相信，每週四十小時受制於老闆命令的工作，是邁向解放之路？而且「全民基本收入」不僅為女性在抗拒苛刻老闆時，提供一些保障，也使女性較有能力去反抗丈夫與官僚體系的專橫。全民基本收入提供適度但安全的經濟基礎，讓弱勢女性在婚姻失敗或行政裁量權遭到濫用時，可以堅持下去。

　　為探究在全民基本收入與綠色運動之間的關聯，將後者視為兩個成分的聯盟會很有幫助。概括來說，**環保成分**主要關注在工業社會造成的汙染。其核心目標在建立一個可以與自然環境共生共存的社會。另一方面，**綠色生活成分**主要關注在工業社會下引發的疏離。其核心目標在讓人們能擁有更多時間從事「自主性」活動，不受市場也不受國家支配。針對上述兩個成分，在全民基本收入的理念中具有非常有吸引力的方案。

　　環保主義者最大的敵人是生產主義，熱衷於追求經濟成長。支持快速成長，特別在工人階級及其組織之中，最有力的論證之一就

是對抗失業。如前所述，全民基本收入是不依賴快速成長而解決失業問題的一種完整的策略。這個策略的可行，適足以破壞廣大的生產主義者聯盟，在這個污染（甚至最廣泛意義的污染）並不是大多數人唯一關心所在的世界裡，有助實現環保主義者的遠景。

綠色生活論者也應被基本收入方案所吸引，因為全民基本收入可視為由市場與國家融資去普遍補貼人們的自主性領域。部分因為全民基本收入給予每一個人某種真正的自由——相對於純粹的權利——讓人們能從有給職的工作中抽身，去從事各項自主的活動，諸如種種草根基層運動或無給的照護工作。另外，部分影響也包括給予最不具有稟賦者最大的力量，拒絕那些他們認為不足以實現個人抱負的工作，進而創造動機，去設計和提供較不疏離的就業。

一些反對意見

假設到目前為止我的每一個論點都有其說服力：全民基本收入若是能夠實施，將是一種自然和有吸引力的方式，足以確保公平地分配真正的自由，不增加貧窮而對抗失業，以及促進女性主義與綠色運動的中心目標。那麼有哪些反對意見呢？

或許最常見的反對理由是施行全民基本收入所費不貲。當然，如果沒有明確指出發放的金額與規模，這樣的陳述並不具意義。以每人每月150美元的水平，全民基本收入在一些地方顯然足以負擔，因為這金額等同阿拉斯加居民每年收到股息的月平均。那麼，如果把全民基本收入拉到接近貧窮線的水平，政府能夠負擔嗎？只需將單人家庭的貧困線乘以全國總人口數，立刻會得出相當驚人的數字——總金額往往遠超過當前政府的總開銷。

然而，這些計算是誤導的。一旦實施全民基本收入，很多既存

的福利可以被廢除或減少。而且對大多數在工作年齡的人來說，所領取的全民基本收入，與因基本收入制度而增加的應繳稅款（最可能的方式是廢除最低收入那群人的豁免款項和低稅率）往往相互抵消。在美國這樣的國家，已經發展了出合理有效的稅收制度，關鍵不在發放總成本，而在其分配作用——不論是全民基本收入或負所得稅制度，都能輕易地制定出來。

　　歐洲與美國已經針對各種全民基本收入與負所得稅方案的淨預算成本做出評估[13]。顯然地，現存的資產調查式最低收入方案越是全面和越是慷慨，全民基本收入計劃在一定水平的淨成本就越有限。然而，淨成本相當程度受兩個其他因素的影響。計劃旨在達到有效的課稅率（因此不利於工作）而較低端的所得分配不高於稅率的增加度？給予配偶中任一人的金額是否與單身者相同？若上述兩者皆是，那麼致力使每一家庭都能脫離貧窮的方案有相當高的淨成本，因而對所得分配將造成重大的移轉，不僅從較富有家庭轉移到較貧窮家庭，也從單身家庭轉移到配偶家庭[14]。這並不意謂該制度是「無法負擔的」，但若要避免一些家庭的可支配所得突然大幅降

13　以美國為例，由Block與Manza提出，在財政上相當負所得稅的方案，將提高所有基本收入到至少百分之九十的貧窮線（而那些貧窮家庭的基本收入將遠高於這個水平），以1990年代中期的物價來計算，每年的施行成本大約六百億美金。

14　為了補足這項淨成本，個人所得稅顯然不是唯一可能的來源。在某些歐洲國家的方案中，至少部分資金來自生態的、能源、與土地稅；從價值稅；從非通貨膨脹的貨幣創造；或甚至可能來自對國際金融交易課徵的托賓稅（雖然目前通常認為，富裕國家的基本收入資金不會將此處徵集來的稅收作為優先的分配）。但是，這些來源都無法讓我們在實務上免除個人所得稅作為資金的基本來源。它們也不能避免在一些家庭的實際可支配收入方面產生淨成本，從而產生是否「負擔得起」的問題。

低，則需要採取漸進步驟。基本收入或負所得稅在家戶層次是一種
可能的選項。在單身成年人家庭採取針對個人但「部分的」基本收
入，輔以資產調查收入是另一個選項。

　　第二個常見的反對意見是，認為全民基本收入將會產生不利的
勞力供給效應（事實上，在1970年代美國一些維持收入的實驗，就
顯示出這類效應）。對這個反對意見的第一反應必是：「那又如何？」
提振勞力供給本身並不是目的。沒有人會合理地期望一個過度工
作、高度活躍的社會。為了讓人們能夠去照護幼兒與年長親屬，應
該讓所有階級的人都有機會降低工時，或甚至完全暫停工作。如此
不僅拯救了監獄和醫院，也可提升下一代的人力資本。適度的全民
基本收入是一項簡單和有效的工具，在有償勞動供給和我們其餘生
活之間，用於保持社會和經濟的健全平衡。最重要的是，政府的稅
收轉移制度不應該讓最低技能者、或因一些其它原因而選擇受限的
人，陷入懶散與依賴的情境。然而，正是意識到這個風險，才在歐
洲國家喚起公眾對全民基本收入的興趣。而這些歐洲國家實施以資
產調查的最低保障收入制度已有好一段時間。否認如下的說法會是
荒謬的──就是這類資產調查方案會以不良方式阻礙工作者去接受
低酬勞工作並堅持住的意願，以及從而使雇主對安排和提供如此的
工作感興趣。不過，按照美國1996年福利改革的模式，降低收入支
持的水平或安全性，並不是解決問題唯一可能的對策。為了減少各
方面的失業困境，藉由將資產調查補助計劃轉為普遍補助是另一種
可能的對策。在這兩種對策之間，若希望致力於結合健全經濟和公
平社會──而不是將勞力供給極大化，何者是首選已經無庸置疑。

　　第三種反對意見是道德的，而非單純在實用層次。總有人說，
全民基本收入會讓自作自受的窮人不勞而獲。這個反對意見的一個
版本是，全民基本收入違反了最基本的互惠原則：獲得福利者應該

相對地做出貢獻。正因為全民基本收入是無條件式的，它甚至給那些毫無社會貢獻的人分配福利——這些人早上在跟伴侶鬥嘴，下午跑去馬里布海灘衝浪，晚上徹夜吸食大麻。

要回應這樣的反對意見，只需反問：實際上有多少人願意選擇這樣的生活？對比於無以計數的人，將他們大多數時間投注在對社會有益但並無酬勞的工作上，上面說的那些人究竟有多少？我們所知的一切都指出，幾乎所有的人都在設法為社會做出某種貢獻。而且我們多數人相信，倘若把一切對社會有益的貢獻都轉為受薪職業，那將是非常可怕的事。就在這樣的背景下，即使「按照每人的貢獻付予報酬」這樣的原則，在設計自己最好的落實方案時，也會樂於把適度的全民基本收入列為一個部分。

不過，還有一個更為基本的回應方式。誠然，全民基本收入對懶惰的衝浪客並不是他有理由享受的好事。但在道德上言之，這種「不應得的福利」與「不應得的運氣」並無二致，可是這種不應得的運氣卻大大影響著當下的財富、收入、與閒暇時間的分配。我們的種族、性別、公民身分，我們多麼有教養和富有，在數學上多麼有天分，英語說得多麼流利，長得多麼英俊，甚至多麼雄心勃勃，在極大的程度上取決於我們的父母碰巧是誰，以及其他同樣任意的偶發事件。即使最自戀的白手起家者，也不可能認為他在來到世界之前，已經調配好父母親這兩顆骰子。這種由機運而來的禮物無法避免，如果它們的分配是公平的，也無可厚非。但是公平分配的最低條件是，應確保每個人都能適度分享到這些不應得的禮物[15]。沒

15　同樣的，Herbert A. Simon觀察指出：「任何因果分析嘗試解釋美國的人均GDP為什麼大約是兩萬五千美元，結果發現其中至少有三分之二的因素來自『收入者乃出生於美國』這個幸福的意外」。他補充說：「我不會天真到認為我所繳納的百分之七十稅款『這個稅率

有其他方案比全民基本收入更能穩固實現這一點。要在政治上打出
希望，這樣的道德論證力有未逮，不過仍然有其關鍵作用。時尚的
政治說詞不惜把處境最不利的人牢牢壓制在工作與責任的桎梏之
下，上述的道德論證讓我們無須否定工作的重要性與責任的角色，
卻仍不需被這套說詞所惑。這套道德論證讓我們對全民基本收入的
正當性，比起普遍選舉權的正當性更加有信心。不錯，每個人都有
權利投票，笨蛋也不例外；參考這套道德論證，我們可以更心安理
得地主張每個人都有權利獲得一份收入，懶鬼也不例外的。

菲利普‧范‧帕雷斯（Philippe Van Parijs），1951年出生於比利
時布魯塞爾，以作為「無條件基本收入」的主要理論家兼推動者而
聞名。目前為魯汶大學教授。主要著作有 *Evolutionary Explanation in
the Social Sciences*（1981）、*Marxism Recycled*（1993）、*Real Freedom
for All*（1995）、*What's Wrong with a Free Lunch?*（2000）、*Linguistic
Justice for Europe and for the World*（2011）。他於1986年創建「基
本收入地球網絡（BIEN）」。

劉宗為，現任虎尾科技大學講師。譯有《逃避自由：透視現代人
最深的孤獨與恐懼》、《當亞里斯多德遇上佛洛伊德：哲學家與心
理師的人生小客廳》、《我的悲傷不是病：憂鬱症的起源、確立與
誤解》、《懲罰與現代社會》。

(續)────────────

是在單一稅制下資助每年八千美金的全民基本收入所需』目前在美
國政治上是可行的，但放眼未來，那些認為他們有堅實的道德權利
保留自身所『賺取』的全部財富的立論，也不可能太快找到答案。」
參閱Simon寄給BIEN第七次大會的組織者的信件，收錄於 *Basic
Income* 28（Spring 1998）。

台灣民眾如何看待全民基本收入制度？

林宗弘

一、導論

　　近年來，無條件基本收入或者更口語化的全民基本收入制度，已經成為社會福利政策討論的熱門議題之一，並開始進入歐洲各國的政治議程。2016年6月5日，約520萬瑞士選民，針對向成年公民每月無條件發放2500瑞士法郎、向兒童發放640瑞士法郎的全民基本收入方案，進行公民投票，結果選民以23%贊成、76.9%反對否決這個政策。另一方面，芬蘭政府則展開一次社會政策實驗：從2017年1月1日開始，符合條件強制參加的失業公民可以連續兩年每月領取560歐元，即便找到工作依然會照發；代價是全數取消其他原有的社會福利，共有2000名失業芬蘭人參與，2019年實驗結束後將公布評估結果。至於在荷蘭烏特勒支大學，加拿大安大略省，目前正在各自進行人口規模與發放金額不一的公民基本收入實驗。

　　從政治哲學的角度來看，社會主義陣營在1990年代已經瓦解，但新自由主義理念影響下的經濟全球化，導致多數國家的國內貧富

差距擴大[1]。全民基本收入制度可以連結到自由派的政治正義理論[2]
或左派的個人解放觀點[3]，其實施程序又十分依賴政治社群的共和自
決[4]，因此引起不少有趣的哲學爭論。

　　在經濟可行性方面，以西北歐洲國家的財政與福利條件，似乎
可以支持一些金額有限的基本收入方案。不可忽視的事實是，即使
在上述歐洲國家，基本收入制度仍未能獲得多數選民的支持，而是
在謹慎的實驗與評估階段，甚至在左派執政的國家也未能全面實
施。而且，目前在芬蘭或加拿大的無條件基本收入實驗，多半會取
代其他中低收入補助、單親或生育補助、失業津貼，其目的可能是
減少考核與發放上述津貼的行政成本，實際成效則有待觀察。總之，
對先進資本主義福利國家而言，公民基本收入是個制度設計簡單而
有哲學意涵的想法，提供了自由派與左派創新的社會政策工具，然
而其效果相當不確定，仰賴少數國家的政治機遇有所突破，才能全
面實施。

1　Piketty, T., 2014. *Capital in the Twenty-First Century*. Cambridge, MA: Belknap Press; van Parijs, Philippe, 1993. *Marxism Recycled.* Cambridge; New York: Cambridge University Press.

2　Simon, Herbert A. 2001. "UBI and the Flat Tax." In van Parijs, Philippe （ed.） 2001.*What's Wrong with a Free Lunch?* Boston: Beacon Press.

3　van Parijs, Philippe, 1995. *Real Freedom for All: What （If Anything） Can Justify Capitalism?* Oxford: Clarendon Press ; New York: Oxford University Press; van Parijs, Philippe （ed.）, 1992. *Arguing for Basic Income: Ethical Foundations for a Radical Reform*. London; New York: Verso; van Parijs, Philippe （ed.）, 2001.*What's Wrong with a Free Lunch?* Boston: Beacon Press.

4　Pettit, Philip, 2013. "A Republican Right to Basic Income." In 26-31, Karl Widerquist, Jose A. Noguera, Yannick Vanderborght, and Jurgen De Wispelaere （eds.） *Basic Income: An Anthology of Contemporary Research*. Chichester, West Sussex: John Wiley & Sons Inc.

　　雖然台灣社會才剛開始接觸這個政策的資訊，從一個社會科學學徒與台灣公民的角度來看，筆者想知道台灣有多少人支持全民基本收入，支持者究竟是哪一類社會經濟地位與意識形態的人群，反對者所考慮的議題又為何。本文是個初步的嘗試，希望透過2017年6月中研院社會所執行的社會意向調查，來分析台灣民眾究竟是否支持？哪些人更傾向支持或反對全民基本收入。

　　為釐清全民基本收入支持者的社會經濟地位與政治立場，本文做了簡單的假設：實施政策的受益階級或群體最可能支持這個政策。同時，本文分析支持調高基本工資、與支持同性婚姻的台灣民眾，比較這些人與支持全民基本收入者的差異與相似之處。研究發現：台灣民眾支持提高基本工資者，同時較可能支持全民基本收入；相對於前者，歡迎全民基本收入者的所得相對更低。然而，支持同性婚姻者主要是高教育程度、新中產階級、女性、年輕人，與支持全民基本收入的群體無統計關聯。這個發現的意涵可能顯示，台灣支持全民基本收入者主要來自中低所得或非典型工作的受雇者，既不是傳統工會組織或私營部門的穩定就業受雇者、也不是文化或性別政治意義上的自由派與中產階級。筆者希望這個研究結果對全民基本收入背後的政治社會學、以及政治哲學的論證有所啟發。

二、全民基本收入的政治社會學

　　全民基本收入指的是全體國民都能定期（一般是每月）獲得一筆現金維持生計，通常來自政府而且不需資格審核[5]，儘管這種制度設計與其他來自政府的現金補貼——如失業保險或社會救助、或免

5　同註3。

稅額與退稅（負所得稅）政策有類似性，支持者認為其制度仍有相
當差異，主要是行政簡便易於推行[6]。本文第二節將簡介這個政策的
思想起源，1990年代興起的全球史背景，與類似社會政策的異同之
處，以及背後的政治哲學意涵，最後將前述的政治哲學或社會學意
義連結到台灣的社會現實。

　　如許多思想史學者指出，早在16世紀，空想社會主義者如摩爾
（Thomas More）就曾經想像，科技高度發展的社會有可能提供全
民基本收入。1990年代，隨著社會主義計畫經濟體制的崩解與馬克
思主義思潮的退縮，歐美社會主義思想家如菲利普‧范‧帕里斯[7]與
萊特[8]開始主張全民基本收入做為社會主義「真實烏托邦」的新政治
綱領，獲得部分政治自由主義者的支持[9]，從思想匯流來看，這個政
策似乎受到冷戰結束後去集體化的自由左派、與抱持正義論哲學者
的支持，傳統社會民主派或社群主義者也未必排斥。然而，真正的
困境可能來自政治現實或其他政策的競爭──例如對過去福利制度
的路徑依賴。

6　van Parijs, Philippe, 2006. "Basic Income: A simple and powerful idea
　　for the 21st century" pp. 4-39 in Erik Olin Wright （ed.）, *Redesigning
　　Distribution: Basic Income and Stakeholder Grants as Alternative
　　Cornerstones for a more Egalitarian Capitalism*. New York: Verso; van
　　Parijs, Philippe, and Yannick Vanderborght. 2017. *Basic Income: a
　　Radical Proposal for a Free Society and a Sane Economy*. Cambridge,
　　Massachusetts: Harvard University Press; Widerquist, Karl, Jose A.
　　Noguera, Yannick Vanderborght, and Jurgen De Wispelaere （eds.）
　　2013. *Basic Income: An Anthology of Contemporary Research*.
　　Chichester, West Sussex: John Wiley & Sons Inc.

7　同註3。

8　Wright, Eric. O., 2010. *Envisioning Real Utopias*. London: Verso.

9　同註2。

　　全民基本收入難以落實的原因之一，是眾多類似政策已經制度化，而且其成本與效益相對明顯、可以預期。從支持資本主義發展的右派觀點來看，貧窮也是個社會問題，其解決方案包括新自由主義經濟學者傅里德曼[10]所提出的負所得稅制、或是短期的就業津貼、食物券與消費券等。在左派意識形態的光譜之下，此一政策競爭的對手也很多，例如傳統社會民主福利國家或凱因斯派的經濟干預工具，包括最低工資、各種社會保險或年金、各種類型的失業津貼（例如以工代賑或以訓代賑等）等，以及尚未實施的世代財富移轉政策如青年創業基金[11]等。因此，無論是傳統的右派或左派的政策考慮中，全民基本收入未必會成為最優先的選擇。

　　相對於政治哲學的探討，政治社會學的文獻傳統，更著重在歷史上個人或集體利益對制度創造或制度變遷所造成的影響。例如馬克思主義的階級利益分析[12]、波蘭尼[13]以市場轉型與社會自我保護來分析歐洲金本位的建立與瓦解，以及英國濟貧法、穀物法與工廠

10　Friedman, Milton, 1962. *Capitalism and Freedom*. Chicago: University of Chicago Press.

11　Ackerman, Bruce, and Anne Alstott, 2006. "Why Stakeholding?" pp. 40-59 in Erik Olin Wright （ed.）, *Redesigning Distribution: Basic Income and Stakeholder Grants as Alternative Cornerstones for a more Egalitarian Capitalism*. New York: Verso; Atkinson, Anthony Barnes, 2015. *Inequality: What Can Be Done?* Cambridge, Massachusetts: Harvard University Press.

12　Marx, Karl and Fredrik Engels, 1969. *Manifesto of the Communist Party*.
http://www.marxists.org/archive/marx/works/download/manifest.pdf.

13　Polanyi, K., 1957. *The Great Transformation: The Political and Economic Origins of Our Time*. Boston: Beacon Press.

法的歷史經驗，李普賽[14]的政治現代化理論、奧森[15]集體行動的邏輯，或是穆爾[16]對歐洲土地貴族與農民之政治力量對比，塑造民主與威權體制的影響等。此外，斯考契波[17]以來，政治社會學者已將國家自主性（特別是行政官僚本身的利益）與國家財政能力納入各種政策形成的過程分析，甚至國際衝突對勞工權利與福利國家也有推波助瀾的作用[18]。借用上述的階級政治觀點，蔻爾普[19]與艾斯平‧安德森[20]分析了福利國家的政治起源，稱之為權力資源理論，並發現工會與左派執政有利於福利國家勞動力去商品化政策的延伸。因此，對台灣社會來說，全民基本收入能否實施，必須考慮誰是這個政策的社會支持者，這些支持者能否有效發起集體行動，或是在階級動員與國內外局勢的動盪之下，透過組織與宣傳，使國家考慮這

14 Lipset, Seymour Martin, 1959. "Some Social Requisites of Democracy: Economic Development and Political Legitimacy," *American Political Science Review* 53 （1959）: 69-105.

15 Olson, Mancur, 1965. *The Logic of Collective Action: Public Goods and the Theory of Groups*. Cambridge, MA: Harvard University Press.

16 Moore, Barrington, Jr., 1966. *Social Origins of Dictatorship and Democracy: Lord and Peasant in the Making of the Modern World*. Boston: Beacon Press.

17 Skocpol, Theda, 1979. *States and Social Revolutions: A Comparative Analysis of France, Russia and China*. Cambridge: Cambridge University Press.

18 Silver, B. J., 2003. *Forces of Labor: Workers' Movements and Globalization since 1870*. New York: Cambridge University Press.

19 Korpi, Walter, 1978. *The Working Class in Welfare Capitalism: Work, Unions, and Politics in Sweden*. London: Routledge & Kegan Paul Published; Korpi, Walter, 1983. *The Democratic Class Struggle*. London: Routledge & Kegan Paul Published.

20 Esping-Andersen, Gøsta, 1990. *The Three Worlds of Welfare Capitalism*. Oxford: Polity Press.

個政策的可行性與政治效果。

從政治社會學的角度，筆者更關注的是哪些社會群體在利益或意識形態上支持這個政策。由於全民基本收入尚無任何國家全面實施，文獻很少探討支持與反對此一政策的社會基礎，我們只能仰賴權力資源論的觀點，來猜測幾種可能的支持者與反對者的來源。筆者大膽提出三個競爭假說，包括：

A. 福利國家延伸假說：全民基本收入的支持者，可能是傳統工會或私營部門的穩定受雇者[21]，也就是原來福利國家的支持者，將其視為社會權利的擴張，其意識形態更接近傳統左派的階級團結與平等主義。

B. 中產自由派假說：由於全民基本收入可能使受雇者更自由選擇工作，這種職業自由對中產階級專業者更有吸引力；其意識形態更接近多元主義（對性別平等或移民較開放）或政治自由主義如正義理論。

C. 邊緣勞工假說：全民基本收入的獲益者主要是失業者或被傳統工會與社會保險排除、非典型就業或工作貧窮的中低所得人群，他們雖然想法上比較接近傳統左派，但是被既有工會忽視與勞動市場邊緣化。

上述政治社會學的三個競爭假說，主要是從誰自認為可能從這個政策獲得利益出發來進行推論，因此，直接獲益的邊緣勞工最可能支持全民基本收入。然而，這也不代表傳統工會或中產階級就會成為全民基本收入的反對者。相對來說，雇主或高收入的納稅人，

21　同註20。

仍然最可能成為全民基本收入的反對者。

　　D. 富人抵制假說：儘管全民基本收入的受益者包括富人，雇
　　　　主、高所得或高教育程度者（包括高薪受雇者如管理階層）
　　　　顧慮到稅率提高、影響就業動機與削弱管理權威等困難，可
　　　　能相對抵制此一政策。

　　由於單一政策缺乏對照組的情況下，無法凸顯多種政策比較之
下的選民偏好差異，我們以提高基本工資作為福利國家工資政策偏
好的對照組，以同性婚姻作為中產自由派偏好的對照組，也就是相
對於上述兩個政策，觀察全民基本收入是否更偏向前者或後者的社
會支持結構。由於這兩個政策在台灣已經發生，其支持者的比率與
變化是可以估計的，也有利於我們評估全民基本收入在未來的實施
機率。以下，筆者使用台灣社會意向調查的數據來檢證上述四個假
說。

三、數據來源

　　本文的數據來自2017年第一波《台灣社會意向調查》資料庫（以
下簡稱社會意向2017）。台灣社會意向調查是中央研究院社會學研
究出資進行的電話訪問調查，於1999年起成為例行性的調查計劃，
以台灣地區所有住戶的家用電話為母體，每年進行兩次電話抽樣調
查，每次調查樣本約為1,200人[22]，是台灣相當具有權威性的電話抽

22　傅仰止、伊慶春，1998，台灣社會意向調查，計畫執行單位：中央
　　研究院社會學研究所。

象調查。

　　社會意向2017電話調查在該年度五、六月執行，共獲得1,289個
有效樣本，平均年齡為49.6歲，其中52.4%的受訪者為女性，已婚者
占了大約62.8%，與面訪為主的《台灣社會變遷基本調查》（Taiwan
Social Change Survey）相比[23]，受訪者年齡偏高，其他統計分佈尚
稱合理。所有變量的敘述統計請讀者參見附表一，依變量與自變量
的相關係數表請見附表二。

依變量

　　本文希望研究全民基本收入在台灣社會裡的政治支持來源，依
變量來自社會意向2017問卷裡的這個問題「目前芬蘭正在推動全民
基本收入，就是從國家稅收中撥出錢，讓所有成年人每個月都能拿
到最低的收入。請問您贊不贊成在台灣實施這種政策？（01）非常
贊成；（02）還算贊成；（03）不太贊成；（04）非常不贊成」，
為求分析簡化我們將（01）非常贊成與（02）還算贊成兩類當成
支持者（=1），其餘視為不支持者（=0），可以算出支持者的比
例約為40.2%，反對者仍有五成以上，然而對照瑞士的公投結果，
台灣支持全民基本收入的民眾，比例其實高於瑞士。

　　為了比較不同類型的政策，我們選擇另外兩個議題「有人說台
灣民眾的工資太低，應該提高基本工資」與「總體而言，台灣民眾
應該接受同性戀者」，來測試全民基本收入的支持群眾與其意識形
態的相對親近性。筆者假設基本工資是一個傳統左派或工會支持的
社會民主政策，而同性戀權利則是中產階級、或是美國文化意義上

23　林宗弘，2009，〈台灣的後工業化：階級結構的轉型與社會不平等，
　　1992-2007〉，《台灣社會學刊》43：93-158。

的自由派較支持的政治或社會議題，其依變量分類也是支持者=1而
不支持者=0，如此便可以比較受訪者對這三個議題的社會支持基
礎。

　　針對基本工資議題，台灣民眾贊成調高者占83%，獲得壓倒性
的支持，顯示台灣並不能說是個「右派意識形態」主導的社會，多
數民眾同意國家干預勞動市場與社會公平的想法。就同性戀議題而
言，62.8%的民眾認為可接受，然而其中明確表達支持同性婚姻者
大約是36%，其餘民眾則可能傾向某種反歧視的性別平等規範。總
之，台灣民眾有某種素樸的正義感或同理心，社會民主或政治自由
派的觀點，近年來成為社會主流。然而，上述兩種議題的支持者，
未必就會支持全民基本收入，後者的支持率遠低於基本工資與同性
伴侶權益。

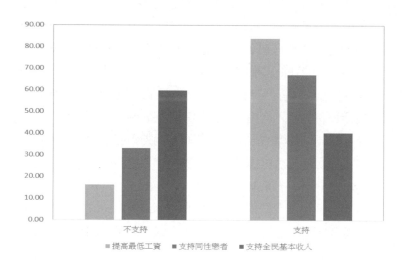

資料來源：2017年第一次社會意向調查。

圖1 支持提高最低工資、接受同性戀者與全民基本收入的受訪者比例

自變量與控制變量

　　為了回應上述的四個假設，本文主要關注下列幾組自變量：首先是受訪者的社會經濟地位或階級位置。由於電話調查通常很難嚴格測定階級位置，本文參考下列三個指標：我們以受教育年限作為社會經濟地位、特別是中產階級的參考指標。其次，受雇型態，區分為非勞動力（30.5%）、自雇者（9.1%）、受雇於公部門（7.7%）與受雇於私部門（41.8%）、以及雇主（4.5%），此外，本文沿用萊特[24]的新馬克思主義階級分析法 （Neo-Marxist class analysis），從私部門受雇者當中區分出新中產階級（合併技術工人、經理人與專業經理人三類，占16.9%）、與非技術工人（24.9%）總共六類，相當吻合主計總處所公布的就業人口比例。並且以每月收入對數作為富人的參考指標。這三個社會經濟指標可以呈現支持提高最低工資、支持同性戀者與支持全民基本收入的階級或階層差異。

　　除了社會經濟地位或階級位置之外，性別與婚姻狀態影響了受訪者對前述議題的看法。近來研究發現，同為性別不平等弱勢者的女性較支持同性權益[25]，然而，文獻裡仍缺乏理論來分析女性傾向支持或反對全民基本收入；此外，台灣文獻中發現不同世代之間對於薪資或同性伴侶權益有很大的歧見[26]，本文也希望觀察世代差異

24　Wright, E. O., 1997. *Class Counts*. London: Verso.

25　林宗弘、鄭雁馨、林文正，2017，〈女權與同性婚姻合法化：來自跨國數據與台灣民主調查的證據〉，台灣政治學會年會，11月10-12日。台北：國立政治大學。

26　Cheng, Yen-hsin Alice, Fen-Chieh Felice Wu, and Amy Adamczyk, 2016. "Changing Attitudes toward Homosexuality in Taiwan, 1995-2012", *Chinese Sociological Review* 48（4）：317-349; 顏維婷、鄭雁馨，2016。〈台灣真的對同志越來越友善嗎？〉。2016年06月

是否會延伸到全民基本收入問題上。

　　最後，我們控制了泛藍與泛綠黨派的支持者身分、以及受訪者是否為基督徒或天主教徒。由於藍綠陣營的支持者通常會傾向支持自己政治陣營執政時期所提出的政策，我們預計泛綠民眾會相對支持同性權益，但台灣的藍綠陣營的主要政見差異仍是在國家認同或族群方面[27]，在階級或分配議題上的歧見相對較小，而基督或天主教徒身分則會明顯影響其反對同性權益。

　　從附表二的依變量與自變量的簡單相關係數，可以看出變量之間大致的關係。首先，不控制其他變量的情況下，支持提高最低工資與支持同性戀權益者有相關性，支持全民基本收入者也更容易支持提高最低工資，但是支持全民基本收入與支持同性戀權益者之間卻呈現負向顯著相關，也就是支持全民基本收入者並不支持同性戀權益，或反過來說支持同性戀權益者不支持全民基本收入。

　　此外，雇主或富人不支持基本工資調漲，非勞動力（其中主要是高齡退休者或家庭主婦）、自雇者（主要是自耕農）與失業者不支持同性戀權益，但是這些人又是支持全民基本收入的主力。相反地，年輕世代、中產階級、高教育程度者、女性是同性權益的主要支持者，卻幾乎都傾向反對全民基本收入。從這些基本特徵來看，支持調漲最低工資者雖然比較容易支持全民基本收入，卻不完全是同一批人，因此，有必要對這三個依變量進行更精確的統計估計。

（續）
　　27日，取自：菜市場政治學http://whogovernstw.org/2016/06/27/wei
　　tingyen8/。
27　吳乃德，1999，〈家庭社會化和意識型態：台灣選民政黨認同的世代差異〉。《台灣社會學研究》3：53-85。

四、統計結果

如前所述，本文將上述的三個政策議題都當成支持與不支持的二分變量，因此使用邏輯迴歸（logit regression）分析，可以適切呈現支持者與反對者的社會經濟條件，正向的迴歸係數顯示該類社會經濟或個人特徵有利於提高政策支持度，負向的迴歸係數則顯示該類社會經濟或個人特徵使其傾向反對該政策。由於這三個政策之間在意識形態上具有內生的相關性，在每個主要模型A的子模型B裡，我們將其彼此視為對方的控制變量。統計結果呈現於附表3。

在附表3左側兩欄的模型1A與模型1B，呈現支持調漲最低工資者的社會經濟地位與個人特徵。由於這個依變量的支持者占83%，導致自變量的影響力較弱，其中顯著變量包括：高所得者與高齡者特別反對調漲最低工資，由於這兩群人極可能是雇主，因此雇主的迴歸係數僅達到邊際顯著程度（p<.1）。模型1B加入支持同性戀與支持全民基本收入者，可以發現這兩群人同時也支持調漲基本工資，或許可以解釋為：調漲基本工資是台灣民眾當中左派與文化自由派的共識。

在附表3中間兩欄的模型2A與模型2B呈現支持同性戀者的社會經濟地位與個人特徵。首先，高教育程度者與高所得者都較為支持同性戀權益，女性與年輕世代也較支持同性戀權益，控制變量當中泛綠支持者較支持同性戀權益，泛藍支持者則與中間選民無差異，基督徒或天主教徒明顯反對同性戀者。此外，模型2B的結果顯示，支持調漲基本工資者也傾向支持同性戀，但是支持全民基本收入者並沒有顯著支持同性戀權益。

在附表3右側最後兩欄的模型3A與模型3B，呈現支持全民基本

收入者的社會經濟地位與個人特徵。首先，教育程度越低者越支持
全民基本收入，雇主特別反對全民基本收入，然而多數私營部門的
受雇者——特別是新中產階級，顯著地反對全民基本收入，此外女
性傾向於反對全民基本收入。模型3B的統計結果顯示，支持調漲基
本工資者同時也支持全民基本收入，支持同性戀權益者卻對此一政
策興趣缺缺。根據以上的統計結果，假設A全民基本收入是福利國
家或傳統左派的延伸僅部分成立。事實上，許多私營受雇者反對此
一政策。假設B相對於同性戀權益議題，中產階級自由派也傾向不
支持全民基本收入。相對而言，統計結果傾向假設C，也就是被傳
統工會與勞動市場邊緣化的低教育程度與低所得者、失業者或非勞
動力，比較贊成全民基本收入，假設D富人較抵抗此一政策也成立。

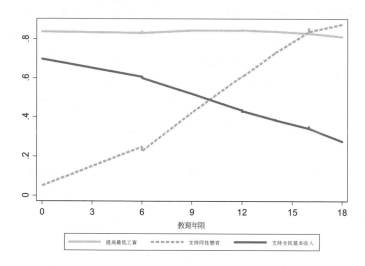

圖 2 不同教育年限受訪者對提高最低工資、接受同性戀與全民基本
　　　收入的支持率

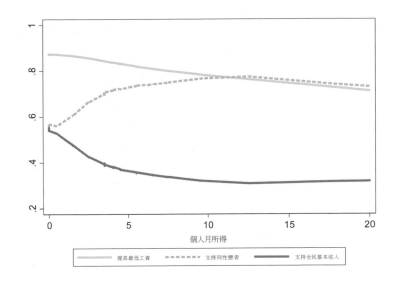

圖 3 個人月所得對提高最低工資、接受同性戀與全民基本收入支持
　　率的影響

五、結論與討論

　　近年來，台灣政府連續以提高最低工資作為補救勞動市場低薪
化的政策工具，2017年五月大法官會議宣告限制同性婚姻違反憲法
的自由與平等權。這兩個政策在台灣獲得多數民意支持，顯示許多
台灣民眾接受傳統社會民主派所主張的勞工權益，與政治自由派所
主張的性別平權政策。另一方面，雖然在台灣有四成民眾贊成全民
基本收入，超過了瑞士公投裡支持者的比例，這個政策的支持者仍
然少於反對者。在台灣，是誰較反對全民基本收入呢？

　　統計分析顯示，雇主與高教育程度者——勞動市場上的優勢中

產階級，相對比較反對全民基本收入，如圖2與圖3所示，高教育程度者仍相當支持提高最低工資，高教育與高收入者皆支持同性戀權益，但是兩者都不太支持全民基本收入。這個結果並不令人吃驚，畢竟雇主與高社會經濟地位者比較擔心提高稅收負擔。台灣的國家財政規模極小，財政收入占GDP比例僅約12%，各種社會福利（例如健保）收支加起來也大約只有18%，全面發放無條件基本收入可能會涉及加稅[28]。因此，不涉及稅收的最低工資與同性權益可以獲得過半民眾青睞，然而台灣多數私營受雇者並未支持全民基本收入。

另一方面，本文也發現支持提高最低工資者，也就是意識形態上的左派確實較支持全民基本收入，這些台灣民眾也會傾向支持同性戀權益，然而支持全民基本收入者卻主要是邊緣化的勞工，可能是男性、低教育程度的基層勞工或失業者，或是非勞動人口如退休領年金者。這個社會基礎與文化政治上的自由派截然相反，因此，支持同性權益者通常不支持全民基本收入，反之亦然。

儘管全民基本收入的理念，在政治上或哲學上可能左右逢源，真正的政治阻礙可能需要政治社會學的分析視野，才能釐清。在經濟全球化的影響下，各國勞動市場分化為核心與邊緣勞工，前者包括傳統的工會與社會民主派、或是新中產階級自由派，這兩者似乎並未成為全民基本收入的支持者，僅邊緣勞工較能接受這種制度。台灣的社會調查結果顯示，包括一般勞工在內的多數民眾，仍然對全民基本收入有所疑慮。擴大政治結盟，說服新中產階級與典型正職受雇者共同支持這個政策，將是重要的政治策略議題，值得推廣全民基本收入者參考。

---

28 台灣基本收入行動委員會，2017，《台灣無條件基本收入政策建議白皮書》。台北：台灣基本收入行動委員會。

附表1 社會意向2017相關變量之敘述統計

	N	平均值	標準差	最小值	最大值
依變量					
提高最低工資	1,266	0.838	0.369	0	1
支持同性戀者	1,289	0.670	0.470	0	1
支持全民基本收入	1,251	0.402	0.491	0	1
自變量					
教育年限	1,288	13.208	3.724	0	18
受雇型態					
非勞動力	1,279	0.305	0.461	0	1
雇主	1,279	0.045	0.208	0	1
受雇於公部門	1,279	0.077	0.266	0	1
新中產階級	1,279	0.169	0.375	0	1
非技術工人	1,279	0.249	0.432	0	1
自雇	1,279	0.091	0.288	0	1
失業者	1,279	0.064	0.245	0	1
個人月所得對數	1,289	1.087	0.850	-0.693	2.996
女性	1,289	0.525	0.500	0	1
已婚	1,289	0.628	0.484	0	1
年齡	1,286	49.667	15.399	20	95
泛綠	1,289	0.238	0.426	0	1
泛藍	1,289	0.330	0.471	0	1
基督／天主教徒	1,289	0.065	0.247	0	1

資料來源：2017年第一次社會意向調查。

附表2 變量間的相關係數表

	提高最低工資	支持同性戀者	支持全民基本收入
支持同性伴侶	0.060*		
支持全民基本收入	0.162*	-0.105*	
教育年限	-0.031	0.431*	-0.178*
受雇型態			
非勞動力	0.024	-0.131*	0.126*
雇主	-0.067*	-0.015	-0.050
受雇於公部門	0.016	0.090*	-0.052
新中產階級	-0.018	0.174*	-0.118*
非技術工人	0.033	0.046	-0.046
自雇	-0.049	-0.089*	0.025
失業	0.022	-0.081*	0.102*
個人月所得對數	-0.094*	0.155*	-0.130*
女性	0.073*	0.070*	-0.037
已婚	-0.016	-0.107*	-0.035
年齡	-0.042	-0.449*	0.110*
泛綠	0.002	0.067*	0.031
泛藍	-0.025	-0.030	0.018
基督／天主教徒	-0.048	-0.049	-0.004

註：統計顯著水準：*p<.05。

附表3　提高最低工資、支持同性戀者與支持
全民基本收入的台灣社會基礎

	提高最低工資 (1A)	提高最低工資 (1B)	支持同性戀者 (2A)	支持同性戀者 (2B)	支持全民基本收入 (3A)	支持全民基本收入 (3B)
教育年限	-0.019	-0.015	0.171***	0.175***	-0.072**	-0.067**
	（0.029）	（0.031）	（0.027）	（0.028）	（0.022）	（0.024）
受雇型態（非勞動力對照組）						
雇主	-0.530	-0.413	-0.416	-0.425	-0.779*	-0.738*
	（0.376）	（0.387）	（0.359）	（0.364）	（0.338）	（0.346）
受雇於公部門	0.115	0.183	-0.063	-0.118	-0.414	-0.443
	（0.356）	（0.366）	（0.329）	（0.335）	（0.266）	（0.271）
新中產階級	-0.064	0.037	0.180	0.151	-0.644**	-0.647**
	（0.283）	（0.291）	（0.276）	（0.284）	（0.221）	（0.226）
非技術工人	-0.059	0.038	-0.233	-0.246	-0.433*	-0.460*
	（0.251）	（0.259）	（0.216）	（0.223）	（0.182）	（0.187）
自雇	-0.447	-0.365	-0.391	-0.386	-0.288	-0.248
	（0.299）	（0.314）	（0.270）	（0.280）	（0.238）	（0.246）
失業	-0.037	-0.200	-0.397	-0.253	0.361	0.437
	（0.386）	（0.397）	（0.330）	（0.358）	（0.277）	（0.286）
個人月所得對數	-0.296*	-0.281*	0.197	0.237*	-0.038	0.015
	（0.128）	（0.131）	（0.112）	（0.116）	（0.096）	（0.099）
女性	0.166	0.171	0.467**	0.506**	-0.273*	-0.298*
	（0.168）	（0.174）	（0.155）	（0.161）	（0.129）	（0.133）
已婚	0.040	0.123	-0.301	-0.341	-0.052	-0.116
	（0.190）	（0.195）	（0.171）	（0.177）	（0.146）	（0.149）
年齡	0.060	0.064	-0.082*	-0.093*	-0.018	-0.023
	（0.034）	（0.034）	（0.037）	（0.038）	（0.026）	（0.027）
年齡平方項	-0.001*	-0.001*	0.000	0.000	0.000	0.000

	(0.000)	(0.000)	(0.000)	(0.000)	(0.000)	(0.000)
泛綠	0.006	-0.096	0.526**	0.423*	0.239	0.258
	(0.201)	(0.206)	(0.189)	(0.194)	(0.153)	(0.157)
泛藍	-0.110	-0.111	-0.028	-0.108	0.214	0.209
	(0.180)	(0.187)	(0.162)	(0.168)	(0.140)	(0.143)
基督／天主教徒	-0.431	-0.432	-0.619*	-0.720*	-0.041	-0.026
	(0.280)	(0.289)	(0.277)	(0.283)	(0.249)	(0.258)
提高最低工資				0.508**		1.101***
				(0.195)		(0.191)
支持同性伴侶		0.453*				-0.185
		(0.197)				(0.153)
支持全民基本收入		1.092***		-0.163		
		(0.190)		(0.154)		
常數項	1.175	0.222	1.917	1.806	1.291	0.518
	(0.907)	(0.937)	(1.041)	(1.088)	(0.693)	(0.724)
N	1,254	1,227	1,277	1,227	1,241	1,227
Pseudo R^2	0.026	0.063	0.246	0.245	0.046	0.069
Log likelihood	-542.5	-509.8	-609.8	-576.7	-798.8	-770.2

註：*p<.05 **p<.01 ***p<.001。使用 Logit regression 估計。

　　林宗弘，中央研究院社會學研究所副研究員，曾任職於台灣的全國產業總工會，學業之餘參與港台勞工運動，現為台灣勞工陣線協會理事與香港大學師生監察無良企業行動監督富士康的參與學者，研究興趣為中國大陸與台灣的社會分層、勞動議題與災難社會學等。

全民基本收入與正義

謝世民

　　全民基本收入或無條件基本收入，因為去年在瑞士的一次公投中遭到否決，再加上人工智慧的進展引發國際政商領袖對於大量失業的擔憂，逐漸受到各界的注意。從當代政治哲學的視野來看，全民基本收入是一個相當基進、值得認真對待的制度理念，而就其為一個制度理念而言，根據當代最重要的倡議者菲利普・范・帕雷斯的分析，全民基本收入（以下簡稱「基本收入」）包含了幾項原則：

1. 現金原則：政府定期發放一筆現金給個人，而非實物（例如，米、食用油、毛毯、奶粉、住所等）或實物兌換券；

2. 個人原則：基本收入的額度不受個人所屬的家庭成員或同居人之財富和收入的影響，也並不是以家庭為單位，由家戶的規模決定基本收入的額度，再由家長決定基本收入在家庭內部之分配；

3. 普遍原則：不排富，每位國民（監禁犯人除外）都具備領取資格；

4. 零義務原則：個人可以選擇離開職場而不會失去領取基本收入的資格，也無義務去從事增加社會資源或利他的工作。[1]

1　Philippe van Parijs, *Real Freedom for All*, Oxford University Press,

　　這個制度理念允許不同的社會依據各自具體的條件去設定不同的額度來推動（例如，按月或按週發放、老人與兒童是否有增減額度之必要），但尚無任何社會準備全面去施行一套設定了明確額度的基本收入制度。目前僅有少數國家（例如芬蘭）在部分地區試行或進行小規模的實驗，但瑞士的公投卻直接否決了這個理念，因為當時的公投命題並沒有設定一個明確的額度，而只是請公民對基本收入這樣的制度理念表示贊成與否。

　　范‧帕雷斯強調，基本收入，如果制度設計得當、推動過程得宜（這當然是一個很大的「如果」），相較於其他已知的社會救助和保險制度而言，具有一些可以預期的優點。而其中最關鍵的兩項是：

1. 避免所謂的「失業牢籠」：領取基本收入的失業者，不會因為就業而失去領取基本收入的資格，反而會因為就業而增加額外的收入。這意味說，基本收入有鼓勵失業者去就業的效果。相較而言，目前的失業救濟制度通常在失業者就業一段時間後便停止救濟，反而降低失業者就業的誘因，且往往導致失業者不願就業，深陷在失業的牢籠之中。

2. 避免所謂的「就業牢籠」：如果基本收入的額度夠高，那麼已經就業者會因為有基本收入的保障而有機會去考慮是否要繼續就業。他們可以在就業與不就業之間，依照自己的價值判斷和人生規畫去進行取捨，跳脫「必須就業」的牢籠。

（續）
　　　1995; Philippe van Parijs and Yannick Vanderborght, *Basic Income*, Harvard University Press, 2017.本文對於van Philippe的觀點之陳述皆參考了這兩本著作。

由於基本收入具有這兩項優點，范・帕雷斯認為我們可以預期它可以產生一些解放性的後果：例如，失業者比較願意去就業，逐漸擺脫貧窮，重新回到主流社會，並在工作中獲得各種非金錢性的利益，而就業者則有比較好的籌碼去拒絕工作環境太差的工作和職務，擺脫職場上惡質的聘僱關係，或者比較願意考慮停止工作，投入家庭照護或非營利社會組織和運動，或者進入學校充實新知、追求自我成長等等。基本收入會帶來的好處，可能不只這些。它應該會因為讓婦女獲得某種經濟上的獨立，而促進了性別平等；它應該也會鼓勵一般家庭出身的未成年人去選擇金錢報酬低、但經驗寶貴的實習生工作，而這些實習工作，在目前的制度下，通常都是富裕家庭出身、無後顧之憂的小孩才會考慮的選項。就這點而言，基本收入有利於機會的公平化。

范・帕雷斯強調，具有上述這些優點的基本收入，是保障、促進個人自由的制度利器，或更準確地說，基本收入是能有效保障、促進個人的「實質自由」之制度利器。因為對范・帕雷斯而言，真正值得關注自由的人去關注的自由，或者說，所謂的「實質自由」，涉及的不只是形式自由，而且還包括了行使自由所需要的條件和資源——享有自由者，不僅有權利去做自己也許會想要做的事（相對於自己有道德義務去做的事或者自主選擇去做的事），而且還享有實際上去做這些事的能力（包括了人身資源和外部資源）。換言之，真正的自由不是形式自由，而是實質自由。范・帕雷斯指出，一個確保人人享有實質自由的社會，在許多方面也會有不錯的表現：例如不斷自我提升的人力素質、和諧的兩性關係、自發性的多元創業風氣、繁榮興盛的第三部門、環境友善的經濟發展等等。更重要的是他還強調，人人享有實質自由的社會，即使它在這些其他方面的表現上有時並非盡如人意，才是正義的社會。這樣的正義觀，他稱

之為「正義即實質自由」（justice as real freedom）。范・帕雷斯自承是一個自由平等主義者，但他也贊成社會在某些條件下（例如為了提供工作誘因、解放生產力）可以允許不平等的存在。不過，他追隨羅爾斯《正義論》中差異原則的精神，明確主張：社會制度的設計，整體而言，如果允許不平等，必須「極大化社會中享有最少實質自由者所享有的實質自由」。對他而言，一套設定在可持續發放額度中最高額度的基本收入，就是實現「正義即實質自由」的有效手段。

　　一個社會如果要實施「正義即實質自由」所支持的基本收入，范・帕雷斯所預期的那些正面後果是否會出現，取決於許多因素，其中最重要的一個因素是這個社會可持續發放的基本收入，最高額度是多少？若太低，這些正面後果恐怕都不會出現，而這個最高額度又取決於它對勞動供給之影響，也就是說：取決於有多少社會成員會因為基本收入的實施而選擇離開職場？有多少稅基會流失？這些問題不可能在沒有充分調查、實際研究的情況下獲知答案，因此是經驗科學的問題，有待經驗科學家的介入。這些經驗性的問題相當重要，其答案是我們是否有充分理由去實施基本收入的關鍵因素，但這並不是本文的主要關切所在。本文想要聚焦討論的，是基本收入所涉及的倫理問題和政治道德問題。

　　許多論者對於基本收入是否值得我們認真對待，抱持著深度的懷疑，理由並不在於他們知道這個最高額度一定會設得很低，范・帕雷斯所預期的那些正面後果並不會出現，而是在於基本收入，作為一個制度理念而言，它的零義務原則允許個人可以選擇離開職場而不會失去領取基本收入的資格，讓這些人不必從事增加社會資源或利他的工作，也可以領取基本收入，而這無異允許了社會寄生蟲或搭便車者的存在，允許了一群人剝削另一群人。對這些論者而言，

內含零義務原則的基本收入,不論其額度設定在什麼水平,都背離
了公平正義。

　　明顯地,這個以寄生蟲作為隱喻的質疑,預設了一套以互惠義
務為核心的公平正義觀:任何人,除非沒有能力滿足其他人任何的
需求,都不應該只取而不給,不應該只享受他人勞動的果實而不去
施惠他人。對許多天性善良的人來說,這個互惠義務相當自然。不
過,若仔細深究,我們會發現,以互惠義務為核心的公平正義觀,
最恰當的適用對象是由合作關係所構成的群體。因為一般而言我們
不會認為,自己有義務要回饋陌生人單方面送給我們或外溢到我們
身上、而我們又無法選擇避開的好處(例如,在路途中聽到藝人美
好的歌聲,我們並沒有義務要給賞金,甚至也沒有義務要戴上表示
欣賞、喜歡的表情經過藝人的面前)。在這裡指出互惠義務的適用
對象有必要加以限縮,並不是要說,以之為基礎去提出對基本收入
的質疑不成立。相反地,這樣的限縮應該是倡議這種公平正義觀者
會樂意接受的,因為對他們而言,政治社會就是一個合作系統,成
員之間的互惠義務是存在的。

　　社會是一個由合作關係所構成的群體,也許我們無須否認這個
社會觀。但即使接受這個社會觀及其相應的互惠義務,我們必須注
意的是,互惠義務背後更一般的原則恐怕是:我們不應該不公平地
利用他人來讓自己獲益。選擇離開職場的人沒有付出,但卻還領取
基本收入,當然是背離了互惠義務。但是這種只取不給的行為之所
以是錯的,更深的理由乃是這種人不公平地利用他人來讓自己獲
利,或者說,乃是前者剝削了後者之故。不過必須注意,互惠關係
即使存在,也並不代表各方之間就沒有人在不公平地利用他人來讓
自己獲利:例如,在資本主義社會中,資本家和勞動者之間可以說
存在著互惠關係,彼此都有取有給,彼此都沒有違反互惠義務;但

是這並不代表資本家就沒有不公平地利用勞動者讓自己獲益。一旦
看到了這一點，那麼我們就必須說，基本收入雖然允許了一種倫理
上不當的行為，但是，整體而言，基本收入，若具有范‧帕雷斯所
預期的那些正面後果，那麼，它也有利於市場上的脆弱族群避免受
到資本家的剝削（他們可以選擇離開壓榨性、血汗性的、污染性的
工作）。換言之，在資本主義社會中，實施基本收入雖然允許不勞
而獲者的存在，但是它可以大大改善勞動者的處境，反而改善或減
低了整體社會中人與人之間剝削關係的嚴重度。

　　事實上，就互惠關係這個理想而言，基本收入是否在倫理上是
難以令人接受的，很大程度上取決於後果：當社會設定了一個明確
的基本收入額度之後，有多少人會選擇離開職場，以及選擇離開職
場的人當中，有多少會選擇讓自己完全放空、進入一種絕對懶惰的
存在狀態（我們絕不可排除說，離開職場的人很可能會投入各式各
樣有意義的活動中，包括有利於自己的家人、社區、甚至整體社會
福祉但無法以金錢計算的活動），因為這關係到范‧帕雷斯所預期
的那些正面後果是否會出現。若基本收入會增加婦女經濟上的獨立
性，那它有助於鬆動家庭中剝削性的勞動分配關係；若基本收入可
以避免失業者陷入失業牢籠，那麼它會有助於勞動市場的改革和就
業機會的擴大與穩定化，因而導致就業人口的增加，反而使收入與
工作之間的關係更緊密；若基本收入可以讓就業者避免陷入就業牢
籠，那麼，它也等於認可了各式各樣非市場性工作的價值。換言之，
基本收入，如果設定的額度恰當，范‧帕雷斯所預期的正面後果會
出現，那麼我們沒有理由懷疑，它其實可以讓人際之間的社會關係
更接近互惠關係這個理想。

　　以上分析的前提是以互惠義務為本的公平正義觀。在這個前提
下，質疑者斷言，基本收入允許個人背離互惠義務、忽視互惠關係

的價值，抵觸了公平正義。在這個前提下，倡議者對基本收入的辯護則來自於論證說，基本收入在合宜的設定下所產生的後果，就互惠義務和互惠關係的價值而言，可能更優於缺乏基本收入的後果。至於就個別社會而言，基本收入是否事實上真的「會勝出」，則取決於個別社會實際實施了一套具體的基本收入後的實際後果，任何人都無法先驗地知道這類問題的答案。

　　面對倫理的質疑，范‧帕雷斯對基本收入的辯護，並非全然是上述這種後果論式的策略，也就是說：透過後果分析，比較兩種制度符合大家都接受的標準或價值之程度。更值得政治哲學家關注的，是范‧帕雷斯並不接受質疑者的前提。他同意以互惠義務為本的公平正義觀也許正確地掌握了合作正義（cooperative justice），但不認為它正確地掌握了分配正義（distributive justice）。他認為質疑者忽略兩者適用對象的不同，以為合作正義就是分配正義。如果說後果式的辯護是所謂的內在辯護，那麼，拒絕接受質疑者的前提，並提出新的前提或區分，這樣的辯護就是一種外在辯護。這樣的外在辯護，如果成功，可以擴大我們的理論視野；如果失敗，則有提醒我們避免進入誤區的價值。范‧帕雷斯這種對基本收入的倫理質疑者而言的外在辯護，值得我們在有限的篇幅中略作檢視。

　　強調分配正義之獨特性的哲學家，范‧帕雷斯並非第一位。羅爾斯就曾經區分了配置正義（allocative justice）和分配正義（distributive justice）之不同。對羅爾斯而言，配置正義的適用對象是這樣的一種脈絡：（一）有一組待分割或配置給一群身分明確的個體之資源已經存在；（二）這組資源並非這群個體所生產出來的；（三）他們彼此之間並無合作關係；（四）但這群個體的欲望和需求是配置者已經知道的。在這種脈絡下，由於這個群體的任何個體對這組資源都不具優先主張的資格，羅爾斯認為，依照個體的欲望

和需要來配置這組資源，如果可以讓大家都獲得最高的滿足，那麼，
這樣的配置就是正義的，如果不存在可以讓大家都獲得最高滿足的
配置方式，那麼，極大化全部個體欲望和需求滿足的總量就是正義
的，除非（羅爾斯似乎暗示）另外有特殊的條件，使得正義在這個
脈絡裡要求或偏好「平等配置」。雖然羅爾斯並沒有明確說明在什
麼條件下，正義會要求平等配置這些資源，但很清楚的是，這些條
件與上述那四項條件無關。換言之，羅爾斯認為，配置正義就一種
效率。不過，雖然羅爾沒有注意到，我們其實也可以說，配置正義
是一種把每個個體的欲望和需求視為一樣重要的正義，而正因為這
樣的正義配置剛好就是效益主義式的加總個體欲望和需求之滿足，
因此，配置正義也可以說是一種「效率」[2]。

　　相較而言，羅爾斯強調，分配正義的適用脈絡並非配置正義的
適用脈絡。分配正義的適用脈絡是社會基本結構應該依據什麼政治
原則來安排才算不偏不倚、公平對待每一位社會（現在以及未來將
存在的）成員的問題。就這個問題而言，配置正義適用脈絡的四項
條件都不存在：分配正義和配置正義的適用脈絡之間有一項特別重
要的差別是，對羅爾斯而言，社會是一個公平合作的系統，社會（現
存和未來將存在的）成員之間的關係是公平合作的關係，有待分配
的資源是大家合作的產物，而非已經給定的。而現在大家都應該也
都熟悉了，羅爾斯對分配問題的答案是所謂的「正義二原則」，其
中著名的「差異原則」說：社會經濟的不平等之一項必要條件是，
它必須讓從社會合作中獲益最小的群體獲益最大。

　　有趣的是，羅爾斯所強調的分配正義問題，在范‧帕雷斯看來

2　John Rawls, *A Theory of Justice*, Harvard University Press, revised edition, 1999: 77.

只是一種合作正義問題，其適用脈絡是以合作關係為本的群體應該依照什麼原則去安排「分配合作成果」的制度，而不是他心目中的那種分配正義問題。范‧帕雷斯所謂的「分配正義問題」，其適用脈絡有點接近羅爾斯所謂的「配置正義」的適用脈絡，但其實相當不一樣，我們可以扼要將之整理如下：（A）有待分配的資源並非完全已經給定，但有些有待分配的資源是給定的，這些給定的資源除了自然資源，還包括了人類祖先到目前為止留下的一切遺產（包括一切累積下來的知識和知識所創出來的各種物質文明成就）；（B）分配制度的安排（例如，基本收入）會影響可供分配的資源之規模；（C）自然資源和人類祖先留下的一切遺產都不是目前存在的任何人通過合作生產出來的，也就是說，即使當代人之間存在著合作關係，這些自然資源和人類遺產都不是當代人合作的產物；（D）個人之間對於美好人生持不同但合理的觀點。

　　對范‧帕雷斯而言，分配正義問題就是我們（現存的全體人類及其後代子孫）應該如何分配我們所繼承的這一切自然資源和祖先遺產的「大」問題，而不是羅爾斯所設想的「配置正義」和「合作正義」問題。范‧帕雷斯對這個大分配正義問題的答案是：為了在信仰不同但都合理的美好人生觀的個人之間保持中立，這些資源應該平等分配，不過為了效率、增加可供分配的資源規模起見，不平等分配是可以被允許的，但是有一項必要條件是：不平等分配必須讓獲得最少資源的群體獲得最多資源。

　　范‧帕雷斯的結論似乎與羅爾斯的差異原則沒有不同，但這其實只是文字表面上的相似而已，因為羅爾斯反對范‧帕雷斯所倡議的基本收入。羅爾斯反對的理由與他持了一種以公平合作關係為本的分配正義觀（用范‧帕雷斯的話說，一種合作正義觀）有關。對羅爾斯而言，自願選擇離開職場、整日在海灣戲水衝浪的族群必須

想辦法養活自己，因為這些人並非沒有能力參與社會合作（羅爾斯
主張社會有義務去協助無法參與社會合作的身心障礙者），而是自
願地選擇退出社會合作，對可供分配的社會資源之生產毫無貢獻，
而且也無貢獻合作之意願（羅爾斯主張，政府必須提供工作給任何
有意願工作，但無法進入職場的人士）。簡言之，合作者沒有基於
正義的義務，去給予選擇離開合作關係的非合作者任何資源。對照
而言，范‧帕雷斯認為，自願選擇退出合作者雖然沒有權利去分享
合作者共同生產出來的果實，但是他們仍然有權主張獲得一份相同
額度的自然資源和人類遺產。

　　對范‧帕雷斯而言，基本收入是實現這種分配正義的有效手段。
他認為，個人從自然資源和人類遺產中獲益的程度不一，這些不同
程度的獲益附著、潛藏在不同的工作和職務的報酬之中。這些帶有
不同額度報酬薪資的工作和職務最後由誰獲得，許多人認為很大程
度上取決於個人的努力和決心。但范‧帕雷斯認為，這是錯誤的觀
點。他強調，只要我們願意睜大眼睛、誠實地去檢視人世間的各種
競爭現象，我們都必須承認，人與人之間的機會、工作職務、財富、
收入差別，偶然因素所扮演的角色是巨大的，個人的努力和決心扮
演的角色（雖然很多時候是必要的）則是渺小的，因為努力和決心，
本身就會受到各種偶然因素的影響。對工作職務的薪資報酬進行徵
稅來支付基本收入，並透過稅率的調控（以及增列其他的稅目），
去極大化基本收入的額度，范‧帕雷斯認為雖然無法精確完美地實
現分配正義的理想，但可以說「雖不中亦不遠矣」。

　　若然，我們也許可以回到「基本收入允許剝削、搭便車、寄生
蟲」這個批評來再做一點總結。按照范‧帕雷斯的界定，基本所得，
就財源而言，取自沒有任何人理當應得的資產，因此，在某個我們
習以為常的意思上（正義要求我們給予他人其理當應得之物、不去

剝奪理當屬於他人之物），基本收入並沒有背離正義。當然，我們
可以承認，這些沒有任何人理當應得的資產之所以能夠成為基本收
入的實際財源，乃是因為有人選擇去從事生產性的勞動，因此，選
擇拒絕從事勞動者但又沒有放棄基本收入者，是對基本收入財源沒
有貢獻的一群人。在這個意思上，基本收入確實允許剝削、搭便車
的行為，但是，作為社會整體制度的一部分，從范‧帕雷斯所謂的
分配正義問題的立場來看，基本收入並不缺乏倫理基礎。我們也許
可以這樣看：基本收入，就倫理基礎而言，對自由、平等、社會團
結、效率這幾項價值的實現，都有相當程度的助益。所謂「基本收
入允許剝削」，只是說這個政策允許個人去做道德上錯的事情，但
那並不等於政府強迫某些人受到另外一些人剝削。在這個意思上，
受到剝削並非是被強迫的，因此，基本收入並沒有抵觸自由，同樣
重要的是，基本收入所允許的，是每個人在人生的任何階段都可以
選擇成為剝削者，在這個意思上，它也並沒有背離平等。

　　分析至此，我們可以看到，對范‧帕雷斯而言，分配正義，就
其為一個以自然資源和人類遺產之分配為適用脈絡的理念而言，其
實給予了現存的全體人類同樣的權利去主張相同額度的基本收入。
不過，范‧帕雷斯強調，就目前全球政治的狀態而言，要實現這樣
的理想，仍然困難重重。明智之舉是高懸理想，逐步、謹慎地去推
動，在不同國家、不同地區施行不同額度的基本收入制度，並維持
強韌的信心，促成理想早日實現，而非立即要求「一步到位」。

　　綜上所述，范‧帕雷斯透過區分合作正義與分配正義之不同，
倡議以基本收入作為實現其分配正義觀的手段，而羅爾斯則因為保
持了一種以公平合作為本的分配正義觀，並不贊成基本收入。事實
上，羅爾斯對基本收入持質疑的立場，讓范‧帕雷斯還相當感到困
擾，因為他認為單就差異原則之內容來看，羅爾斯沒有必然要反對

基本收入，而他也試圖論證說，羅爾斯後來將閒暇（或不工作的時間，例如，每日八小時）列入所謂的「社會基本財」（social primary goods），這樣的修正其實可以讓他發展出一種對基本收入採取友善態度的差異原則——雖然羅爾斯終究沒有接受范・帕雷斯的論證而改變他對基本收入的立場。羅爾斯之所以有這樣的態度，最大的關鍵點應該是他對自己的正義論之適用脈絡界定得非常明確：他的正義論不處理國際正義的問題，只處理社會基本結構的正義問題，而他的正義論所訴諸的最基本觀點是「社會作為一個公平合作系統」。一旦「公平合作」概念確定了下來，基本收入在羅爾斯的正義論中似乎就不存在任何空間。也許羅爾斯會承認，他所關切的，確實是范・帕雷斯所謂的「合作正義問題」，而不是「分配正義問題」。然而，這樣的承認並沒有使得他與范・帕雷斯之差異失去重要性。關鍵的問題是：在反思我們自己社會的分配制度體系的「正義性」時，我們有充分的理由去選擇羅爾斯的合作正義問題框架來作為起點（當然，選擇了羅爾斯的問題框架並不蘊含我們就一定要接受羅爾斯的答案），而不以范・帕雷斯的分配正義問題框架來作為起點嗎？還是剛好反過來呢？這個選擇問題，仍然值得任何關注正義的論者去努力思考。

謝世民，任教於國立中正大學哲學系，對當代政治哲學、道德哲學、理由論、價值論等領域的議題相當關注。

全民基本收入是一種補償

廖 美[*]

　　長期以來，經濟學家的傳統觀點以為，技術進步提升生產力，可為工人帶來更多工作機會。但就在過去幾年，研究自動化對就業影響的結果顯示，科技進展可以創造更多工作機會的模式已在銷蝕當中。本來勞動市場就是建立在勞力稀缺的原則，每個人都有雇主需要的勞力，透過銷售自身勞動力，可建立一個二、三十年的職業生涯。然而自動化讓工廠內的工作變少，進而壓抑工資，讓一部分低技術工人無法透過勞動獲得合理的生活水平。加上資本的分配本來就比勞動力的分配更不公平——每個人生來都有一些勞動力，但並不是每人生來都有資本——更加劇社會的不平等。自動化讓雇主傾向雇用高教育人才，對擁有科技專長、可操縱自動化系統的管理者和進行自動化的雇主來說，他們增加財富的潛力可觀。但對低技術工人來說，則是另一回事。學者針對美國近三十年地方勞動市場的研究發現，在地區工廠自動化後，直接造成該地區就業和工資的下降。另外，科技進步結合全球化，讓其間的影響更加複雜；比如美國製造業工人平均收入在2015年比1973年少9%，而總體經濟確增

---

*　作者感謝吳介民閱讀本文初稿，並提出寶貴的修改意見。

長200%[1]。

　　過去幾年，人工智能（AI）系統開始為人類處理數量可觀的任務，從自動駕駛、判讀癌症掃描、概述和分析運動競賽、寫新聞導言和摘要，到翻譯散文等，可以說任何能夠分解成離散和重複的工作——包括財務分析、行銷策略、法律文書工作，均可以透過人工智能科技逐漸取代人力。這促使我們不得不問：目前形形色色的工作未來如果只需30%的人力，其他70%的人要做什麼？

　　如果說，從18世紀工業革命以來，國家的主要使命之一是在「創造就業」，那麼面對21世紀的未來，尤其在先進國家，主要任務可能變成「維持低就業」。數十年後，回顧現在有些國家因少子化而提倡生育，多半奠基於補充勞動人口的預期，但是，假定未來根本不需要跟現在一樣高比例的人口投入就業，現下鼓勵生育的措施，會不會成為沒有遠見的錯誤政策？

　　對於科技創新能夠取代多少就業領域，沒有人比矽谷菁英更了解它的可能性。如果矽谷即將讓世界上大部分的人失業，那麼，他們是不是也應該提供解決方案？當某些矽谷菁英倡導應發給「全民基本收入」[2]，乍聽之下有點新奇，但進一步了解他們對未來科技發展的自信，或者他們已經看到科技將取代大部分的人力。所以沒有工作可做，但有收入可以維生，並不是人道援助而已，而是未來人類存續的關鍵。

1　參見 Daron Acemoglu 和 Pascual Restrepo 合著 "The Race Between Man and Machine: Implications of Technology for Growth, Factor Shares and Employment," June, 2017，網頁：https://economics.mit.edu/files/13179

2　「全民基本收入」意指政府定期無條件以現金支付給每個人，其間沒有資產審查和工作要求。

　　發給所有人基本收入，涉及廣泛的制度變遷。目前許多國家，有的從全國範圍，有的在地區城市，有的在偏遠小村，透過直接施行、小範圍開辦、或領航研究（pilot study），探索發放基本收入的利弊與影響。無論先進國家、開發中國家，或低度發展國家，都在搜尋發放基本收入的潛力，但其間的政策動機則大異其趣。

一、肯亞三百個村莊裡的故事

　　2016年10月，美國一個名為「直接給付」（GiveDirectly）的非政府組織，來到東非鄰近維多利亞湖的肯亞村落，從中選了一個相當貧窮的村子進行領航研究。被選中的村民，每人每月透過手機撥款，收到23美元的基本收入。當這個領航研究顯示遠距離發放基本收入在執行上沒問題，便開始規劃一個長期大規模的隨機對照試驗，總計在肯亞隨機挑選300個村莊，其中100個村莊沒有發給任何現金，其餘200個村莊被分成三個實驗組：1. 40個村莊的村民每人每月領23美元，連續領12年，以便觀察發給基本收入的長期效果；2. 另外80個村莊的村民「月領」基本收入兩年；3. 再有80個村莊的村民一次性「年入」現金（即276美元），連領兩年。這些分組除可檢證收入被細分的效應，也可對照發放基本收入的短期與長期影響。選取300個村莊合計有兩萬六千村民，預計在2017年10月肯亞進行總統大選後執行試驗，這是目前世界上第一個運用隨機對照試驗，用來檢視基本收入可行性及其影響的研究計劃，也符合全民基本收入理念的試驗，因為被選上村莊的所有村民，不管財務狀況為何，每人每月都有一筆固定收入，而且無需負擔任何義務。

　　從這個試驗設計的樣貌和規模，可知道這是行家手筆。事實上，「直接給」乃由一群經濟學家所創立，他們清楚同是經濟專長的同

行會以非常嚴格的角度審視他們的研究，因此一點都不能含糊。「直接給」在肯亞推動基本收入研究的資金，大部分來自包括Facebook、Instagram、eBay等創始人和一些矽谷公司的贊助，只有少部分由支持者在網上直接捐助。

選擇肯亞作為試驗場域，更可測試基本收入對解決貧窮的效果。肯亞目前約有4800萬人，在2017年估計的人均收入是1677美元，肯亞的經濟不平等嚴重，在東非國家排名第二，僅次於盧安達，現今仍有70%的人從事農業，很多村民處於赤貧狀態。接受「直接給」基本收入的村民，每人每天的平均花費只有0.65美元。由於當地生活水平不高，在肯亞試驗基本收入的效應，推動成本相對低，而在試驗過程，又可幫助村民脫貧，可說一舉數得。

另一方面，肯亞的試驗也在挑戰以實物發放為基礎的外國援助團體，例如世界糧食計劃署、紅十字會與紅新月會、和反饑餓行動等組織，這些團體的習慣和信念都認為應發給被援助者具體的實物，無論是食品、衣服、用藥或疫苗注射，而捐助者也傾向「看到」被援助者拿到實物而覺得有成就感。遠在紐約的聯合國總部，或設立在倫敦、東京、巴黎的慈善組織，對被援助者真正的需要，多半並不了解，一味授予實物，不但造成資源的錯置與浪費，更不用說發放實物過程來自官僚科層的無效率了。

「直接給付」為捐助者提供一個平台，讓他們可以毫不費力把「錢」（而且是單純給錢）用在需要的人身上。「直接給付」的做法不是憑空而來。本身是發展經濟學家也是「直接給付」的創辦人菲耶（Michael Faye）表示，他的作法來自巴西大規模（涉及五千萬人）實施直接給窮人現金的啟發。接下來，我們來看看巴西的例子。

二、巴西在實踐基本收入的獨特地位

　　對基本收入的推動，沒有一個發展中國家像巴西一樣，投入如此多層面的力量。巴西從1990年代到21世紀前十年，針對推展基本收入，無論在理論辯論、立法保障、和政策實踐，可說不餘遺力。

　　我們需要認識巴西的政治過程，尤其巴西三個不同政府層級——市政府、州政府和聯邦政府——的相互關係，才更了解基本收入的社會政策如何在巴西推展開來。巴西的市政府和州政府均屬聯邦自治單位，獨立於中央政府，可自行推動各項社會政策。地方政府在適當時機採取的政策，如果有好的成效，就可能擴散到全國。巴西土地廣袤，目前有2億800萬人口，當一個政策可以推展到全國，對其他國家的示範效果將非常顯著。

　　雖然到1985年巴西才走出軍事威權建立民主選舉體制，相對許多發展中國家，巴西的社會政策總是走在時代前端。在巴西推動基本收入的靈魂人物是蘇普里西和布阿奇，原為經濟學家，進入政界後都隸屬左派工人黨，為巴西在基本收入的辯論提供理論基礎。其中，蘇普里西在1992年加入歐洲基本收入網絡（BIEN）[3]，透過這個網絡的傳播，也讓巴西的實踐經驗備受各國關注。

　　蘇普里西1991年就在參議院提出具有基本收入精神的「保障最低收入」法案，當時在參議院通過，但法案送到眾議院後，無疾而終。十年後的2001年，他在參議院中呼籲創立「公民基本收入」，

3　兩位參議員的葡文原名為Eduardo Suplicy和Cristóvão Buarque。「歐洲基本收入網絡」（Basic Income European Network，簡寫為 BIEN）成立於1986年，到2004年改名為「全球基本收入網絡」（Basic Income Earth Network，簡寫依然為 BIEN）。

凡巴西公民或居住在巴西五年以上的外國人都有權利領取。這個「公
民基本收入」法案要求中央政府根據「預算可能性」和「財政責任
法」的規定，進行現金轉移。該法案2002年在參議院、以及2003年
在眾議院的憲法和司法委員會，順利通過，並於2004年1月制定具有
里程碑意義的立法。雖然立法規定從2005年開始逐步實施，至今還
沒有得到確實執行，主要是法案要求執行計劃須配合巴西總體經濟
景況，即國家在有足夠餘裕下，才全面推行。

　　布阿奇則從另一方面突破關於基本收入的實踐。他在1980年代
中期倡議，「如果孩子因為家境貧窮不能就學，為什麼不付錢給父
母，讓孩子們不要錯過上學？」這個說法在教師、研究者和知識界
引發一系列辯論，最後各界形成的共識是，在花費1%聯邦預算下，
不管家庭孩子的數量，應以現金支付貧窮家庭，而且由受助家庭的
母親領取，便於掌控金錢使用。這個提案1993年在22個城市合計約
五千人參與討論，給「學校津貼」（Bolsa Escola）打響知名度。支
持學校津貼的論者以為，蘇普里西提倡的基本收入只有短期分配效
應，對世代相傳的貧困無能為力。就像慢性病很難根治一般，貧困
家庭也常在社會的不利位置延續著，提供孩子更好的教育機會，長
期下來，這類家庭的孩子才有能力面對勞動市場，並且利用它。所
以，建議將政策修正為：在一定條件下將收入分配給就讀公立學校
兒童的家庭。而這裡所謂的「一定條件」是家庭達到貧窮程度（如
家庭收入只有最低工資的一半和失業的父母有登記在全國待業系統
中），而且家裡有17歲以下的孩子。符合條件者每月給予現金補助，
讓孩子有足夠營養、定期到醫院檢查身體、或接受疫苗注射，而且
必須進入學校就讀，同時學校參與率不能低於85%。

　　巴西推動最低基本收入的行動過程，兩位理論領導者選擇不同
策略。蘇普里西在議會開戰，數十年來從不間斷地倡議。他也說服

非同黨在1994年當選聖保羅州坎皮納斯（Campinas）市長的特謝拉
（José Teixeira）實施「學校津貼」。布阿奇則在作為學者和巴西利
亞大學校長時期，積極參與學校津貼理念的推廣，到1994年成為巴
西利亞聯邦區政府候選人，不但將學校津貼列入政見，並在當選後
施行。1995年1月，坎皮納斯和巴西利亞成為巴西最早施行基本收入
的兩個地方政府，儘管當時是以「學校津貼」的形式發放。

　　坎皮納斯和巴西利亞的學校津貼方案，緣於幾個重要原因，後
來引起巴西人的關注：首先，這是一個重要的社會創新政策，向貧
困家庭進行有條件的現金轉移；其次，政策施行過程相對簡單；另
外，它為推行政策的地方政治人物帶來政治信用。後來在巴西其他
城市陸續開展的計畫，基本都由地方政府各自決定，但跟坎皮納斯
或巴西利亞的作法有所聯繫。可以說，在全國其他地區的推展，儘
管由不同政黨治理，都模仿同一模式。 人口規模和社會經濟指標有
很大差異，但政策目標和實施方式卻沒有明顯區別。

　　從1995年到2001年之間，總共有90個計劃在十四個州不同層級
的地方政府執行，而其中一半以上的計畫（合計52個）都由還沒有
得到中央執政權的工人黨在地方積極推動。創新社會政策的實踐，
為工人黨贏得全國性口碑，也為魯拉在2002年的總統大選打下政治
信任的基礎。

　　當地方如火如荼執行「學校津貼」，中央國會的政治人物開始
閒不住，積極討論聯邦政府應該如何參與推動。三個因素促成聯邦
政府立場改變：1. 巴西全國人民對消除貧窮已有共識；2. 推行學校
津貼成本不高，使它成為消除貧窮優先可行的選項；3. 不管市議會、
州議會、以及國會都在倡導，如此高度的政治競爭，聯邦政府不能
視而不見。當時的卡多索政府被迫必須提出有效的聯邦政府參與計
劃，這個創新社會政策以「以地方包圍中央」獲得實際的成效。

　　巴西應用經濟研究所的研究指出，約有 3,300 個城市的部分人口需要現金轉移來增加收入。儘管如此，聯邦政府把執行計劃局限在最貧困地區，只有人均收入低於當地州政府平均水準的城市，才有資格施行最低收入計劃。因此，在1999年至2000年期間，約有1,350個城市參與由中央政府推動的保障最低收入計劃，那些沒有被中央政府放進名單的城市和州，自然對中央政府提出質疑。

　　各地方政府對計劃的強烈興趣，預示由地方主動施行的政策已經到了轉型階段，所謂「轉型」，並不是對政策模式進行變革，而是中央在滿足地方對最低收入政策的要求下，制定「聯邦學校津貼」，跳過地方的自主制定。於是由中央制定、地方執行的計劃，在2001年第一年實施，有95%的地方政府配合執行。由地方轉中央規劃的政治過程，為下階段的政策改革做好了鋪墊。

　　魯拉在2003年就任總統，鑑於巴西早期許多「學校津貼」方案多在工人黨占有優勢的地方政府執行，遂藉由優良的地方表現施壓中央調整政策。現在執政的工人黨，可以徹底施行長期推廣的理念。在 2003年10月，把幾個分散的社會政策，包括聯邦學校津貼、學校和食物津貼、燃油補助、食物券計劃，全部統籌在「家庭津貼」（Bolsa Família）裡。緊接著，魯拉在2004年頒布「公民基本收入」法案。

　　「家庭津貼」援助所有被列入目標的赤貧和貧窮家庭，這個計畫納入原本被傳統社會保險排除，但亟需援助的人口。基本上，社會保險是對有能力事先支付保險費者的社會保障，在正式勞動市場的工作者自行提撥部分工資，加上雇主的相對負擔，作為未來面對風險的保障，比如失業、疾病和養老。社會保險制度跟正規勞動緊密連結；但發展中國家的正式部門工作相對少，大部分人在非正式部門工作，沒有被社會保險計劃覆蓋。巴西的「家庭津貼」是拉美國家地區，第一個針對非正式部門工作的家庭進行的協助計劃，這

個計劃更關注家庭裡的孩子，希望他們能夠正常入學，不是成為童工。巴西透過這個社會政策受益的人口是目前全世界最大的群體。從2003年支助350萬家庭，到2016年增至1390萬家庭，總計協助的人口有五千萬，占巴西人口的四分之一[4]。

以2016年來說，家庭津貼對每家每月的支出平均值為巴西幣180雷亞爾（約55美元）。其中，赤貧家庭無論人口組成，首先可領取85雷亞爾，家裡有 0-15歲的孩子，每個孩子可以領39雷亞爾，16-17歲的青少年可領46雷亞爾。總的來說，家庭原本申報的收入加入上述福利，如果每人每月仍然處在85雷亞爾的貧困線以下，就加碼補上不足部分。

如果受補助家庭在第一年找到工作，收入的增加超過資格標準，可以繼續享受額外兩年福利[5]。兩年後，如果收入依然高於合格標準，福利才被停止；主要因為剛就業前一、兩年，工作和收入通常在不穩定狀態，需要一個緩衝。這個作法和一般先進福利國家透過資產審查，一旦接受福利者的收入超過補助標準，馬上被終止補助很不一樣。後者容易造成受補助者選擇不就業，因為一旦領得薪資超過補助金額，就需放棄福利，工作如果不能穩定持續，回頭再申請社福補助，又要經過一段冗長程序，甚至面臨好幾個月沒有收入支持的情況。這樣的福利制度，讓沒把握找到穩定新工作的人，傾向留在社福制度，長期不就業。除此之外，很多社福制度會催促受益者積極找工作，例如荷蘭的社福受益者每週需要完成五份工作

4　參見 Bolsa Família 網站：http://www.caixa.gov.br/programas-sociais/bolsa-familia/Paginas/default.aspx

5　我們發現巴西給在「家庭津貼」收受者有了工作收入後，繼續讓他們接受兩年福利作為緩衝，這個兩年的期限，跟許多先進國家進行基本收入的領航研究都以兩年為期，或許不無關聯。

申請、參加小組會議、參與各類工作培訓，才可繼續獲得補助，這
也造成受益者長期處在焦慮窘迫的氛圍裡。

三、先進國家的領航研究與未來趨勢

發放基本收入在低度發展和發展中國家，用來解決貧窮，而在
先進國家，旨在面對失業陷阱。目前正在芬蘭、荷蘭、巴塞隆納關
於基本收入的領航研究，試驗對象都是社福受益者，目的都在探究
發放基本收入是否有利於促進就業。只有加拿大安大略省的研究聚
焦在低收入者，著重基本收入是否可以減少貧困、獲得溫飽，以及
是否因低收入或不穩定收入導致或加劇精神和身體問題，但就業效
果比較不是他們關注的重點。

比較上述四個正進行的領航研究，可以發現一些問題：

1. 試驗的規模都非常小，主要受試人數如果不是2000人，就是
2000個家戶，另外再安排比之更小規模的對照組。本來，芬蘭規劃
抽選一萬人進行研究，因為質疑花費太多的政治壓力，最後降為2000
人。這樣小規模研究，是否可以得出具代表性的結果，讓人存疑。

2. 芬蘭隨機抽選研究對象後，強制被抽選者必須參與，而其他
國家在抽選後都是志願參加，這樣一來，原本隨機抽樣的代表性已
被扭曲。

3. 研究觀察的時間長度是問題。除了安大略省是三年研究，其
他都是兩年，不管三年還是兩年，由於觀察時間太短，加上社會經
濟大環境的變因，更難說明基本收入與就業的關係。

可見，先進國家是在使用「基本收入」這個工具，解決社會福
利制度的沈痾。選擇在社福受益者中進行基本收入研究，差別只在
發給「基本收入」者，不必積極找工作（而純粹的社福參與者有工

作要求），背後的想法是或許讓收受者有點餘裕更能找到適情適性的工作。故而本質還是「創造就業」的想法。這些國家本來就比肯亞和巴西面對自動化的趨勢更高更快，把基本收入用在測試是否更願意去工作，而不徹底檢討工作機會越來越少，是這些研究的盲點。

也許很多人還把人工智能當作一個科幻概念，像我們在電影或電視上看到的樣子。不過，問一家在上海生產電訊設備的生產線操作自動化機器的技師，他們最清楚人工智能的樣貌：三、四年前在生產裝配線上，也許一天三班制，需要三千五百人在燈火通明下才能維持二十四小時運轉，現在只要八百人，而且產量還加倍[6]。生產流程自動化節省的不只是人工費用，還有雇用人工衍生出來的其他開銷，包括工人的培訓、醫療保險、和養老金，更不用說，雇用大量工人需要配套的膳宿環境和交通設施；另外，廠房內的照明只要開啟部分，甚至非常低的照明，因為機器不需要燈光，進一步省下工業用電。二、三十年前，只有極少數人相信機器將取代大量人工，現在，這種趨勢已是身邊的例子。

我們正在面臨一個壯年勞動市場的萎縮，即使年紀不太老，也沒有工作可做。我們正走向經濟和社會面臨巨變的未來，需要創造一個前所未有的制度來對應。「全民基本收入」的理念是，公民將從政府那裡得到足夠的錢來支付生活費用。雖然目前看來，藍領比較需要這類經濟援助，但是自動化進一步帶來的破壞，不會只有局限在低技術工作；電腦深度學習的發展，未來在白領領域，包括會計師、醫生、律師、建築師、教師和記者等專業人士，都將與日益強大的電腦競爭。

6　參見〈歡迎我們的新機器人霸主〉（"Welcoming Our New Robot Overlords"），登於《紐約客》，2017年10月27日發行。

　　固定發給所有人一份「基本收入」在當下脈絡看似基進而新潮。說它基進，主要是它的作法將徹底改變社會與政治景觀；說它新潮，乃在時代巨流汰洗下，它的理念竟是越發閃亮。與基本收入相關的理念，從最早出現到現在已有五百年。我們從范·帕雷斯與范德保特在2017年出版的《基本收入》書中深入淺出的闡述，可以了解「基本收入」的思想源頭，以及綿延至今的各種思想論辯[7]。如果有任何一項政策，可以同時完成適度就業、脫離貧窮、平等分配等問題，全民基本收入可說是不二選擇。不過，因為它觸及的面向太廣，每次談及實施全民基本收入，反對的意見就傾巢而出。

　　領取基本收入，不需要付出任何義務，引來的直覺反應是：如此一來，有些人將越來越不工作，或完全停止工作。如果全民收入的資金，主要來自勞動收入的稅收，那麼減少勞動人口，相對地將減少資金的來源。其他反對意見包括，假定基本收入金額並不高，還是沒有辦法從生活困窘中解放出來，得到真正的自由。不過，更多反對意見來自一種簡化的擔憂，認為提供基本收入，國家財政無法負荷。關於國家財政的問題，解決的方法很多，透過積極的稅收計劃，無論從遺產繼承，勞動收入，資本利得，或不同類型的稅收，包含交易、消費、增值、碳排放，鼓勵捐贈等，都可同時進行。

四、新的補償性論述

　　從2008年金融海嘯危機以來，多數國家陷入成長衰退，或在低

7　參加 Van Parijs, Philippe, and Yannick Vanderborght. 2017. *Basic Income: a Radical Proposal for a Free Society and a Sane Economy.* Cambridge, Massachusetts: Harvard University Press，書中第三章與第四章，頁51-98。此書中文版即將推出，由衛城出版社印行。

緩成長中前進；接著一波以「占領華爾街」為策略，倡議「99% 對 1%」的口號，凸顯勞苦大眾與少數富人之間巨大的財富差距；近年則是大眾選民對體制政治人物的否定而選出體制外人物，更顯示民眾對既有制度的不滿。這一連串發展，除讓我們感受近些年社會氣氛的丕變，也讓日益加劇的不平等，得到更多關注。不過，關注不平等問題，加上選出體制外人物進行治理，看來並沒有撼動體制，也沒有向富人徵稅的積極作為，這是為什麼？徐夫和斯塔薩維奇在2016年出版的書──《對富人徵稅》，嘗試解答這個困惑[8]。從研究歐美OECD國家在近兩百年來關於累進稅收發展的歷史，作者既廣泛又深入地環繞在富人徵稅問題上的知識與政治辯論，他們的書提供了對富人徵稅議題到目前為止最詳盡的考察。對富人加碼徵稅是否公平，取決於怎麼做才是平等對待所有人，以及對富人徵稅是促進或破壞了平等，都是他們著重探討的議題。作者認為，許多國家在二十世紀中期執行累進稅法，是一個歷史的例外而不是政策的勝利；累進稅收經歷的高低起伏，也並沒有因為貧富差距加深或普遍選舉權的擴大而改變；而且，全球化也沒有迫使國家改變累進稅率。

　　在檢視各種關於徵稅制度是否公平，尤其針對高收入者和富有家庭，最有力的政治論辯常常是，由於國家經常透過制度保障或結構的不變革，讓富人擁有特定權利從事不公平競爭。因此，對富人加稅，是讓他們償還在國家保護下所攢獲的利得。徐夫和斯塔薩維奇從各國經驗發現，政府幾乎從不因為貧富差距擴大而對富人課稅，只有多數人（通常在生死關頭）站出來挑戰徵稅政策的不公，

8　參見徐夫和斯塔薩維奇（Kenneth Scheve and David Stasavage, 2016）, *Taxing the Rich: A History of Fiscal Fairness in the United States and Europe.* Princeton, New Jersey: Princeton University Press.

政府才考慮「補償」。更具體地說，補償的措施從不發生在承平時代，而是在遭逢重大戰爭，比如一、二次大戰期間，大眾為戰爭犧牲慘重，富人在戰爭繼續獲利，才對富人增加課稅。因此，OECD 國家的累進稅率政策，在兩次大戰後的發展相對興盛[9]。《對富人徵稅》一書展現，未來稅收的改革，取決於政治和經濟條件是否做出「新的」補償性論述。

除在概念上探究什麼是「公平的稅制」，也要在行動上實踐，才可能出現對富人課徵更多稅收的社會允諾。面對全民基本收入的議題，無論左翼、右派、宗教團體、甚至一些產業領袖，都表示支持。比較有爭議的部分是財源。我們的社會並不是沒有錢，而是沒有進行最起碼的妥善公平分配。當人們得到一生都可以領取一定收入的保障，他們如何選擇工作，的確很難直觀勘透，也許可能避免接觸比較疲憊的工作，例如收集垃圾或老人照護；長遠看，收集垃圾的工作可能被機器人取代，而關於老人照護，如果在政策制定與薪資給付方面，賦予榮譽和更高報酬，都能反轉人們面對這類工作的態度。給予每個人基本收入，並不代表在平等化總體結果或成就，而是企圖讓每個人變得更平等、更公平，不論在機會、能力、可能性、和真正自由方面。

廖美，紐約市立大學研究中心經濟學博士，現為中央研究院社會學研究所博士後研究員。研究興趣：勞動經濟、薪資與所得分析、年金與健保方案、拉丁美洲政治經濟，以及全球草根經濟創新運動。

9　見 Scheve and Stasavage 所著前書，頁53-92。

全民基本收入：

希望還是幻影？

倪世傑

　　廿世紀普通常見的工作型態都是正式的、全職的與非定期契約的工作。最近幾年，與其他類型工作有關的詞彙越來越多。現在的工作可以是短期的、定期的、季節性的、以承包案件為基礎的、兼職的、簽訂零工時契約（zero-hour）的、非正式的、代理的、自由接案的、非核心業務的、臨時的、外部的、非典型的、以平台為基礎的（platform-based）、外包的、分包的、非正式的、未申報的、無保障的、邊緣性或不穩定的。

　　——羅波茨遜，〈打破你工作安全感的「零工經濟」是什麼？〉[1]

　　過去貧窮被視為個人問題，是因為自己的道德失敗或不思努力所致，但現在我們已經知道，這樣的觀點是完全不正確的。經過許多次世界性的經濟大蕭條後，不少人意識到，所謂貧窮的問題實際上是結構性的壓迫、制度性的不公平、及剝削所造成的。

　　——陳建仁，於「貧窮人的臺北」活動致詞[2]

1　Robinson, Pete. "How the gig economy creates job insecurity?" *BBC*, （18 September 2017）. （http://www.bbc.com/capital/story/20170918-how-the-gig-economy-creates-job-insecurity）.

2　陳建仁，2017，〈副總統：讓處於貧困環境的人有勇氣追求夢想走出不一樣的人生〉《中華民國總統府》10月15日（http://www.

一、全民基本收入：左派烏托邦主義的自由狂想

1. 歷久彌新的全民基本收入

　　全民基本收入（以下簡稱為UBI）其實既非新穎的概念，也不是新世紀的創舉，其歷史最遠可追溯到500年前的16世紀，摩爾在《烏托邦》一書提到在英國，死刑並未減少因貧困而偷盜與殺人的案件。摩爾雖未明言應由政府發金錢給民眾，但也表示給予每人生活需要的資料或許就是解決貧窮的方法；到18世紀末，激進的自由主義者潘恩在《土地正義論》一書中提出由於每一位地主都虧欠社會一份地租，政府應給予21歲以上的公民15英鎊，作為補償他們失去土地自然繼承權的天生損失；斯賓塞緊接在後發表《嬰兒權利論》一書，更進一步主張農民壓根不應該交地租給地主，因為被剝奪天生繼承權的是一般民眾，農民應將10分之1的地租交給全體民眾進行分配[3]。19世紀美國社會主義者作家貝勒米（Edward Bellamy）認為全民基本收入可視作一種軟性的、烏托邦的社會主義；1930年代，率領「社會信用運動」（social credit movement）的英國工程師道格拉斯（C. H. Douglas）認為，欲解決社會總體購買力不足的問題，需要發展一種國家紅利分配計畫。

（續）────────────────

　　　president.gov.tw/News/21684）。

3　金恩與馬仁果斯對潘恩與史賓塞關於農業社會中如何分派社會資
　　源給一般民眾的思想進行比較，史賓塞顯然比潘恩更為激進一些，
　　除了提出貴族階級沒有任何道德上的基礎獲得地產，他除了肯定每
　　個人都有獲得一份財產的權利外，他更肯定付出實際勞動者的貢
　　獻。參見：King, J. E. and Marangos, John "Two arguments for Basic
　　Income: Thomas Paine （1737-1809） and Thomas Spence （1750-
　　1814）." *History of Economic Ideas* 14.1 （2006）: 55-71.

　　二戰後的1967年，凱恩斯主義經濟學者托賓（James Tobin）與其他兩位學者提出具有負所得稅性質的「人口津貼」（demogrant）計畫。該計畫係依據年齡、性別等人口學的條件為基礎，由政府向社會中下層民眾進行大量的退稅。雖說這仍屬於負所得稅性質的再分配政策，但由於大幅度的退稅制度規劃，實際上就是向社會中下階層民眾直接派發現金。1972年美國總統大選中，民主黨籍候選人、自由派參議員麥高文提出每人每年都可由政府派發1000美元的人口津貼政策，該政策的設計者便是托賓。1975年美國國會通過著名的「勤勞所得租稅減免法律」（earned income tax credit, EITC），背後基本想法就是貨幣學派經濟學者傅利曼所提倡的負所得稅。托賓與傅利曼的計畫中最大的差異在於傅利曼意欲藉負所得稅縮減福利國家的規模進而消滅之，而托賓的計畫則是繼續保有既有的社會保險與支持體系之餘，使中下階層民眾能分配到更多貨幣資源。托賓與傅利曼之間觀念上分歧，也直接影響日後UBI實踐過程中的思維理路。

　　其餘小規模的UBI實驗不斷地在世界各地進行。以加拿大與美國為例，加國曼尼托巴省（Manitoba)的道芬市（Dauphin）曾於1974-9年間進行長達五年的「基本收入計畫」（MINCOME）；美國的阿拉斯加州自1979年發現原油後，開始將這來自自然資源的經濟利益作為全民基本收入的資金來源。阿拉斯加永久基金公司於2015年向每位州民發了2,072美元（約新台幣62,160元）[4]，是有史以來派發最多的一次。

4　阿拉斯加州於2015年的家戶貧窮線（一家四口）劃在24,250美元，　以一家四口可以領取的8,288美元的紅利估算，派發紅利約占貧窮線　家戶年所得的34.2%。

2008年全球經濟危機後經濟景氣將近十年未見起色，連帶地，世界各地討論UBI的熱度越來越高。除芬蘭已經於2017年開始展開為期兩年實驗性的對2,000人發放UBI，印度中央省（Madhya Pradesh）早在2010年也與聯合國兒童安全基金合作，於省內一個小村落與一個部落展開UBI實驗[5]。準備跟進的政治力量更如雨後春筍，光是在英國一地，先是英國總工會（TUC）於2016年9月的大會中通過支持UBI的決議，威爾斯、蘇格蘭等地也都傳出準備進行UBI的提議；在法國2017年總統大選中，社會黨籍總統候選人阿蒙（Benoît Hamon）在政見中公開支持UBI；在今年，美國夏威夷州議會通過支持UBI的提案，加拿大安大略省隨時準備對境內4,000個低薪或處於臨時工狀態的民眾發放實驗性的UBI[6]。

國不分窮富、地不分東西，UBI的熱潮席捲世界不在話下，但UBI究竟是什麼？與當前社會福利制度的關係為何？之間又存在哪些差異？

2. UBI：基本理念

全民基本收入，簡單地說，就是由政府向政治共同體中的民眾，按時、定量並以貨幣形式派發的社會安全福利金。其原則是無條件

5　印度中央省的UBI實驗相關介紹，參見Standing, Guy. *The Precariat: The New Dangerous Class*（New York and London: Bloomsbury Press. 2011）.

6　該計畫相當明確，每人每年能夠獲得相當於12,570美元的UBI，如果是夫妻，每年約可獲得19,153美元。在請領期間，並不會因此取消社會安全項目中的育兒津貼與身障津貼。參見：Kassam, Ashifa. "Ontario plans to launch universal basic income trial run this summer." *Guardian*（24 April 2017）.（https://www.theguardian.com/world/2017/apr/24/canada-basic-income-trial-ontario-summer）.

的、普遍性的，只要是被認可的政治共同體成員，不需要提供財力
證明，不需要交代撫養與被撫養關係，毋須繳交社會保險相關保費
的前提下，即可擁有領取UBI的資格[7]。UBI不是食物券、油票之類
僅能從事指定用途的貨幣等價物，它更不是定期使用逾期無效、不
能孳生利息且超出指定社區便無法交易的社區貨幣。UBI標舉的是
自由的原則，去除父權心態下「指定使用」的限制，領取人可以自
由地運用這筆錢。UBI更不是失業保險，是否具備工作動機並非領
取的必要條件。

　　不同的政治光譜，從主張自由放任的經濟自由主義者到支持人
類解放的泛左派人士，都能找到支持與反對UBI的聲音。最典型的
支持論據包括UBI能讓民眾保持尊嚴，不必在資格審查時被行政機
關拿放大鏡檢視；[8]有了UBI之後，人們不必將時間保留給維持勞動
力再生產的工作與相關活動，有更多時間自主地從事自我實現、社
會服務等活動。UBI不僅讓民眾口袋有點可支配的錢，還能讓你更
健康、更快樂。

　　UBI常與「社會主義」這四個字聯繫在一起，但它與社會主義
主流「各盡所能，按勞分配或各取所需」的基本思路有其根本的差
異，從而引起社會民主派的質疑與反對；UBI也挑戰了主流社會中
的工作倫理觀，但不勞動就能夠領錢的制度在資本主義的世界裡一

7　Van Parijs, Philippe. "A basic income for all." Eds. Philippe Van Parijs,
　　Joshua Cohen, and Joel Rogers. *What's Wrong with a Free Lunch?*
　　（Boston: Beacon Press, 2001）.

8　英格蘭導演肯洛區（Ken Loach）所執導的電影「我是布萊克」（I,
　　Daniel Blake）就是在諷刺社會福利體制當中的科層化、財產審查與
　　社福縮水，如何使布萊克這位因工傷到手的老木匠在社福體制的重
　　重阻礙下走向死亡。該片榮膺2016年第69屆坎城影展金棕櫚獎。

點也不新鮮，像是利息、股息等各種按資分配的資本利得都屬於「不勞而獲」之林。如就「不勞而獲」這一點拒絕UBI，則依據此邏輯，也應該否定資本利得的正當性基礎？

給付的金額數量則是另一個意見分歧的癥結點。給付水準高低與UBI的經費來源直接相關，當前粗分為兩種主張。其一是以國家目前的社會福利政府支出為基準線，強調在不加重租稅負擔的前提下進行分配，結果每人能分到的款項數目相當有限，要不然就是傾向以財產限制領取資格；另一種主張是UBI的給付金額必須足以維持個體的基本生存，結果涉及的金額恐非當前政府的社福預算所能完全支應，另尋UBI經費來源就更迫切了，像是增加所得稅、商品增值稅的稅率，以及對取代勞動力的機器人所有者課稅，現在都是已經提出來的選項。至於其它也被廣泛歸類為UBI的制度，例如負所得稅、勤勞所得租稅減免法，一方面其施行不涉及增稅，更未具備普遍性、定時發放等特徵，另一方面其施行直接增加行政流程，與UBI強調縮減社福機構科層化的精神相違背，本文將這些制度排除於UBI的行列。

在新世紀開始的第10年起，UBI再次從塵封的社會政策工具箱中重現天日。在全球左派運動與政治勢力日薄西山的當下，提出這個議題當然不可能是基於人類解放，而是因為先進資本主義國家在動用當前所有政策工具後，依舊未能克服2008年以來的經濟危機。再者，當前人工智能來勢洶洶，取代勞動力的能力不容小覷，為了社會穩定以及填充預期大幅滑落的民間總體消費力，於是在恐懼的驅動下，UBI「重出江湖」，甚至還獲得不少矽谷菁英的青睞。

二、人工智能數位經濟下的雇傭勞動

　　關於以人工智能化為核心的第四次工業革命與人類工作之間的關係，當前存在社會調適論與激進變革論這兩種意見。

1. 人工智能科技是否即將取代人類工作？

　　以機器人Zenbo進軍全球家庭消費用機器人市場的華碩董事長施崇棠認為，今日人工智能尚處於幫助人們減輕生活負擔的弱階段，至於令人恐懼的強人工智能，施董事長認為距離技術成熟還有長路要走，屆時人類應該已思索出人機和諧共存之道。歐洲經濟研究中心的幾位研究人員，對於機器大規模取代人力便[9]抱持懷疑的看法。他們認為：1. 新科技應用在生產活動需要一段時間，並非一蹴可幾；2. 勞工並非坐以待斃，本身能夠隨著市場變動而轉換工作；3. 科技在取代舊工作的同時，也創造了新的工作職位[10]。

　　相對施崇棠對人工智能發展抱持樂觀的態度，特斯拉創辦人馬斯克對於人工智能未來的景況則是惶惶不安。他認為人工智能「將會將是人類存續最大的威脅」[11]，「將挑起第三次世界大戰」[12]，

9　王郁倫，2017。〈談AI施崇棠：我的願景是讓機器人走入千家萬戶〉《蘋果日報電子版》9月28日（http://www.appledaily.com.tw/realtimenews/article/new/20170928/1212854/）（2017/10/02）。

10　Arntz, Melanie. et. al.. "The risk of automation for jobs in OECD countries: A comparative analysis." *Social, Employment and Migration Working Papers* 189（Brussels: OECD, 2016）.

11　Gibbs, Samuel. "Elon Musk: Artificial intelligence Is our biggest existential threat." *Guardian*（27 October 2014）.（https://www.the guardian.com/technology/2014/oct/27/elon-musk-artificial-intelligence-

因此，「人類必須與機器結合成機械化有機體（cyborg）才能有效
對抗人工智能」[13]。攤開人類工業化就是一部機器與人的勞動力配
合發展的歷史，機器取代人力一直是勞工最大的夢魘，現在這個恐
懼也傳染到資本家。臉書創辦人祖克柏與馬斯克都公開表示支持
UBI，主要的原因在於他們預見未來更進一步的自動化將造成勞工
大量失業[14]；另一方面，UBI也符合他們支持「小政府、大市場」的
意識型態。祖克柏在訪問阿拉斯加時，稱許其境內的原油利潤分享
計畫，「第一，其經費來源來自於自然資源而非加稅；第二，它來
自於保守派的小政府原則，而不是進步派的社會安全網。」[15]

　　與科技發展相較，經社政領域的變動相對而言是緩慢、漸進的。
人們相信科技能夠使現在與未來變得更加便利，只是這一次的人類

（續）────────────

　　ai-biggest-existential-threat）.

12 Hern, Alex. "Elon Musk says AI could lead to Third World War."
　　Guardian （04 September 2017）.（https://www.theguardian.com/
　　technology/2017/sep/04/elon-musk-ai-third-world-war-vladimir-putin）.

13 Solon, Olivia. "Elon Musk says humans must become cyborgs to stay
　　relevant. Is he right?" *Guardian* （15 February 2017）.（https://www.
　　theguardian.com/technology/2017/feb/15/elon-musk-cyborgs-robots-art
　　ificial-intelligence-is-he-right）.

14 微軟執行長納德拉（Satya Nadella）就抱持相反意見，他認為需要
　　人工智能注入已經停滯的世界經濟，而且，人工智能並不會助長所
　　得不平均的問題，他舉德國再統一為例，透過職訓，可以使勞工學
　　到新的技能使之再次回到職場。參見Clinch, Matt. "Microsoft CEO
　　Nadella: We have no global growth, we need AI." *CNBC* （17 January
　　2017）.（https://www.cnbc.com/2017/01/17/microsoft-ceo-nadella-we-
　　have-no-global-growth-we-need-ai.html）.

15 Weller, Chris. "Mark Zuckerberg doubles down on universal basic
　　income after a trip to Alaska." *Business Insider* （05 July 2017）.（http://
　　www.businessinsider.com/mark-zuckerberg-universal-basic-income-ala
　　ska-2017-7）.

前途與科技發展之間的矛盾更令人恐懼。麻省理工學院的麥克斐與布林優夫森認為，雖說機器人時代能夠創造更多的工作職位，但不應忽視在過渡期間的社會不安、貧富差距擴大等問題[16]。牛津大學的佛雷與奧司本早在2013年就提出了數位科技在未來將大幅度地取消工作職位，他們估計在20年內美國境內47%的工作將被數位科技取代[17]。英國銀行首席經濟學家哈爾丹於2015年11月對英國總工會發表的演說中表示，數位化以及機器人科技應用在工作領域將有可能在英國減少1,500萬個工作[18]。麥肯錫全球研究中心指出，到2025年，全球將有1億1000萬到1億4000萬個知識勞工被具備機器學習功能的演算法所取代[19]。而且，這一次的消失具有快速且更深入的特性，因為當前的機器並非僅僅取代勞動力，同時還逐漸具備人類所獨具的認知能力。機器適合像是零售、食物處理、製造業、資料搜集、農業勞動等具有重複性的工作。麥肯錫的研究顯示，如果當前的數位與自動化科技全數運用在當下進行的生產性活動，光是在美國一地就能取代共計51%的總工作時數，相當於2.7兆美元（約合新

16　McAfee, Andrew and Brynjolfsson, Erik. *The Second Machine Age: Work, Progress, and Prosperity in a Time of Brilliant Technologies.* （NY: W W Norton & Co In, 2014）.

17　Frey, Carl and Osborne, Michael. "The future of employment: How susceptible are jobs to computerisation?" Oxford Martin School （17 September 2013）. （http://www.oxfordmartin.ox.ac.uk/downloads/academic/The_Future_of_Employment.pdf）.

18　Haldane, Andy. "Speech: Labor's share." Bank of England （12 November 2015）. （http://www.bankofengland.co.uk/publications/Documents/ speeches/ 2015/speech864.pdf）.

19　McKinsey Global Institute, *Disruptive Technologies: Advances that will Transform Life, Business, and the Global Economy.* （NY: McKinsey and Company, 2013）.

台幣81兆元）的勞工薪資[20]。英國牛津大學的研究團隊在訪問352位
人工智能專家後，提出一個大膽的預測：當前51%的工作在2045年
之前會被機器人取代，到120年後會達成完全自動化[21]。

2. 超高度勞動彈性化的經濟體制？

從平台經濟、零工經濟、優步化、零工時契約、群眾外包[22]等
新名詞的誕生中，可以看出當今零碎化的就業趨勢。「工作（work）
正從各種職位（jobs）中分解出來，並重組為各式各樣的可替換的
安排」[23]，結果其是更少的社會保障、消失的在職訓練與黯淡的職
業發展前景，同時，勞動者也愈來愈遠離較大額度的信用貸款。對
雇主而言，彈性運用的勞動力讓他直接省下勞動力成本以及社會安
全相關的支出。無可諱言的是，隨著中低技術勞工被機器逐次取代
的同時，社會總體購買力必然受到嚴重的傷害。當世界各主要國家
都朝向人口結構高齡化的方向走，機器輔助人力的需求更甚以往，
再興起一場盧德式的搗毀運動的可能性微乎其微。既然依靠更高程
度的自動化實現社會生產力是必然的發展道路，無怪乎約32.9%的

---

20 McKinsey Global Institute. *The Future that Works: Automation, Employment and Productivity*（NY: McKinsey and Company, 2017）.

21 Grace, Katja et. al.. "When will AI exceed human performance? Evidence from AI Experts." Cornell University Library（2017）.（https:// arxiv.org/pdf/1705.08807.pdf.）.

22 由企業雇用大量兼職電腦使用者，從事包括評價產品、試用測試版本軟體、審核網友發言和刪除色情內容等工作，亞馬遜、臉書等大型企業正在不斷地帶入這種新型的雇用模式。

23 Diane Mulcahy著，蘇偉信譯，2017。〈誰是零工經濟贏家？〉《哈佛商業評論》繁體中文版（https://www.hbrtaiwan.com/article_content_AR0006727.html）。

台灣青年人表示「擔憂未來的工作會被機器人取代」[24]。

　　在資本主義經濟中，一般民眾的購買力是總體需求中不可或缺的一環。在未來數位經濟下，如何使民眾的購買力不致於迅猛下墜，成為亟待解決的問題。如何提高失業者、低度就業者以及其它弱勢民眾的可支配所得，成為支持UBI重要的理由。然而，圍繞在UBI的爭論也隨著它在大眾傳媒與網路媒體的全球曝光度提高，引發這個觀念誕生以來規模最盛大的一次社會論辯。

三、UBI引發的論爭

　　對歐陸的社會民主派而言，UBI對歐洲的福利國家體制發動了一場唐吉訶德對決歌利亞式的挑戰，而唐吉訶德的力量不斷地增強中。UBI與福利國家之間的爭論隨著瑞士於2016年後舉辦舉世矚目的UBI公投，以及芬蘭中間黨席比拉（Juha Sipila）總理決定2017年起展開為期兩年的UBI試辦後熱烈展開。下文茲選擇包括工作倫理、性別分工、勞動參與率與工資、工會組織、勞動彈性化、福利國家與通貨膨脹等八個維度，簡單地認識這幾年來歐美社會各界，主要是社會民主派與支持UBI的人士之間的思想攻防。

1. UBI扺傷「工作倫理」？

　　因工作而來的收入，是勞動者形成購買力最重要的來源。但是工作，或者說，資本主義下的勞動，固然會有馬克思所說的異化，卻也讓人們獲得了對自我的認同，實現自我尊嚴感以及人生的意

24　遠見編輯部，2017。〈台灣、香港、上海、新加坡 年輕世代比一比〉《遠見》（https://www.gvm.com.tw/article.html?id=40312）。

義，透過工作規劃自己的生命，並認識自我在社會中的角色[25]。也因為工作對整個社會具有貢獻，勞動者因而獲得了參與社會、政治事務的正當性。相對而言，UBI在某種程度上僅僅部分地解決了購買力這一項問題。如果因為UBI而退出勞動力市場，當事人就可能沒辦法繼續從工作中得到自我認同等其它價值，或者說，將工作的價值降低到僅有維持勞動力再生產的功能而已。

對研究與鼓吹UBI超過30年的范・帕雷斯而言，實行UBI最重要的立論基礎是獲得「實質的自由」[26]，即社會中每個個體都能夠獲得一份足以維生的UBI，從而擁有自由選擇生活的權利[27]。領取UBI並沒有伴隨的義務，就算不工作、未參與任何社會服務，也毋須感到羞愧。UBI是政治共同體成員擁有的權利。這與馬克思主義與社會民主主義價值中「各盡所能，按勞分配或按需分配」的觀念是有差別的。范・帕雷斯與范德波特就表示，他們的想法比較趨近於將自由權置於更重要地位的烏托邦社會主義，即便有人領取UBI

25　Avent, Ryan. "The wealth of humans: Work, power, and status in the twenty-first century." *Social Europe*（1 August 2017）.（https://www.socialeurope.eu/the-wealth-of-humans-work-power-and-status-in-the-twenty-first-century）; Meyer, Henning. "Understanding the digital revolution and what It Means." Social Europe（12 June 2017）.（https://www.socialeurope.eu/understanding-digital-revolution-means）; Sage Daniel and Diamond, Patrick. "Europe's new social reality: the case against universal basic income." *Policy Network Policy Paper*（2017）. 1-39.

26　Van Parijs, Phillipe. "Why surfers should be fed: the liberal case of universal basic income." *Philosophy and Public Affairs* 20.2（1991）: 102-131

27　Van Parijs, Philippe and Vanderborght, Yannick. *Basic Income: A Radical Proposal for a Free Society and a Sane Economy*. 104.（Cambridge and London: Harvard University Press, 2017）.

後選擇天天都去海灘衝浪，也不過是實踐他的自由權，他有選擇自己想要的生活的自由權利而不被歧視。

2. UBI使人退出勞動力市場？

UBI與勞動參與率之間究竟存在什麼樣的關係？人會因為追求更多的休閒或其它需求而離開勞動力場，還是增加了繼續留在勞動力市場奮鬥的動機？

從直覺出發，UBI給付的金額越高，就越有可能增加民眾退出勞動力市場的誘因，這與UBI強調勞工能夠增加非工作時間在日常生活中的比例的主張是符合的。但是另一方面，UBI亦強調由於另有補充性的收入來源，人毋須因為領取社福津貼所設定的尋職與必須工作等條件的限制，被迫接受極差勞動條件的工作，自此陷入工作與貧窮陷阱當中，UBI從而強化了勞工在工作選擇上的議價能力。因此，UBI可視為工資補貼，使底層勞工能夠維持有酬的工作，勞動參與率也不致於明顯下降[28]。

3. UBI重蹈保守的性別分工體制？

不過，僅依據以上推論，很難得知UBI對勞動參與率的影響。更何況影響勞動參與率的原因還很多，家戶內勞動力分配的狀況、是否存在租稅上的優惠或社福上的補貼，都會影響個體對進入勞動力市場的抉擇。加拿大省曼尼托巴省道芬鎮在1974-9年的UBI實驗，可說是當前唯一可以參考的對象。弗吉塔整理當年的數據資料發現，家戶中非核心工作者傾向於降低工作時數。其實這完全可以

---

28 Martinelli, Luke. "Assessing the case for a universal basic income in the UK." *IPR Policy Brief* （Bath: University of Bath, 2017）.

理解，因為家中非核心收入來源往往來自於婦女及子女。UBI能夠
使學生有更多的時間學習，而婦女也可以因此獲得喘息的機會[29]。

　　批評者站在性別平權的角度，認為婦女將更多時間耗費於家庭
事務，其實是複製了過去「男主外、女主內」的性別分工，使婦女
承受更多的家務勞動，助長了性別不平等、保守的社會規範。

4. UBI導致現行工資提昇（或下降）？

　　工資水平是否會因為實施UBI而變動？如果會變，是向上升還
是往下降？如根據簡單的經濟學供需原理，勞工供給增加，工資傾
向下跌；勞工供給減少，工資傾向上升。實行UBI之後，如果是前
述「工資補貼」的邏輯，相當有可能會引起雇主選擇調降既有勞動
條件的狀況：既然勞工已經可以從政府拿到另一份了，雇主又何必
調漲工資呢？

　　對勞工而言，UBI比較像是一種個體性的「罷工基金」，底層
民眾因此較能夠拒絕難堪的勞動條件[30]，但這必須在UBI必須足夠維
生的前提下才會發生。如果UBI僅僅具補充性質，或者伴隨其它的
社會安全項目的銳減，底層勞工將更依賴於雇主以及其所提供的工
資。

　　況且，在資本主義體制下，勞工與資方處在相對不利的地位，
面對要求提高勞動條件的底層勞工，雇主可以採用其它的方式因

29　Forget, Evelyn. "The town with no poverty: The health effects of a
　　Canadian guaranteed annual income field experiment." *Canadian Public
　　Policy* 37.3 （2011）: 283-305.

30　Rothstein, Jesse. "Is the EITC as good as an NIT? Conditional cash
　　transfers and tax incidence." *American Economic Journal: Economic
　　Policy* 2.1 （2011）: 177-208.

應，直接外包或引入外勞都依然會是雇主節約勞動力成本慣用的方法。在數位經濟下，自動化便是一個可行的選擇。甚至，如雇主只願意保留高生產力的核心勞工，底層勞工更容易被拋棄[31]，行之有年非核心業務外包就是如此。相較之下，認為由於UBI造成部分勞工退出勞動力市場造成缺工，因此工資傾向上漲，故有利於在職勞工的看法，就失之於天真了。

5. UBI破壞工會團結？

當勞工能夠擁有核心工資以外其它收入來源，工會就難以置身事外了。范‧帕雷斯與范德波特表示，掌握了產業行動的節奏與策略的工會，一旦發現擁有UBI的勞工毋須擔憂因為罷工而導致所得「完全」中斷的狀況下，工會會員違抗工會領導班子決策的機率隨之上升；此外工會也擔憂，一旦無法有效掌握會員，工會的議價能力將有所退卻。UBI占核心工資的百分比越高，表示工會在決定勞工總體收入的重要性越下降，工會就越擔憂權力隨著UBI的到來而流失。

在已經進行UBI實驗期的芬蘭，擁有一百萬名會員，國內最大的工會芬蘭工會中央總會（SAK）首席經濟學家考科蘭塔（Ilkka Kaukoranta）就相當反對UBI。他認為UBI將導致帶有幼童的母親與屆臨退休年齡的勞工選擇退出勞動力市場，減少國家的勞動力之後，增加了通膨壓力[32]，同時也因為政府增加了該國國內生產毛額

---

31 Birnbaum, Simon and De Wispelaere, Jurgen. "Basic income in the capitalist economy: the mirage of 'exit' from employment." *Basic Income Studies* 11.1（2016）: 67-69.

32 由於影響通膨的因素很多，純粹論勞動力市場與通貨膨脹之間的關係，可以說是脆弱且不明確的。但是從經濟學供需的角度出發，吾

5%額度的預算赤字，直接增加政府財政上的負擔。而在甫於2016年辦理UBI公投的瑞士，國內最大且具有左派傳統的瑞士工會聯合會（SGB）同樣抱持反對的立場，他們認為面對瑞士貧窮問題，迫切需要的是制訂最低工資法與完善社會保險，而不是推動UBI。

　　但工會內部還是出現鬆動的跡象，部分工會逐漸開始接受了UBI。美國最大工會服務業雇員國際工會（SEIU）前執行長史騰（Andy Stern）積極地支持UBI；英國總工會（TUC）於2016年9月的大會中通過支持UBI的決議；荷蘭總工會（FNV）則是在2017年中鬆動過去反對UBI的立場，表示將著手研究相關議題[33]。

　　產業特性與性別分工這兩項因素可能影響工會對UBI的態度。英國總工會所通過的提案是由英國聯合工會（Unite the Union）與英

（續）

　　人還是可以找到一些線索。如勞動力市場疲軟，總工資下降導致需求不振，在其它條件等同的情況下，將會抑制通膨；反之，當勞動力市場暢旺，意味著社會總需求增長，這將帶動物價上漲，預期通膨即將發生。在有限的新聞報導中，吾人並不清楚考科蘭塔具體的推論過程，但從其於媒體的發言中可以試著推敲他的論據：在排除芬蘭勞動力市場可即刻由境外人士補充的前提下，施行UBI將使部分民眾選擇退出勞動力市場，勞動力因而出現短缺的情況，從而帶動可能的薪資上漲，成長的社會總工資加上以貨幣形式發放的UBI帶動總體需求上升，可以預期通膨即將發生。考科蘭塔反對UBI的意見，參見：Tiessalo, Raine. "Universal basic income 'useless,' says Finland's biggest union." *The Independent* （09 February 2017）.（ http://www.independent.co.uk/news/business/news/universal-basic-income-finland-useless-says-trade-union-a7571966.html）.

33 Barnhoorn, Florie. "The Netherlands: Largest trade union makes an important step towards a basic income." Basic Income Earth Network （24 May 2017）.（http://basicincome.org/news/2017/05/netherlands-largest-trade-union-makes-important-step-towards-basic-income/）.

國公共服務業總工會（Unison）所提出的[34]，後者的130萬會員中的8成為婦女，且多數處於充滿性別歧視的勞動現場與不良的勞動條件。美國的服務業雇員國際工會的會員超過200萬，組織的對象多元但以服務業勞工為主。處在低勞動條件的、勞動較為彈性化的勞工，會傾向支持UBI。而在北歐實行甘特系統（Ghent）的國家[35]，其特徵是工會掌握失業保險金的發放而擁有相當大的權力。工會會員數如因UBI流失，一方面會影響社會統合主義中層峰級工會的議價能力，另一方面國家提撥的失業基金也會隨之減少。吾人據此推論，包括丹麥、芬蘭、冰島、瑞典以及比利時等甘特系統國家的總工會，傾向反對UBI的機率較高。當然，這還需要進一步的研究佐證。

6. UBI合理化破碎的彈性勞動體制？

如同上述，歐美工會界對UBI的態度並非鐵板一塊，高度彈性化與勞動條件普遍不佳的服務業工會對UBI的接受程度比較高。這也引發下一個問題：UBI與勞動彈性化之間處於何種關係？面對勞動的彈性化的大趨勢，UBI的支持者與反對者立場分歧清晰可判。

UBI的支持者常指出，相對分散化、起始資金相對較少而有助於個人創業，是數位經濟相對於過去傳統工業的特點。像是被臉書分別以10億與190億美元收購的Instagram與WhatsApp，被收購時雇

---

34 McFarland, Kate. "UK: Major trade union federation endorses UBI." Basic Income Earth Network （26 September 2016）. （http://basicincome.org/news/2016/09/uk-major-trade-union-federation-endorses-ubi/）.

35 關於甘特系統與工會力量的關係，參見：Western, Bruce. *Between Class and Market: Postwar Unionization in the Capitalist Democracies*. （Princeton: Princeton University Press, 1997）, Ch.4 The Ghent System.

用人數分別為13與55人。另一方面,數位經濟下無論透過網路開放課程還是在職進修,終身教育、隨時進修早已是常態,UBI提供了較為彈性化的選擇權利[36]。在進出勞動力市場之間,民眾擁有更多的自由選擇權。同時UBI提供了某種安全感,在學習新技能的同時,民眾毋須擔心所得完全中斷。

社會民主派的批評同樣言之成理:UBI正當化各種勞動彈性化的政策,直接埋葬勞動者的福祉。在數位科技經濟下,離開職場越久,恐怕就越難跟得上技術發展的腳步。一旦實施UBI,其代價是製造就業鴻溝[37],不但擴大了擁有穩定工作的核心勞工與不穩定為特徵的邊陲勞工在各方面的差距,不穩定就業者不是因此更依賴UBI,就是更依賴親屬,或者在不穩定的工作環境中載浮載沉。反對者也認為一旦實施UBI之後,在勞工另有收入的情況下,雇主將更不願意提供不穩定就業者能夠維生的工資[38]。對身處不穩定就業環境的勞工而言,UBI似乎並不能提供逃出工作不穩定與貧窮的機會,除非依照范‧帕雷斯的設想,這是一份可以維生的UBI。

7. UBI造成福利國家的歷史終結?

反對UBI人士中,尤其是社會民主派,在在強調其團結互助與「各盡所能,按勞分配或各取所需」的核心理念,與「不用作出任

---

36 Pulkka, Ville-Veikko. "A free lunch with robots–Can basic income stabilise the digital economy?" *Transfer*, 23.3(2016): 295-311.

37 Meyer, Henning. "Understanding the digital revolution and what it means." *Social Europe* (12 June 2017). (https://www.socialeurope.eu/understanding-digital-revolution-means).

38 Sage Daniel and Diamond, Patrick. "Europe's new social reality: the case against universal basic income." *Policy Network Policy Paper* (2017). 1-39.

何貢獻就能獲得給付」的UBI格格不入。

　　最常提及的一項問題就是「為何UBI是向每一個人發放？」如果是要解決貧窮問題，使其不必為了生存而被迫接受爛工作，只要對家戶所得在貧窮線以下者直接進行補貼即可。這可以直接透過立法方式解決，像是「負所得稅」就是當中的一種，所得不足的部分就由政府通過退稅的方式補充[39]，不僅不會降低民眾工作的動機，其所需要的金額也遠較可維生的UBI為低，更不至形成政府財政這一項稀缺資源的錯置。

　　反對人士認為，福利國家的制度需要繼續改良，政府直接發錢並不能解決問題[40]。像是瑞典實施的每日6小時工作制的政策，透過削減工時對工作與休閒時間重新進行安排。比利時在2002年就已經施行「時間信用」（time credits）制度，勞工可以在不提出任何理由的情況下，在請假開始期間3個月之前向雇主提出最長時間休假1年的提案。政府會依據其工作年資給付每個月379-505歐元，假期之後可以回到原來的工作單位[41]。

　　相對以上反對意見，斯坦丁[42]直指凱恩斯主義需求面管理的前提，也就是在一個相對封閉的經濟體內，透過需求面管理以達成經濟成長的模式已經過時了，完全跟不上數位時代全球開放經濟的現

39　Navarro, Vicente. "Is the nation-state and Its welfare state dead? A critique of Varoufakis." *International Journal of Health Services*, 47.1（2017）: 5-9.

40　同上註。

41　Rifkin, Jeremy. *The European Dream: How Europe's Vision of the Future Is Quietly Eclipsing the American Dream*（NY: Jeremy P. Tarcher Inc. 2004）.

42　Standing, Guy. "Responding to the crisis: economic stabilisation grants." *Policy & Politics*, 39.1（2011）: 9-25.

實。當需求面管理難以奏效，UBI才能為失業者、低度就業者與勞動力市場中的底層提供起碼的購買力。在當代社會中，經濟成長率與雇用人數之間的關係越來越脫鉤，「無感於經濟復甦」的狀況更為常見，青年人成為「不穩定的無產者」（precariat）的機會更高於工業革命以來任何一個歷史階段。民眾覺得越來越難以從社會總體生產力增長與政府的社會財富再分配中獲得好處，成為具有威權性格的右翼民粹主義者的機率大增，勢必危及當前的自由民主政體。

根據英國廣播公司在2013年的調查[43]，在英國約有15%的民眾屬於不穩定的無產者的行列，而當前的工會組織，脫胎自福特制生產體系下的勞動三權行使單位，其特性日益發展為向資本家/雇主輸誠以交換穩定的工作與企業福利。但是新世代的青年人，包括中壯年在內，都加入了不穩定的無產者行列，他們因為缺乏固定工作而無法擁有包括育嬰假、企業退休金、年假等企業福利。

簡單地說，支持UBI的人士看到的是現實已經無法扭轉，凱恩斯主義福利國家的理想已經越來越無法企及，因此需要一個後福利國家時代的社會資源分配計畫。使每個人都能夠領取維生收入的UBI，就是社會安全制度的一次重要的演進。反對UBI的社會民主派則認為，福利國家仍有持續發展的空間，但UBI助長勞工離開正規雇用的行列，助長企業與國家認為發了錢之後就可以免除責任的消極心態，同時還有可能為社會服務市場化鋪平道路。進一步，耗費鉅額財政的UBI甚至於將成為未來更具創新型社福政策出台的障礙[44]，造成福利國家相關制度的「歷史終結」。

---

43 BBC，2013。〈BBC調研劃分英國社會七大階級〉《BBC中文網》4月3日（http://www.bbc.com/zhongwen/trad/uk/2013/04/130403_uk_7_classes.shtml）。

44 Schulz, Patricia. "Universal basic income in a feminist perspective and

8. UBI刺激通貨膨脹？

　　通貨膨脹一直帶有負面的標記，惡性通膨固然直接傷害一般民眾的購買力，但又要如何看待物價指數年增率控制在正2%的溫和通膨？在回答UBI是否會造成通膨這個問題之前，讓我們簡單地認識通膨問題的發生原因及其政治效應。

　　傅利曼[45]從貨幣流量的觀點解釋通膨問題。他提出以下著名的簡約貨幣流量公示說明這個問題。

$$P \times Y = M \times V$$

　　P為總體物價，Y為總產出，M為貨幣供給，V為貨幣流通速度，即單位時間內貨幣平均轉手次數。在假定總產出Y與貨幣流通速度V為恆定的情況下，總體物價P與貨幣供給M之間呈現正相關，即貨幣供給越多，總體物價上漲幅度越大。

　　依據貨幣學派的貨幣流量論，假定在不增加總體社福預算規模的情況下，政府不會發行更多的公債來籌措UBI預算，貨幣供給M在不增長的前提下，總體物價P的漲跌就取決於總產出Y與貨幣流通速度V。可以預期，實施UBI後，由於增加了社會弱勢群體的購買力，貨幣流通速度V相當有可能是增速的。如果總產出Y不變，隨著貨幣流通速度V的提高，總體物價P也會相應提昇，通膨現象就出現了。大力支持UBI的范・帕雷斯與范德波特亦表示過，施行UBI後，貧窮人口較多的地帶會因為購買力增加而出現通膨現象[46]。

（續）————

　　　　gender analysis." *Global Social Policy*, 17.1（2017）: 89-92.

45　Friedman, Milton. "Money and business cycles." The Review of Economics and Statistics, 45.1, Part 2, Supplement （1963）: 32-64.

46　Van Parijs and Vanderborght（2017, 134）.

　　貨幣主義者最厭惡通膨。為對抗1970年代的高通膨，佘契爾與雷根在大西洋兩岸陸續採取緊縮貨幣供給與高利率政策，解決通膨問題的同時反倒造成了景氣蕭條，工人失業率增加，工會力量亦隨之減弱。孔誥烽與湯普遜[47]認為「打擊勞工」是反通膨政策最核心的政治目的。從歷史經驗出發，通膨的發生與工人階級力量相對於資本家略占優勢相關，勞工因為工會力量強而形成就業穩定、低失業率而具有較強的購買力，從而擁有較好的生活水準，但也形成通膨問題。但通膨直接傷害了金融產業的利益，加上不滿通膨的中產階級與資方相結合，促成支持貨幣主義的政治人物在1980年代的大西洋兩岸相繼執政。

　　時至今日，後2008經濟危機的時代全球擔心的不是通膨，而是象徵蕭條的通貨緊縮。即便採取放鬆銀根的量化寬鬆政策，美國不僅沒有出現貨幣主義經濟學家許瓦茲所預言的通膨問題[48]，甚且還出現了通縮的疑慮。美國在2009年後實行量化寬鬆（增加M的供給）開始到2016年間，出現貨幣流通速度V減少的現象[49]，當中最重要原

47 Hung, Ho-Fung and Thompson, Daniel. "Money supply, class power,and inflation: monetarism reassessed." *American Sociological Review*, 81.3 （2016）: 447-466.

48 當時高齡92歲的許瓦茲接受《紐約太陽報》訪問時表示，美聯儲在2008年元月的一連串降息將導致通膨，然而，從2008-2016年間，美國的通膨率都在3%以下，當中2014與2015年的通膨率只有0.76%與0.73%，大有跌落成通縮的可能性，遺憾的是，許瓦茲於2012年6月辭世，其所篤信的貨幣主義對現實關照的重要性也一去不復返。參見：Satow, Julie, "Anna Schwartz: 'The Fed Is Inviting Inflation'." *The New York Sun* （08 February 2008）. （http://www.nysun.com/business/anna-schwartz-the-fed-is-inviting-inflation/70958/）.

49 Anderson, Richard. et. al.. "Money and velocity during financial crises: from the great depression to the great recession." *Journal of Economic*

因還是美國民眾消費力不足的問題，以致於截至2017年6月，循環性
與非循環性貸款數量都超過2008年經濟危機時的水準[50]。如果UBI
能夠提昇民眾購買力，民眾在理性上或許可以接受因UBI而帶來適
度的通膨。

　　暫且不論資本主義的下一站為何，如欲挽救當前資本主義經濟
危機，近程任務需要立刻提高勞動者的購買力，中程目標則是使勞
工／工會能夠產生力量，在力量對比上能夠拉近與資本家階級之間
的差距[51]。實行UBI能否達成以上的目標，牽涉到後UBI時期政治
上個群體力量上的對比，以及社會同意拿出多少比例的社會總產出
對政治共同體內的成員進行平等的分配。

四、代結語：從UBI看國家能力

　　猶記得2016年筆者應台北市社會局之邀，與社會局同仁進行
UBI講座時，許立明局長當場掐指一算，立馬斷言台灣當前政府財
政根本難以支應UBI。果真如此？

　　台灣長期以來租稅環境相當寬鬆，以致於政府支出占GDP的比
重相當少。當前社會福利支出項目約占政府年度預算支出約4分之1
的比重，如用全數社福預算支應台灣UBI，也是杯水車薪。以2017

（續）─────────────

　　　Dynamics and Control 81（2017）：32-49.

50　根據聯準會的資料，美國民眾消費信貸增長的同時，消費支出卻幾
　　乎零增長，家庭儲蓄率大幅下滑，足見因為總體消費力不足，僅能
　　依賴信用卡擴張信用維持基本生活所需。參見：鉅亨網新聞中心，
　　2017。〈比金融危機還慘 美國消費者信用卡債務創歷史新高〉《鉅
　　亨網》8月8日（http://news.cnyes.com/news/id/3887039）。

51　Hung and Thompson （2016）.

年台灣中央政府所編列的中央政府預算為例,社福預算金額為4,773
億元,占預算總額23.9%,如以台灣內政部統計在2016年台灣介於
15到64歲人口數1,729萬1,830人計算,每人每月約可領取新台幣
2,300元。

　　先別急著判斷該金額是多是寡,不妨思索「2,300」這個數字究
竟代表什麼意義。首先,就所得意義上,這個金額幾乎不存在任何
補充性的意義,更遑論替代性了;再者,這樣的金額也難以引起因
領取UBI而不工作的動機。如以台中市政府社會局訂定的2017年低
收入戶「貧窮線」(每月最低生活費)13,084元為對照,2,300僅為
其17.58%,尚不及20%;最後,每月2,300元是租稅負擔維持當前狀
況的前提下所領取的數目,並未加計中央政府所編列的年金預算,
亦即當前退休人口依舊按法令領取退休年金的數字。2,300所反映的
其實是台灣政府徵稅能力不足,導致國力衰弱這一個更大的問題。

　　依據德國社會政策學派華格納(Adolf Wagner)的意見,一個
國家在工業化期間為了回應社會、政治與對外競爭的需求,會採行
促進經濟成長的政策,包括透過徵稅使政府能夠培養稅基,甚至徵
收更多的稅以支應國家需求。當前台灣問題就在於政府與民間普遍
不具有提高稅賦的意願,以致於台灣落入國力低落的陷阱。「財政
人均支出占國民所得比例」可以是衡量國家力量的指標,台灣僅14%
左右,而中國大陸卻高達28%,歐洲國家中租稅較輕的英國也有
32%。台灣民眾與企業稅負輕薄,國家稅收少,在施政方面就越顯
得捉襟見肘,國家能力直接受損。

　　回到UBI的經費從何而來這個問題。吾人之前在第一段就提到
過,UBI的經費來源就是不加稅與加稅兩種,選擇哪一種(或不選)
都是社會的集體選擇下的結果,這當中政府的財政汲取能力構成結
構上的限制,但也如同德國漢堡大學施特勞伯哈爾教授所言:

民眾必須通過民主程序來決定維持生計的水平是高或低，以及
民眾是否願意接受這個決定的後果，即要開徵多少稅來支應
UBI的支出。[52]

　　言下之意，討論開徵什麼稅的意義並不大，重要的是一旦民眾
意志形成的同時，就必然連帶考量要維持多少給付水準，以及經費
從何而來的問題。但遺憾的是，國內不分黨派的政府都以討好民意
為出發點，提出各種減稅方案，對金融與房地產投資以及資本利得
更是禮遇備至。
　　國家財政不健全，所有軟硬體建設都無可能妥善支應。無論你
是否支持台灣施行UBI，不妨多「想想」2,300這個數字。

　　倪世傑，政治大學政治研究所博士，主要關懷領域為國族主義與
認同政治、經濟不平等問題。

52　Straubhaar, Thomas. "On the economics of a universal basic income."
　　 Intereconomics, 51.1（2017）: 79.

柏林在中國

中國「伯林學」：
一部被自由保守主義挾持的歷史

陳 純

　　2014年，在北京舉辦了「以賽亞・伯林與當代中國」國際研討會，海內外名家薈萃。主辦人之一是清華大學的劉東教授，同時他也是伯林在中國最積極的引介人。他所主編的譯林出版社的「人文與社會譯叢」，收羅了伯林十數本著作，包括《自由論》、《現實感》、《反潮流》、《浪漫主義的根源》、《扭曲的人性之材》、《俄國思想家》、《蘇聯的心靈》、《啟蒙的時代》等。在這個系列裡，沒有別的當代思想家享受到伯林這樣的待遇。在這個系列之外，已經在中國大陸出版過中文譯本的當代思想家裡，估計也只有列奧・施特勞斯可以和他相提並論。在研討會上，劉東的一篇〈伯林：跨文化的狐狸〉，將二十多年來的「中國伯林學」梳理了一遍[1]，然而讓人尷尬的是，伯林在中國大陸的影響力，嚴重落後於其作品的引介。2016年，楊絳去世引發關於知識分子責任的爭論，伯林「消極自由」和「積極自由」成為爭論中的高頻術語，但從爭論者對這兩個術語的誤用程度來看，以賽亞・伯林的思想，在中國知識界所受到的重視，遠遠沒有想像中那麼大，尤其是跟列奧·施特勞斯相對

1　劉東，〈伯林：跨文化的狐狸〉，https://book.douban.com/reading/32147326/。

比的時候。

我們不妨對「中國伯林學」重新梳理。1989年，甘陽在《讀書》上發表了〈自由的理念〉，第一次引介了伯林的「消極自由」和「價值多元論」；伯林的消極自由概念，很快就被中國的自由保守主義者納入「哈耶克傳統」，並成為批判歐陸啟蒙的一個重要武器。到了劉小楓的轉型之作《刺蝟的溫順》，將伯林塑造成為一個價值和真理的「相對主義者」，作為引介施特勞斯的墊腳石，伯林在中國知識人心中的形象受到損害。2015年前後，漸進改良路線破產，伯林的消極自由又成為一些激進自由派攻擊的目標之一。所謂的「中國伯林學」，是由一系列對伯林的誤讀誤解所構成的。可以說，伯林之所以在當代中國青年知識人中影響力匱乏（且有進一步式微的趨勢），與這一系列誤讀誤解有相當重要的關聯。

甘陽的「伯林時刻」

〈自由的理念〉的副標題是「五四傳統之闕失面」，寫於五四運動七十周年之際。如果說從近代中國知識分子對中國傳統的反思和批判在五四達到巔峰，那甘陽的這一篇文章，可以看作是八十年代以來對這種反思和批判的第一次「反思和批判」。

甘陽一開篇就質疑了一百年來的中國知識分子的「社會責任感」，以及「為救亡而啟蒙」的心態，甚至認為這是建國後一系列災難的根源之一：

> 近百年來中國知識分子的最大教訓或許就在於：他們總是時時、處處把社會、民族、人民、國家放在第一位，卻從未甚至也不敢理直氣壯地把「個人自由」作為第一原則提出……（中

國知識分子）不但說話是「為別人說話」，而且他們的整個人生目的也都是「為別人」的：為社會、為民族、為人民、為國家。然而，在我看來，正是在這裡，就已經隱含著他們喪失自己獨立性的可能。因為既然你說話總是「為別人」而說，那麼一旦這「別人」（大眾）不需要你來代他說話，你也就頓時會感到張口結舌，再無話說；既然你的全部人生目標、人生價值就在於「明道救世」，一旦事實向你表明，「道」非由你所明，「世」亦非你所救，那麼不但你的整個人生支點一抽而空，而且還必然會覺得萬分羞愧，覺得以往真白活了，務必今日重新做人。確實，在這樣的時候，除了認真聽取那「別人」（大眾）自己要說的話（接受再教育），努力領悟那已顯豁的「道」，力求有益於這全新的「世」，你還能做什麼呢？——從思想改造到反右到文革，中國知識分子終於完全失去獨立性的根本原因恐怕正是在這裡。換言之，這並不是知識分子們喪失社會責任感所造成的，而恰恰是社會責任感太強的結果。須知中國知識分子近百年來一直朝思夢想（原文如此）救國救民之「道」，一旦他們覺得大「道」已顯，那是恨不能犧牲自己的一切的：文化傳統可以一刀割掉，個人自由可以全部捨棄，只要國家真能富強、人民真能解放。從思想改造開始，全體知識分子之所以如此正心誠意地「脫褲子、割尾巴」，正是因為他們覺得真理已如日中天，我們還有什麼個己（原文如此）的東西不能割棄？還有什麼理由不向真理完全認同？[2]

應該說一句，即使在激進的八十年代，也鮮有學者提出要將「個

2　甘陽，〈自由的理念〉，http://www.aisixiang.com/data/56470.html。

人自由」作為「第一原則」，當時的甘陽儼然一個激進的個人主義者，與後來的國家主義姿態形成鮮明對照。然而，這種「激進」的姿態其實是要與另一種激進進行切割，這就是從五四到文革以來的「激進傳統」。甘陽認為，這種「激進傳統」蘊含著集體對個人的吞噬。

他反駁了那種認為五四運動也蘊含著將個人自由作為第一原則的說法。首先，他認為五四運動中的個性解放思潮並不是把個人自由作為目的本身提出來，而是作為一種手段提出來，作為一種全盤反抗舊社會，全面改造社會的手段。一旦證明個性解放不能改造社會，「新青年們」就將之棄若敝屣，另覓他途。

另外，「五四『個性解放』所嚮往的『自由』說到底是十九世紀浪漫主義文藝家所標榜的『意志自由』，而絕不是真正意義上的自由即『公民自由』。」伯林的理論，也是在這個語境被提出來的：「當代政治哲學一般把前者稱為『積極自由』，而把後者稱為『消極自由』，真正的『個人自由』首先強調的是『消極自由』而非『積極自由』，亦即如前所述，個人自由乃是最低原則，而非最高原則。正如自由不能被他物所替代，同樣，自由也絕不妄想涵蓋一切，取代一切，『自由就是自由』，不是別的。」[3]

平心而論，從字面上來看，甘陽對伯林的消極自由和積極自由的理解並無不當。消極自由，甘陽說，就是一種「純粹個人的防衛性原則」，而積極自由，是一種「涵蓋一切的最高原則」。在批評浪漫主義的時候，甘陽對積極自由的理解，比後來將積極自由簡單理解為政治自由的一些自由派，可能要切近伯林的原意：

---

3 同上。

第一，一切浪漫主義之強調個人幾乎都是強調個人的「自我實現」，而這實際就已蘊含著將個人分為「真我」（實現了的自我）與「假我」（尚未實現的自我）的區分。人生的目標就是要將假我提升為真我，以完善自己。如此，則如果有人來指導你認識自己的真我，教育你如何達到真我，無疑就是正當且應歡迎的了。同理，已實現自我的真我自然高於未實現自我的假我，因此有權來幫助、教育、改造、訓練後者成長為真我，自然也就是天經地義的了。然而，天下哪一種迫害不是以教育你幫助你改造你的美名行施的呢？

第二，一切浪漫主義幾乎無不相信，真人之修煉必須與某種超個人的更高境界交融合一才能達成，例如上帝、自然、歷史、道，總之，它總是要將個人與某種更高更大的目標相契合才算完成了自我實現，如此則個人又成了達到某種目標的手段。」[4]

伯林對積極自由的分析和抨擊，確實很切合中國人在建國以來的歷次政治運動的邏輯，但是能不能將這個邏輯也延伸到五四值得商榷。他在文章中給出的兩個理由，多多少少顯得牽強。可惜的是，後面不管新左派也好，自由保守主義者也好，基本都沿襲了他的這一個思路，只不過新左派是從五四到文革基本肯定，而自由保守主義者是從五四到文革基本否定。

前面我們說，甘陽對消極自由的理解相對恰當，但問題是，甘陽是在批判百年中國知識分子的「社會責任感」這個語境下提出來的，這就使得一些不明就裡的受眾將消極自由與社會責任感截然對立起來。然而社會責任感本身有什麼不當？社會責任包括了對於社

4　同上。

會制度以及人民生活狀況的關注，有什麼錯呢？其實「社會責任感」
有許多種，當個人自由受到公權的侵犯，一些人起來抗爭，這也是
一種社會責任感的體現。即使是那種為了「救亡」而挺身而出的社
會責任感，何嘗又不能是為了個人自由呢？從美國建國之初的聯邦
黨人的角度來看，「國家」和「個人自由」並不是對立的關係，沒
有一個強大的國家，個人自由也得不到真正的保障，但這不意味著
國家是個人自由的目的，它也可以是個人自由的手段。

　　這還不是重點：如果說後來的甘陽一以貫之地堅持了他對知識
分子的激進性的批判，那麼他應該後悔過這篇文章裡將「個人自由」
絕對拔高和對「社會責任感」的冷嘲熱諷，因為大約十年之後，他
開始站在國家和社會的角度，抨擊個人自由的氾濫，同時表現出對
於文明、國家命運的一種狂熱而狹隘的「責任感」。這也是後來自
由保守主義者的一個尷尬之處：在「激進」與「保守」之間，他們
傾向於站在保守一邊，但在「個人」與「社會」之間，他們卻傾向
於站在個人一邊；站在個人一邊，並不代表保守，甚至可以說，激
進和個人，保守和社會，倒更經常相伴相隨。在一個沒有尊重個人
之傳統的社會裡，要兼顧「個人」和「保守」就更加困難，最後取
保守而舍個人，就一點也不奇怪了。

　　反觀伯林本人，卻沒有一點這樣的困擾。那種整合伯林來打壓
激進傳統的策略，究竟是否合理呢？

自由保守主義的進擊

　　甘陽的〈自由的觀念〉一文，已經蘊含著整個90年代自由保守
主義「告別革命論」的諸多因素：抨擊中國百年來的激進傳統，對
社會改造持質疑態度，將文革追溯到五四，批判歐陸啟蒙的觀念（價

值一元論）。這就是為什麼我在〈中國自由保守主義的沒落〉一文中，要把甘陽作為自由保守主義曾經的代表人物[5]。

　　「告別革命論」的代表除了李澤厚和劉再復兩位先生，還有一個很重要的人物，那就是日後任教於上海大學的朱學勤。在《書齋裡的革命》和《道德理想國的覆滅》中，朱學勤大量提到盧梭，他和伯林都認為，思想家「在沉靜的研究中所培育出來的哲學概念可能摧毀一個文明」[6]，盧梭的「公意」哲學是法國大革命中的雅各賓專政和「大恐怖」的思想根源。當然，他們也都認為，費希特、黑格爾與後來德意志的侵略行為，馬克思與20世紀的共產主義災難，有著同樣的關聯。在伯林那裡，這些都是「積極自由」壓倒「消極自由」的結果，而在朱學勤那裡，這是「歐陸啟蒙」，或者說，「歐陸理性主義」在現實政治中的必然反映。

　　朱學勤將伯林對啟蒙的反思，以及他對英國經驗主義的推崇，與另一位著名思想家哈耶克關於歐洲思想史的論述結合起來，這就使得自由保守主義關於「兩種啟蒙」的說法更加深入人心。

　　按照這種說法，存在兩種不同的啟蒙。一種是歐陸的啟蒙，代表人物是笛卡爾、盧梭和康德等，他們的特點是篤信理性推演出來的原則的有效性，並迫不及待地將其運用到現實世界之中，這些人，用哈耶克的話來說，就是有著「致命的自負」。另一種是蘇格蘭的啟蒙，代表人物是休謨、亞當斯密和亞當弗格森等，他們都對理性持審慎的態度，不認為光憑理性的推演就能把握住一切的真相，所以對用理性來改造世界抱有深深的懷疑，他們更願意相信經驗和傳

5　陳純，〈中國自由保守主義的沒落〉，見端傳媒2016年1月7日和2016年1月8日兩期。

6　以賽亞・伯林，《論自由》（南京：譯林出版社，2003），頁187。

統。

　　值得一提的是，儘管伯林本人對（歐陸）啟蒙有一定的批判，
但他不一定認可這樣的區分。然而，上世紀90年代以來，伯林的思
想漸漸被整合進「自由保守主義」之中。在伯林謝世之際，朱學勤
寫過一篇〈1998：自由主義的言說〉，提出中國「自由主義」浮出
水面的宣言：

> 它的哲學觀是經驗主義，與先驗主義相對而立；它的歷史觀是
> 試錯演進理論，與各種形式的歷史決定論相對而立；它的變革
> 觀是漸進主義的擴展演化，與激進主義的人為建構相對而立。
> 它在經濟上要求市場機制，與計畫體制相對而立；它在政治上
> 要求代議制民主和憲政法治，既反對個人或少數人專制，也反
> 對多數人以「公意」的名義實行群眾專政；在倫理上它要求保
> 障個人價值，認為各種價值化約到最後，個人不能化約，不能
> 被犧牲為任何抽象目的的工具。[7]

　　朱學勤上面的說法，應該是為了自由主義的「統一戰線」，但
它並不是自由保守主義立場的完整表達。自由保守主義立場至少還
包括下面的幾點：反對激進的政治革命，認為中國可以通過漸進的
政治改革走向憲政民主；反對社會革命，認為社會的發展有自己的
邏輯，不能用理性設計和政治強力去取代社會的「自發秩序」；認
為財產自由是一切自由的基礎，甚至認為，所謂的自由，就是財產
自由；自由先於平等，法治」先於民主。這些在朱學勤的作品裡都

7　朱學勤，〈1998，自由主義的言說〉，https://www.douban.com/group/
topic/1768262/。

有過類似的表達，也廣為其他自由保守主義者所認同。

　　加上這幾點，就可以肯定伯林不會完全贊同了：伯林雖然對積極自由和啟蒙都有批判，但這不代表他反對一切形式的激進政治革命和社會革命，也不代表他就是個自由至上主義者；沒有任何證據證明伯林認為「財產自由」是一切自由的基礎（伯林的作品裡經常有充滿張力，甚至相互矛盾的表達，考慮到這點，一個伯林從沒提過的觀點，一定不是他的真實觀點），而且，與哈耶克對羅斯福的「新政」的批判不同，伯林頗為肯定新政的成就，也支持福利國家，認為那是「個人自由與經濟保障之間取得的最富建設性的成就」；在法治和民主之間，他也不像哈耶克那樣，有那麼明顯的偏向性。

　　哈耶克在《自由秩序原理》中曾經提到，他的自由概念，是一個「否定性（negative）概念」，並且將「自由」定義為「一個人不受制於另一個人或另一些人因專斷意志而產生的強制的狀態」[8]。這和伯林對消極自由的定義有細微的差別，但其表面的相似性難免讓一些人將伯林的消極自由概念和哈耶克的自由概念完全等同起來。伯林的消極自由，常常被理解為圍繞著財產權的那些個人自由。即使是更清醒一點的中國自由保守主義者，也仍然沿著「擁有」的思路思考，不過把消極自由理解為羅伯特·諾齊克意義上的「自我所有權」。

　　最可怕的事情來自於以下這點：伯林和哈耶克有一些表面的相似性（對啟蒙的批判，自由的定義），於是他們心安理得地把哈耶克的觀點安在伯林的身上，既然哈耶克是個演化論者，那伯林應該也是個演化論者。事實上，伯林稱哈耶克派的人物為「狂熱的個人

8　弗里德里希·哈耶克，《自由秩序原理》（北京：生活·讀書·新
　　知三聯書店，1997），頁4。

主義者」，不僅因為他們忽視了自由以外的其他的重大價值，也無
視於某些自由傷害其他自由的可能。同樣的邏輯也發生在伯林和另
一個自由保守主義者喜愛的哲學家——卡爾·波普爾之間：伯林在
〈歷史的不可避免性〉一文中抨擊了歷史決定論，波普爾也在《歷
史決定論的貧困》中抨擊了歷史決定論，波普爾是個漸進改良主義
者，那伯林應該也是個漸進改良主義者。沒有一個自由保守主義者
關心伯林是否真的是一個漸進主義者。伯林的思想看似得到了傳
播，其實完全被哈耶克和波普爾的思想吞噬了。

劉小楓筆下的「狐狸」

如果說姚中秋經由哈耶克，從自由保守主義回歸文化保守主義
（儒家）在學理上相對說得過去，那麼，劉小楓應該是第一個意識
到伯林和任何一種類型的保守主義都存在巨大張力的中國知識人。
當「保守」漸漸壓倒「自由」，伯林也就不得不成為過河拆橋的第
一批犧牲品。

施派經常說，不應該把柏拉圖的著作當作哲學著作，而應該當
作「戲劇」。同樣地，劉小楓的〈刺蝟的溫順〉不應該看作一篇哲
學文章，而應該看作一部短「戲劇」。在這部戲劇裡，伯林和自由
主義者只是配角和小丑，目的是烘托施特勞斯的高大。既然是戲劇，
那對他們的形象進行誇張和漫畫化，也就無可厚非了。

在開篇，劉小楓首先感歎同樣作為猶太哲人，施特勞斯在知識
界的聲望遠遠比不上伯林，在當時的漢語知識界尤其如此。十七年
後我們回過頭來看，不說「中國施特勞斯學」把「中國伯林學」遠
遠拋在後面，至少可以說，相比中國施特勞斯學，中國伯林學顯得
有點寂寞。如今中國有相當一批自稱或被稱為「施派」的老中青學

者，但沒有多少人可以被稱為「伯林主義者」。這要歸功於誰，不言而喻。

　　這部戲劇裡也有正常（作為鋪墊）的部分，比如裡面說到，伯林和施特勞斯都對人類的價值衝突有著根本的洞察：伯林的價值多元論自不待言，同樣，「在施特勞斯看來，自由主義的失敗在於想掩蓋人類的不同生活理想不可調和、價值衝突不可能解決這一存在事實。」[9]事實上，兩人的共同點遠不止於此：伯林和施特勞斯都承認觀念對現實政治的重大影響，且對啟蒙都持批判態度。只是兩人批判的角度不一樣：伯林認為，現代的政治悲劇，是從蘇格拉底延續到啟蒙和浪漫主義的這一連串想要實現「積極自由」的衝動所導致，而施特勞斯認為，這些政治悲劇是從馬基雅維利開始，經由啟蒙到20世紀的相對主義，由偏離古典政治哲學所導致。

　　這種表面的差異下還隱藏著更深程度的一致，然而，劉小楓借用一些戲劇性的語言，將這些一致掩蓋住了，這些戲劇性的語言就是「絕對」和「相對」：

> 對於伯林來說，納粹政治是絕對主義價值觀的結果；相反，在施特勞斯看來，正是由於蔑視某種絕對的價值，徹底拜倒在歷史相對主義腳下的德國哲人們，才在一九三三年沒有能力對德國的政治命運作出道德裁決。[10]

　　且不說伯林的價值一元論和價值多元論是否能等同於絕對主義價值觀和相對主義價值觀，也不說1933年的德國哲人有多少擁抱了

9　劉小楓，〈刺蝟的溫順〉，刊於《書屋》，2001年第2期，頁6。
10　同上，頁6。

「歷史相對主義」，但是政治哲人對政治命運的道德裁決什麼時候
有過那麼重要的作用？

　　按照劉小楓的說法，伯林和施特勞斯最根本的區別，或者說，
施特勞斯之所以高於伯林的地方在於，伯林已經放棄了對「我們應
該如何生活」的追問，但施特勞斯並沒有因為現實層面的價值衝突
就放棄了對這個問題的追問：

> 人生「應該如何生活」的知識，並不是哲人已經擁有的，而是
> 需要哲人關切和追問的。如此關切和追問已經預設了有永恆
> 的、超人類的、普遍客觀的真理（蘇格拉底所謂的自然法則），
> 雖然哲人還沒有佔有它，但哲人起碼是為了這種真理而活的。
> 根本不相信有普遍客觀的真理，哲人的沉思生活的理由是什麼
> 呢？新的哲人如何為自己的生活方式辯護呢？[11]

伯林確實認為對於「我們應該如何生活」這個問題並沒有永恆
的、超人類的、普遍客觀的真理，但這並不代表他認為在其他哲學
領域（比如科學、形上學和認識論）沒有永恆的、超人類的、普遍
客觀的真理。尤其重要的是，伯林認為人之所以為人，乃是基於一
種普遍、客觀的人性。何況按照伯林的意思，他並不認為「我們應
該如何生活」這個問題沒有永恆、普遍、客觀的答案，而是認為這
個問題有許多答案：

> （價值多元論要求我們）把生活視作多元價值的承載，這些價
> 值同等真實，同等終極，且同等客觀，因而無法以一組永恆的

11　同上，頁8。

等級排列之，也無法以某個絕對的標準衡量之。[12]

　　釐清了伯林關於「我們應該如何生活」的既終極卻又多元論的回答，劉小楓用「絕對」和「相對」來偷換「一元論」和「多元論」的企圖，就完全是徒勞無功了，比如他說：

我想不明白：伯林肯定地說集權主義、法西斯主義要不得，又肯定地說沒有絕對價值、所有價值主張都是相對的，按狐狸哲人的觀點來看，集權主義和法西斯主義不也是一種價值觀點？法西斯主義的價值主張不也有其歷史正當性──所謂「扭曲的民族主義」？它們如果不把自身搞成普世的絕對價值、僅宣稱是本民族（因而也是相對）的絕對價值訴求，是不是就正當了呢？[13]

　　這就是將「一元論」和「多元論」偷換成「絕對主義」和「相對主義」的妙處：如果伯林是一個價值相對主義者，那劉小楓的這個詰問對他來說確實是一個問題，但作為價值多元論者的伯林，完全可以這樣回答：既然極權主義和法西斯主義只是一種相對的價值，那完全可以用某一種絕對價值（伯林所說的真實、終極、客觀的價值，比如正義）來對之進行評價，在這種評價之下，極權主義和法西斯主義當然是不正當的。
　　把法西斯說成一種「價值」，已經反映了劉小楓並沒有理解伯

12　Berlin, I. *The Crooked Timer of Humanity*. New York: Knopf, 1991, p. 79.

13　《刺蝟的溫順》，頁9。我覺得引文中的「集權主義」應為「極權主義」。

林對人性的看法。但即使我們對劉小楓的說法做「同情之解讀」，假設他說的是納粹背後也存在著某種絕對價值，如「民族生存」、「軍事榮耀」等，這是否意味著，作為這些絕對價值之表現形態的納粹主義，也就變得正當了？或者，當這些價值與「正義」發生衝突時，我們就無從得出解決辦法呢？對於此，伯林本人如是說：

> 我認為納粹的價值觀是可憎的，但我能夠明白，一個人如何在接受了足夠多的錯誤資訊、足夠多的關於現實的錯誤信念之後，會最終把納粹的價值觀信奉為唯一的救贖。我們當然要與納粹的價值觀戰鬥，必要的話甚至可以採用戰爭的手段，但我並不像某些人那樣把納粹主義者視為心理變態或者瘋子，我只是認為他們錯得離譜、在事實方面受到了完全的誤導，以至於居然相信某些種族低人一等、相信種族是核心問題、或者相信只有日爾曼種族才是真正有創造力的、等等諸如此類。我很知道，在接受了足夠多的虛假教育、足夠廣泛的幻覺與謬誤之後，人們能夠——在仍然可以被視作人的情況下——相信這些東西，並且犯下最為無法形容的罪惡。[14]

也就是說，即使我們承認民族生存和軍事榮耀是絕對價值，那也不說明納粹主義是這些價值的合理表現形態，因為它很可能是「虛假教育」、「幻覺」、「謬誤」以及「在事實方面受到了完全的誤導」的產物；而且，就算民族生存和軍事榮耀真的和正義發生了衝

14　Isaiah Berlin, 2000. *The Power of Ideas*. Edited by Henry Hardy. Princeton University Press, p. 52. 引文出處曾參考林垚的〈以賽亞‧伯林的自由觀〉，見《法哲學與法社會學論叢》（2014）。

突，伯林說，我們依然在實踐中可以找到解決辦法：

> 當然，我說這些並不是要反駁以下命題：知識與技巧的運用在某些特殊的場合，能夠導致令人滿意的解決方案。當這些困境產生時，說「我們應該盡所有努力去解決它們」是一回事，說「我們可以先天地確定，在原則層面上總是必然能夠發現一種正確的、結論性的解決方案」則是另一回事，而後者正是古老的唯理論形而上學看起來要保證的。[15]

　　讓伯林做了一番滑稽的表演之後，劉小楓文章的後半部分基本是對施特勞斯觀點的介紹。令人驚訝的是，儘管貶斥了伯林的「相對主義價值觀」，劉小楓卻花了相當多的篇幅來講「哲人與民眾的衝突」和「哲人與先知的衝突」。按照那套經典的解釋：哲人追問的是「自然正當」，但城邦建立於「律法」或「習俗」之上，哲人將「自然正當」在城邦之中公開宣揚，等於挑戰「律法」或「習俗」的權威，會危及城邦的穩定及自身的安全，這就是「哲人與民眾的衝突」。所以，哲人要學會把自己的言辭分為「顯白」的和「隱微」的，顯白的言辭是說給一般的民眾聽的，隱微的言辭是說給其他的哲人聽的。但即便施特勞斯以這種方式克服了「真理」與「安全」的價值衝突，他也無法消除「哲學」與「啟示」的衝突，因為「哲人精神和先知精神互相都駁不倒對方」，甚至，沒有必要讓一方駁倒另一方，因為，讓「論證和衝突持續下去，對於西方精神來說，恰恰是永葆生機的條件」[16]。

15　《自由論》，頁48。翻譯略有修改。
16　《刺蝟的溫順》，頁23。

　　劉小楓對伯林和施特勞斯的演繹，將雙方真正的共識和分歧都表面化了。從深層次來說，伯林和施特勞斯都反對「輕率地用哲學去改造現實」。伯林說：「以人類的生命為代價來保持我們地絕對的範疇與理想，同樣違反科學與歷史的原則；它是一種可以同等地在我們時代的左右翼中發現的態度，是與那些尊重事實的人所接受的原則無法相融的。」[17] 而根據我們前面所說，施特勞斯認為哲人將「真理」運用於城邦，將會給自身和城邦都帶來災難。

　　那麼，伯林和施特勞斯真正分歧的地方在哪呢？儘管兩人都不贊成「輕率地用哲學去改造現實」，儘管伯林認為哲學家也需要為觀念產生的後果負一定的責任，但是伯林並沒有反對哲學家發表自己真實的觀點；在這一點上，施特勞斯的態度遠沒有那麼清晰。即使在自由民主的國家，哲學家不會因為發表真實的觀點而遭受迫害，他也並不認為「隱微」已無存在的必要。最關鍵的是，施特勞斯對現代性始終持否定的態度，不管「現代性」代表的是「對永恆真理的拒絕」，「用『欲望』來取代『德性』在政治哲學中的地位」，還是「哲人和哲學完全拋棄『審慎』的德性」；相比之下，伯林雖然批評過相當多的現代哲人和哲學，卻承認現代以來的諸多政治、道德和社會成就；相比古代社會，現代社會給消極自由留下更多的空間，也更符合價值多元論所想像的世界。

　　綜上而言，伯林和施特勞斯之間，很難說存在著涇渭分明的「高低」，「施特勞斯輕易駁倒伯林」的場景，只是劉小楓在戲劇中的有意偏袒。即便如此，劉小楓所塑造出來的伯林形象，不僅確定了伯林在施派和文化保守主義者中的思想排位，也對知識界的自由派產生了潛移默化的影響。直到2010年，才有台灣的錢永祥在《復旦

17　《自由論》，頁244。

政治哲學評論》上對《刺蝟與溫順》做出詳盡的反駁[18]，但劉小楓
關於兩位猶太哲人的戲劇，已經深入許多知識人的心中，難以再改
變了。

消極時代的替罪羊

2016年，錢鍾書的夫人楊絳去世，享年一百零五。悼念的同時，
出現了一種聲音，說她和錢鍾書不能稱得上是知識分子的典範，因
為他們在那個極端的年代，始終保持沉默，沒有堅持知識分子的批
判責任。很快，圍繞著「知識分子的責任」，網路上發生了一場大
辯論，蕭瀚、徐賁、張鳴、張千帆、許紀霖、宋石男、羽戈、黎學
文等知識界內外的人都發表了文章和觀點，後面「口炮黨」人士的
入場，又使這場辯論演變成「改良」與「變革」之爭，並持續到十
月才偃旗息鼓。

爭論源於蕭瀚的一篇〈為錢楊伉儷的「不公共」辯護〉。在文
章中蕭瀚說道：

> 作為一種政治自由的言論自由，……是任何人的權利，而不是
> 義務。如果法治條件正常，你可以在正常良法範圍內任意使用
> 處理這項自由，沒有任何人有權干涉你是否使用它，包括你徹
> 底拋棄這項自由的權利。[19]

18　參見錢永祥，〈多元論與美好生活〉，收於《動情的理性》（台北：
　　聯經出版公司，2014）。

19　蕭瀚的文章在網上已經搜索不到，引文參見徐賁，〈沉默是知識分
　　子的「權利」嗎？〉，http://dajia.qq.com/original/category/xb2016
　　0602.html。

　　徐賁撰文〈沉默是知識分子的「權利」嗎？〉對此進行反駁，
張鳴又寫〈徐賁先生，我可能做不到你做的勇敢〉予以回應。但不
知從什麼時候開始，「消極自由」這個術語突然變成爭論的焦點。
爭論者漸漸分成兩方：一方認為知識分子的沉默是在行使自己的消
極自由，他人應當尊重，另一方認為知識分子的沉默並不是一種消
極自由，或者消極自由不可取。第二方的立場看似更穩妥一點，因
為第一方似乎把「消極自由」理解為「退守到自己的私人領域」。
然而，第二方在對消極自由和積極自由進行辨析時，也很難說把握
住了伯林的原意。比如宋石男在〈論「消極自由」與「道德綁架」〉
之中說：

> 如果你想要消極自由，卻沒有對應的制度安排，那你是不可能
> 擁有它的。在憲政民主的制度安排下，消極自由為個體留出了
> 私人空間，你可以在私人空間裡自行其是。而在極權社會，消
> 極自由是不可能實現的。[20]

　　雖然宋石男正確地指出了消極自由需要有制度上的保障，以及
極權之下沒有消極自由，但他依然是把「消極自由」理解為「退守
到自己的私人領域」了，和第一方犯的錯誤一樣。同樣地，徐賁在
接受「前海傳媒」採訪時對積極自由所下的定義也是誤導的：

> 積極自由關乎公民治理自己，或參與控制自己生活過程的欲望

20　宋石男，〈論「消極自由」與「道德綁架」〉，https://mp.weixin.qq.
　　com/s/BqTjAN1RW7jvraZSxr_NdA。

和權利。從操作性來看,由聯合國《國際人權公約》的《經濟、社會、文化權利國際公約》和《公民權利及政治權利國際公約》規定的基本人權落實到具體國家憲法所規定的公民權利中,公民行使這些權利,便是積極自由,如自由言論、信仰、結社、選舉等等的自由權利。這在所有的民主國家都是相似的。但是,消極自由會在不同國家有不同表現,更會因為政治制度的民主或專制的不同而迴然相異。[21]

「公民治理自己,或參與控制自己生活過程的欲望」,按照伯林的一些說法,確實屬於「積極自由」的範疇;民主或者自治,確實也需要有言論自由和結社自由。但這不代表這兩種自由就是積極自由。而信仰自由和積極自由就更加風馬牛不相及了。

綜合伯林在〈兩種自由的概念〉中所說的,消極自由起碼包含兩層涵義:

一、所有的強制都是不好的,即使「它可以被用於防止其他更大的邪惡」,而不干涉總是好的,「雖然它不是唯一的善」[22](所以許多學者認為伯林所理解的「自由」和霍布斯是一樣的,即「不干涉」);

二、存在著一個「變動不居但永遠清晰可辨的疆界」[23],在這個疆界內,個人不應受干涉,只要入侵這個疆界,都將是「專

---

21 徐賁,〈沉默等於「不害人」或「消極自由」不過是自欺欺人〉,https://mp.weixin.qq.com/s/AhktB4cbmT8mXd7I-bqwpw。本文為徐賁接受「前海傳媒」採訪的記錄。

22 《自由論》,頁196。

23 同上,頁195。

制」（這個疆界，可以理解為洛克所說的「自然權利」，也理
解為諾齊克所說的「邊界約束」）。

　　將這個「疆界」，理解為私人空間或私人領域可能是不準確的，
因為消極自由的許多方面，都會滲透出私人領域，比如發表政治言
論屬於言論自由，組建和參與政治社團屬於結社自由，但這些都不
能說僅僅是私人領域的事（因此徐賁才會將兩種自由誤認為是積極
自由）。
　　而積極自由，在伯林那裡，其涵義源於「個體成為他自己的主
人的願望」[24]，它當然和民主或自治是有關係的，民主或自治下的
人，在某個意義上可以說「成為了自己的主人」。但是，對積極自
由概念的進一步運用，經常需要區分兩種「自我」，一種是受到欲
望、激情、偏見和有限經驗影響的自我，另一種是更高級的、理性
的、自律的、真實的自我。這種區分在許多哲學家那裡都出現過：
柏拉圖、斯多葛學派、笛卡爾、斯賓諾莎、盧梭、康德、費希特、
黑格爾、馬克思⋯⋯。伯林認為，一旦接受了這種自我觀，積極自
由的概念經常被濫用。一些哲學家（或其政治代理人）用兩種「自
我」的邏輯去論證，只有當一個人服從理性、公意、國家、歷史規
律，他才達到了「真實的自我」，獲得了「真正的自由」。另一些
哲學家，會認為從現實世界退縮到精神領域（「真實自我的堡壘」），
才是實現了真正的「積極自由」，因為這樣我們就不再受因果律和
偶然性的擺佈。這就是為什麼說消極自由不等於「退守到私人領
域」，因為某種意義下的積極自由也可以有這個意思。
　　有相當多的中國知識人將「消極自由」理解為「消極地對待自

_____

24　同上，頁200。

由」，即「只管好我自己的事」，而將「積極自由」理解為「積極地對待自由」，即「為自己或他人的自由進行抗爭」。楊絳所引發的關於知識分子責任的爭論，大多是在這樣的誤解上展開的。當然，我們可以說，「消極自由」和「積極自由」在中國已經有了新的涵義。基於這些新的涵義，一些新一代的自由派，開始主張對消極自由概念進行清算。他們認為那種打著消極自由的旗號退守到私人領域的做法，只是一種對公共責任的逃避，等於給極權統治創造條件，最後那點消極自由也一樣守不住。同時，他們號召對「啟蒙」、「革命」、「民主」、「平等」這些被自由保守主義「抹黑」的名詞進行二度反思，也可以說是近代以來對「激進與保守」的第三次反思。由於伯林曾經被自由保守主義者用作抨擊這些名詞的理論資源，伯林在新一代自由派中的形象也隨之略顯暗淡。

實際上，就像我們在第三節所說的，對於「啟蒙」、「革命」、「民主」和「平等」這些現代性的產物，伯林不僅沒有一概否定，反而偏向於肯定其所帶來的進步和成就。作為一個狐狸哲人，伯林在許多問題上都沒有採取非此即彼的立場。如果哈耶克說自己不是一個「保守主義者」能說得過去，那比哈耶克更「進步」的伯林就更不能被稱為保守主義者了。

本屆政府上任以來，開始加強對意識形態的控制。2015年前後，局勢開始急轉直下，對異議人士的打壓進入了一個「寧枉勿縱」的階段。漸進改良主義宣告破產。在這樣的環境下，中國的自由派知識人產生進一步的分化：有一些想逃入書齋之中，從「公共知識分子」回歸「專業知識分子」，另一些觀察到這種「消極」的趨勢，拼命想把前者拉回輿論的戰場，或者拉向抗爭的行動。對消極自由和積極自由的激辯，就是在這樣的背景下發生。他們對兩個術語的誤解，與其說反映了他們學識上的匱乏，不如說反映了他們共同的

茫然和焦慮，這種茫然和焦慮，不是靠澄清概念就可以解決的。

結語：伯林學的局限性

　　諷刺的是，在過去將近三十年裡，中國最有影響力的關於以賽亞·伯林的研究和討論，大多沒有超越甘陽最初引進時的水準。這很大程度要歸因於研究者和討論者的實用主義心態，儘管這裡的「實用」已經不是為了「救亡」，而是為了推行自己的政治理念。甘陽引介伯林，就有推翻五四以來的激進傳統的意味；而後，伯林對啟蒙的反思被用來為自由保守主義方案背書，其價值多元論被拿來為比他更保守的施特勞斯的出場做襯托和鋪墊；如今，他的消極自由又成了一些知識分子轉向犬儒主義的藉口。

　　然而這裡不能說伯林本人沒有一點責任。正如許多論者所說，他的「消極自由」充滿含混性，有時很難確定他說的消極自由究竟是霍布斯式的，還是洛克式的，而且也不明白為什麼他覺得用一個「消極自由」的概念來概括，會比區分不同的「自由權項（liberties）」（就像查理斯·泰勒所批評的那樣）要更能捍衛自由。他的價值多元論，似乎也不能很好地證成他所堅持的自由的優先性。

　　他的積極自由概念就更加讓人難以理解了：就像我們在第四節說到的，這個概念反映到現實中的表現各不相同，實在難以將其想像在同一個集合之中。在積極自由裡面，居然隱含著一種比消極自由還「消極」的「退居真實自我的堡壘」。這樣去定義一種自由的概念，其哲學和政治的意義究竟何在？

　　而且，伯林在一個重要的方面都偏離了身為哲學家的嚴謹，他在「積極自由」的涵義之中混入了一種本來應該剔除的元素，那就

是托洛茨基經常提到的「包辦主義」[25]。伯林是這樣說的：「所有理性存在者的目的必然組成一個單一的、普遍而和諧的模式，對於這種模式，有的人比其他人更能清楚地領會到。」[26] 於是當某個比其他人更「理性」的人，認定其他人必須以他所認可的方式服從公意、國家和歷史規律，才算實現了他們「真實的自我」時，其他人那經驗的自我並沒有任何的發言權。伯林認為，這種包辦主義在他眼前的冷戰時代正在發生，「歷史必然性」成為極權統治者「包辦」的藉口。可是歷史教訓與概念的分析與界定應該有所區分：積極自由概念從「成為自己的主人」出發，為什麼最後卻要納入這種明明與之相矛盾的「包辦主義」呢？即使我們承認「經驗自我」和「真實自我」的二分，「積極自由」概念依然可以成立；至於伯林所憂心的那種災難性的政治後果，與其歸咎於概念（或者其誤用），是不是更應該從歷史與政治的因素去尋找原因呢？

　　這些都是導致伯林的思想容易被誤解和誤用的因素。對於中國的左翼自由主義者來說，將伯林的思想與自由保守主義切割，是對二十多年來的自由保守主義進行「祛魅」的一個必要條件。但伯林的思想，能否創造性地轉化為左翼自由主義的思想資源，這是存在疑問的：很難想像，一個被伯林自己否定的積極自由概念，一個被諸多誤解他的人濫用的消極自由概念，以及一個在哲學層面無法證成、在現實層面已經成為共識的價值多元論，能夠激發新的理論想像和政治想像。

　　從某個意義上來說，伯林的思想是二戰和冷戰的產物。伯林念

---

25 托洛茨基對「包辦主義」的批判，見《被背叛的革命》與《過渡綱領》等三十年代的作品。

26 同上，頁 226。

茲在茲的，是找到西方兩個世紀發生的種種政治悲劇的思想根源。
但當他開始進行政治哲學思考的時候，西方已經度過了最危險的時
期，最後他開出來的藥方是警惕積極自由和價值一元論，守住消極
自由和價值多元論。這種藥方對於非西方世界，以及尚未建立「消
極自由」的國家，有多大的借鑒價值呢？在過去三十年裡，這個國
家的一些人曾經以為自己在鑄造「消極自由」，並迫不及待地把伯
林的思想引進來，未雨綢繆，最終卻發現最大的敵人並不是積極自
由，而依然是「老大哥」，而且他們那爛尾的消極自由工程，反過
來還被老大哥用來作為軟化、稀釋一切反抗意志的一種消極哲學。

　　但那未完成的消極自由工程，就沒有任何意義嗎？倒也不是，
它是下一個「保守」階段所需要的材料[27]。但在自由建立之前，自
由保守主義沒有資格再佔據這個思想舞臺了。同樣地，伯林對於中
國的歷史任務已經告一段落。也許今後我們應該放過作為政治哲學
家的伯林，重新發現作為記錄者的伯林；在《蘇聯的心靈》之中能
找到的靈感，說不定比《自由論》要多得多。

　　陳純，研究領域主要為倫理學、政治哲學和價值現象學，曾在端
傳媒、澎湃、鳳凰網發表多篇學術文章，如〈左翼自由主義的「中
國化」〉、〈自由保守主義的沒落〉和〈文化保守主義與秩序的焦
慮〉等。

---

27 我本人並不必然反對「自由保守主義」，只是我認為它在中國的建
　　構、傳播和運用都是錯位的：「自由」確立以後，確實需要一定程
　　度的「保守」，但在此之前鼓吹自由保守主義是自由主義的正統或
　　唯一可能，則是對歷史、政治和哲學的無知。

20世紀的赫爾岑：
紀念伯林逝世20週年

王 前

伯林是白左？

去年美國大選時，中國大陸的網絡上突然冒出了一個新詞「白左」，弄得我這個落伍的人摸不著頭腦。後來仔細吟味前後脈絡，才知道希拉里和歐巴馬那樣的美國政治家就是白左，廣而言之，美國式的自由派就是了。甚至可以擴大範圍，反對川普的就等於白左。等弄明白了之後，我就想，如果伯林活在今天，會不會也被罵是白左呢？一個跟極左思潮鬥爭了一輩子的哲人，如果被賞一頂白左的帽子，那就太好玩了吧。

不久就看到跟托尼・朱特（Tony Judt）一起寫過 *Thinking the Twentieth Century* 的耶魯教授史耐德（Timothy Snyder）的一個視頻，在裡面談論美國新總統上台後該如何面對一個自由民主退潮的時代；他還出了本小書，書名是 *On Tyranny ：Twenty Lessons From The Twentieth Century*，顯然是要給在新總統統治的四年裡如何生活開藥方。連被視為自由民主的大本營的美國，都有不少人擔心這個共和國會不會步威瑪共和國的後塵，甚至有文章把新當選的總統跟第三帝國的元首對比，令人想起列奧・施特勞斯寫《自然權利與歷史》

也許不是杞人憂天。弗朗西斯・福山的《歷史的終結》二十多年前風靡學界與論壇，一時洛陽紙貴，而現實彷彿開了個大玩笑。

史耐德的小書粗粗翻閱一過，感覺美國那些自由派憂慮的事情，跟經歷了整個20世紀的歷史風雲的伯林終生所思考的問題多有重疊。按照大陸網上的定義，伯林雖然不是「白」，但是「左」這頂帽子是要戴定了：這是歷史的反諷'

惡作劇，還是無知的玩笑？近二十年前德沃金等人編寫《伯林的遺產》一書，討論伯林留下的思想遺產的意義時，東西方的形勢跟現在很不一樣。如今恰逢伯林去世二十週年，是可以重新思考一下這位猶太裔思想家留下的思想遺產對今天的我們究竟有何意義了。畢竟那是總結了一個「極端世紀」（霍布斯邦語）的經驗與教訓的思想：經歷了無數雞蛋被打碎後卻依舊沒有把「人間天國」這一盤炒蛋做好的教訓，不至於因事過境遷而一筆勾銷吧？

毀譽參半的哲人

筆者自從在大學時期讀到布萊恩・麥基編著的《思想家》起，知道伯林大名已經超過四分之一世紀了。八十年代末，在當時中國大陸極富影響力的《讀書》雜誌上看到甘陽介紹伯林的文章〈自由的敵人：真善美統一說〉，讀得淋漓酣暢，令我產生了強烈的閱讀原著的慾望。後來作為政治哲學的學徒，他的主要著作基本上讀過了，有的名篇還反復閱讀，算是對他有一知半解。其間也聽到過不少對他的批評，諸如是「哲學的叛徒」啦，不是哲學的破冰者啦，著作沒有大部頭的傑作啦，等等，不一而足。三年前去牛津大學Wolfson學院參加討論伯林的啟蒙觀的研討會，會上也是批評聲音隆隆（筆者在《思想》第26期介紹過），當時有個錯覺，這是紀念他

呢，還是要批倒他呢？當然，還能引起批評，至少說明他的思想還
沒有失去生命力吧。

　　的確，很多對伯林的批評，筆者覺得不是沒有道理。這點，他
的傳記作者葉禮廷在傳記裡說得很到位，跟筆者多年來閱讀的體驗
一致。他說伯林擅長綜合，而非學術性研究；擅寫隨筆而非大部頭
著作。他也不願意把最好的時光花在圖書館裡，更喜歡社交（翻一
下四卷本的伯林書信集就可以發現，他的交往宛如當世名人錄），
難怪有人說他很像歐洲歷史上經常出入宮廷的知識人，如伊拉斯
謨。這些特點，說明了伯林跟他不太喜歡的列奧・施特勞斯那樣的
學者的區別。伯林在對話體思想自傳裡說的不錯，施特勞斯是真正
的古典學者和猶太傳統裡的律法學者（Talmudic scholar），很博學。
伯納德・威廉姆斯也回憶說，伯林並沒有把自己看作職業的學人（參
見*The First and the Last*, 1999）。一個做過英國學士院院長的哲學家
竟然沒把自己看成職業學者，這本身就很反諷。當然，一個哲人是
否值得讀，他的思想是否有價值，跟他待在圖書館或書齋裡的時間
長短並無必然聯繫。既然包括筆者在內的很多人仍舊在讀他的書，
世界上還有學人在討論、研究他的思想，那麼至少應該試著回答：
讀伯林，對中國乃至整個華人世界有什麼意義？跟當今世界又有何
相干呢？我認為要回答這個問題，還是應該把伯林放在20世紀的脈
絡裡進行評價，才容易看清他對今天的意義。無論怎麼說，他的哲
學思想，是在被稱為「極端世紀」的20世紀裡產生的，就跟霍布斯
等哲人一樣，他們都在回答自己生活的時代所提出的嚴峻問題。如
果忘記原來的脈絡，我們看到的伯林的思想就不完整，也難以理解
他的思想跟當代有何關聯了。

爲中文讀者寫的〈我的思想小傳〉

伯林的好友，20世紀重要的西方古典學家鮑拉（Maurice Bowra, 1898-1971）曾經說過，伯林跟上帝和蘇格拉底一樣，想了很多談了很多，就是沒有出版多少著作。的確，伯林在鮑拉生前出版的東西太少，跟他這位出生於江西九江、多產的老朋友比起來相形見絀。不過在亨利・哈蒂成為伯林的專職編輯後，情況發生了變化。經由哈蒂的辛勤工作，如今伯林也可以說著作等身了。有的評論者還開玩笑說伯林跟他的另外一位老朋友，名史學家休・特雷弗-羅珀（Hugh Trevor-Roper）一樣，去世後還在不斷出書[1]！筆者在此無法一一評述他的著作，就從他的那篇收在 *The First and the Last* 裡的〈我的思想小傳〉說起吧。這篇可以看作伯林的述學的長文，是他應武漢大學的哲學教授歐陽康的請求而寫的。據哈蒂說，伯林當時已是耄耋之齡，早已不再著述，但是覺得這個邀請很有意義，他也有話要對中國讀者說，甚至感到一種責任，覺得是很重要的機會，於是就口述了長文。今天重讀這篇文字，也許可以更好地理解伯林對於中文世界的讀者的意義，了解他想對中文世界的讀者說些什麼。伯林作為一位西方的重要思想家，當然不太可能為中文世界寫作，這唯一的一次，也就令人覺得彌足珍貴。

這篇文字寫於1996年，那正是中國大陸在鄧小平的南巡講話後經濟開始大發展的時期。而在此之前不久，在八十年代中後期，中國大陸曾經有過「文化熱」，也有人稱之為新啟蒙運動。那時對中

---

1 Old polymaths never die: https://www.1843magazine.com/content/ideas/adrian-wooldridge/old-polymaths-never-die。

國現代史的反思頗多，尤其是剛經歷過文革不久，對西方思想漸漸解禁，一時外國文化如洪水般進入中華大地。伯林雖然那時還沒有被大量翻譯過來，但筆者讀到前面提及的甘陽的文章，說到伯林最反對真善美三位一體，因為那會導致專制云云。雖是介紹性文章，但也有醍醐灌頂的感覺。

後來看到有上一輩的學人寫文章說，八十年代伯林的《俄羅斯思想家》就已在大學校園裡流傳開來了，讀過此書的人都覺得伯林好像也是在寫中國。這一點也不奇怪，中國革命受蘇聯影響至大，伯林的論述自然有令人引起共鳴的內在肌理。伯林的思想雖然沒有直接針對中國的情況，但是畢竟他曾經是俄國人，幼小時親身目睹了暴力，也從此埋下了對暴力的深深厭惡感，對俄國革命的親身體驗和銳利洞察能夠刺激中國讀者的思考。伯林在法國思想家裡唯一佩服的朋友雷蒙・艾宏說過，20世紀的兩大現象，一個納粹帝國，另一個蘇聯，是他終生思考的大問題。對伯林來說，又何嘗不是如此？在他看來20世紀是人類歷史上最災難深重的一個世紀，他的研究要揭開的問題就是造成這個世紀前所未有的暴力和災難的原因，這就是他一生思考的大問題。既然中國從鴉片戰爭以後已經被捲入現代化的進程，他的思考當然跟我們不可能沒有關係。

在〈我的思想小傳〉裡，伯林從牛津日常語言學派的發祥談起，談自己的思想如何一步步發生變化。作為該學派最早的發起人之一，後來他跟日常語言學派的同仁漸漸拉開了距離，尤其是在經歷了跟美國哲學家謝佛（H. M. Sheffer）的對話後，覺得哲學對人類知識並無增加之功，自己卻希望在人生結束的時候知道更多的事情，所以選擇了思想史研究。戰後回到牛津以後，他把越來越多的精力投入思想史的研究中去。在那些年裡，對他日後思想的形成有重大影響的有馬基雅維理、維科、赫爾德和赫爾岑等人。當然在這裡他

談到了最著名的自由的兩種概念、多元主義，也談了一元論的危險
性等等。伯林闡述了他對造成20世紀巨大災難的思想的分析和批
評，就是一元論和決定論。正因為一些知識分子頭腦中有根深蒂固
的一元論和決定論思想，導致了為了一個崇高的目的可以不擇手段
的激烈政治運動，結果就是無數生命作為祭品供奉在偉大理想的聖
壇上。如果早先的偉大理想真正實現了，那麼被犧牲的無數生命也
許還算值得，可是不用伯林我們也能知道，20世紀的歷史早就說明
事實上並不是那麼回事。每當一個新的時代開始，敏銳無比的詩人
會說時間開始了，一個偉大的時代開始了，事後卻往往事與願違，
曾經反對過的東西似乎以換了一茬演員的方式重演。伯林一生做的
工作，可以說最主要的部分就是在為我們解釋為何如此。

　　很可惜，這篇非常完美地概括了伯林一生學思的長文，是在過
了近十年後中文世界的讀者才讀到，而此時中國大陸已經開始流行
卡爾・施密特和列奧・施特勞斯。當然，伯林的著作大規模地被翻
譯成中文也是差不多同時，但在一些有影響力的學者的推動下，以
前連研究德國哲學思想的著名學者都不曾聽說過的卡爾・施密特一
時似乎成了香餑餑，跟伯林互相看不上眼的列奧・施特勞斯也開始
進入中國學界的視野，影響力日增，甚至在施特勞斯的一位美國弟
子看來，現在世界上除美國之外，最重視施特勞斯的也許就是中國
了。當然，這兩位重要思想家都值得介紹，無須因為施密特曾經讚
美過希特勒就敬而遠之。事實上據日本戰後最著名的政治哲學家丸
山真男 （1914-1996）說，伯林曾經對他說過施密特是他們共同的
honorable enemy！（參見《丸山真男話文集》）。可見這兩位自由
主義大師並沒有因為政治的歧見就輕忽施密特；與另一位自由主義
大師艾宏一樣，他們都很看重施密特的思想，以各自的方式跟施密
特「對話」過。

　　伯林在他的對話體思想自傳裡，告訴採訪他的伊朗哲學家拉明‧賈汗貝格羅，自己的哲學受英國經驗論和康德哲學影響而形成，也許法國讀者不會喜歡。對歐洲主要文化都熟悉的他，當然知道法國流行的是什麼哲學。而在中國大陸，進入九十年代經濟大發展的時代後，西方的思潮被介紹的不是更少，而是更多，僅以自由主義思潮而論，就包括了海耶克、波普爾和羅爾斯等大家，其他的如後現代、解構主義，就不勝枚舉了。雖然從伯林的翻譯來看，讀者群應該不算少，但是包括政治哲學界在內的人文學術界主流，似乎對伯林的興趣不是很大。記得有一位在當今中國學界有影響力的學者曾說過，讀海德格爾的書，越是讀不懂反而越是想讀，因為那是對自己智力的一個考驗。如果從這個角度來說，伯林既然不是他的牛津同事賴爾Ryle說的那種哲學上的破冰者，也就沒法避免有些學者和讀者對他的疏遠。列奧‧施特勞斯有對西方古典學的扎實研究，卡爾‧施密特也是極為博學銳利的法哲學家，他們對西方的思想傳統的研究，在某些方面的確不是不喜歡泡圖書館的伯林及得上的。但問題是，伯林真的對中國來說已經沒有意義了嗎？

　　筆者在此想起了胡適先生。李澤厚在《現代中國思想史論》裡有個判斷，說五四時期的幾大思想領袖，陳獨秀和胡適的著作現在看來都有點淺，沒有多少閱讀的價值了，而魯迅是最深刻的。這三位的思想比較起來的話，的確在對國民性批判等方面，魯迅有無與倫比的深度，而陳獨秀和胡適的主張，在今天都是常識了。可是陳獨秀對斯大林體制的深刻分析，胡適對中國問題的判斷，在包括文革那樣的事情發生過後，不是證明了他們的遠見嗎？更何況胡適在四十年代末就預言了蘇聯的未來。比較一下就明白，他們在對激進主義的批評上，跟艾宏、伯林確有異曲同工之妙。

　　伯林反復用過炒蛋和雞蛋這個比喻，來說明極端思潮在20世紀

帶來的災難。在回顧中國的20世紀的時候,這個比喻無須筆者贅言
了。伯林的兩種自由的概念,如果從純學術的角度思考,當然有被
批評的餘地。如查爾斯・泰勒等人的批評就很銳利[2]。但伯林之所以
在〈自由的兩種概念〉這篇論文裡強調消極自由的重要,還是因為
目睹了俄國革命和親身經歷的對納粹德國的二戰吧。伯林所要點出
的是那些一元論的思想如何一點點變形,進而剝奪了個人的自主
權,取消了個人的自由,最後導致專制的那個內在邏輯。

在筆者看來,中國大陸九十年代重新發現的思想史上的失蹤
者之一的顧準,在這個問題上跟伯林肯定會有共識。作為一個親身
經歷了革命成功後的種種變化的革命者,他對革命的邏輯的判斷,
恰恰可以為伯林提供佐證。而最後顧準也是走上了多元論的經驗主
義之路[3]。從這一點來說,伯林對理解20世紀的中國歷史,的確提供
了很好的視角,一個很有意義的切入點。

施特勞斯的批評與跟施密特的「對話」

思想界的流行本來就是很正常的事情,伯林熱(如果有過的話)
過後,介紹卡爾・施密特和施特勞斯可以為中文思想界提供更多的
思想資源,也可以讓中文學界對西方的大傳統有更好的了解,善莫
大焉。只是筆者很贊同章學誠的那句話:「學者不可無宗主,但必
不可有門戶」(《文史通義・浙東學派》)。施特勞斯固然是一代
宗師,作為20世紀唯一在歐美形成「學派」的政治哲學的大師,自

---

2   泰勒2004年到東京大學做訪問學者時筆者有幸作陪,跟他討論過這
     個問題。筆者當面說能夠理解泰勒對他老師的批評,但也需要考慮
     伯林提出那個說法的歷史背景。
3   參見《顧準文集》(貴陽:貴州人民出版社,1996)。

有其過人之處。雖然伯林對他不很買賬，但伯林的兩位朋友，對猶太宗教有精深研究的肖萊姆（Gershom Scholem）和西方古典學的另一位大師莫米利阿諾（Arnaldo Momigliano）卻對施特勞斯有極高的評價。不管是他的政治哲學研究也好，還是他本人的政治哲學主張也好，都可以給我們提供多樣而有意義的視角，但不必視為研究西方古典學和政治哲學的不二法門。作為西方古典學的淺嚐者，雖然沒有能力判斷施特勞斯的思想，但常識告訴我們，西方的解釋經典的歷史跟中國儒家經典的闡釋史有類似之處，那就是似乎沒有一錘定音的解釋，圍繞柏拉圖的解釋又何嘗不是如此呢？著名的美國報人和作家斯通（I. F. Stone）為了研究古希臘的民主，對專家的不同解釋感到無所適從，最後不得不重拾古希臘語，自己去研究柏拉圖的原典，這就很說明問題了。

　　言歸正傳，施特勞斯對伯林的批評主要就是說伯林是相對主義。他在一篇題為〈相對主義〉[4]的文章中，批評伯林既然說價值是多元的，沒有絕對超越於別的價值之上的地位，那又如何保衛他的消極自由呢？如今在中國大陸知名的桑戴爾，也曾做過這樣的批評。伯林在〈自由的兩種概念〉裡引用了熊彼特的話來說明自己的立場，那就是在承認自己的信念的局限性的同時，毫不動搖地堅持自己的信念：這看上去的確有點矛盾。筆者把雙方的主張放在一起比較過多次，發現從理論的完整性的角度來說，施特勞斯批評得當然有道理，伯林的理論缺乏完整性和統一性：既然人類的價值存在多樣化，有時不能相容或互換，你如何證明你的消極自由就一定高於別的價值呢？所以辯論到底，伯林是有落下風的可能，儘管伯林

4　Leo Strauss, *The Rebirth of Classical Political Rationalism* （Chicago, 1989）所收。

好多次反駁過對自己的指責和批評，在跟一位波蘭女學者的通信裡也提到過。而在反駁對自己的批評時，伯林多次用到decent一詞（筆者試譯為「文明的」）。他似乎是說，如果要生活在一個文明的社會裡，就應該保護消極自由。換一種說法就是，為了社會成為一個文明的社會，他主張要有最低限度的一套價值觀。但他的問題在於，他從來沒有提供過像羅爾斯的正義論那樣的一系列完整的論證。所以，伯納德‧威廉姆斯在分析伯林的論證思路時，非常準確地點出伯林思維的特色在於其歷史性（參見威廉姆斯為伯林的*Concepts and Categories*文集寫的前言）。

在政治理念上，伯林和施特勞斯這兩位話不投機的哲人，卻都對同一位現代政治巨人高度稱讚：只要翻閱對比一下施特勞斯的通信集和伯林文集裡的那篇〈丘吉爾先生在1940年〉，就可以發現他們對丘吉爾的評價基本一致，都對這位勇敢對抗納粹、捍衛自由與民主的政治家表達了由衷的敬意。同樣作為猶太人，都是經歷過流亡的知識人，對何種制度能夠保衛他們，他們怎麼可能會有歧見呢？他們分道揚鑣的地方，在於用何種方法可以獲得更好的政治制度，更好的社會。在這方面，施特勞斯要為理性的自由主義（rational liberalism）尋找堅實的基礎[5]，途徑則是回到蘇格拉底傳統的古典政治哲學，修正馬基雅維理以降的政治哲學的錯誤。雖然在伯林看來這種思路很奇怪，但施特勞斯的這個思路背後當然是有他對威瑪共和國失敗的反思，也是他為了反對相對主義而對何為正確與錯誤，何為最好的政體（regime）等判斷，找一個堅如磐石的基礎。這就是他跟伯林談不攏的地方，也是伯林在對話體的思想自傳裡不無嘲

5　參見前揭施特勞斯著作所收：An introduction to Heideggerian Existentialism.

諷地說施特勞斯有「形而上學之眼」的原因所在。

　　伯納德・威廉姆斯在悼念伯林的談話裡說，伯林研究的那些概念本來就沒有完整的定義，所以他只能借助於歷史來加以說明。至於伯林後來是否還繼續研究哲學的問題，威廉姆斯也強調伯林是通過歷史進行哲學研究的。套用這個說法，筆者認為伯林是根據歷史和現實——特別是他幼小時經歷的俄國革命——概括出了自由的兩個概念。也許在邏輯上不是很嚴密；別的學者可能概括出第三個甚至第四個關於自由的概念[6]。但是伯林並沒有把消極自由神聖化；他只是想強調保護消極自由的重要性。考慮到那些現代史上的導致災難性後果的政治理想，無一不是以崇高的名義要求個體服從，歷史已經提供了太多慘痛的教訓，所以他的這個概念還是有其堅實的背景支撐的，並非玩弄概念，停止於概念的辨析而已。當然，如果濫用，那麼這個概念不無可能會導致犬儒主義。但在筆者看來，如果運用恰當，這個概念還是可以用來針砭各種基於決定論的意識形態的。其實伯林並沒有忽視積極自由，也沒有否認積極自由的重要性；他只是過於強調積極自由被異化的危險。但既然20世紀太多的教訓已經提供了佐證，至少我們在思考這些問題時，經由伯林的分類和闡釋，可以對歷史和現實有更深刻的理解。他在思考的迴路上告訴了我們，基於什麼樣的內在邏輯，那些出發點很崇高的理想卻帶來了令人震驚的災難。

　　至於卡爾・施密特，他對現代自由主義民主政治的批評的確有很銳利的地方。對政治中的例外狀況的分析，也有很強的說服力

6　Steven Lukes回憶說，他在寫作*Individualism*一書時曾對伯林說，他發現個人主義有十一個有代表性的定義。伯林回答說「太寒酸了吧！」。參見*The Legacy of Isaiah Berlin*（New York Review Books, 2001）。

——雖然政治並非永遠處於要決斷誰是敵人的狀態，因為那樣的話，一個共同體就很難維持正常了。伯林說過，閱讀觀點相近的人的著作覺得沒勁兒，反而是讀立場相反的才有意思，因為「敵人」知道怎麼攻破自己的防線。從這個意義上來說，施密特的貢獻不可小覷。雖然他在納粹上台以後寫的〈國家·運動·民族〉的確是失去了學術水準的拍馬屁著作，像從事宣傳的納粹幹部所為，但他的大多數著作還是極富洞察力，常有令人拍案叫絕的思路，對思考自由民主政體頗有助益。雷蒙·艾宏也稱讚他的學識堪比馬克斯·韋伯，很看重施密特對自己著作的反應，這些都說明施密特的確值得認真對待。

伯林與21世紀

冷戰結束以後，福山說歷史終結了。可是我們看到歷史並沒有終結，非但連他中意的自由民主政體沒能一統天下，如今連自由民主政體的典範國家都出現了前所未有的狀況，民粹主義無忌橫行。也許這些不是新事，但至少說明歷史是會反復的。丸山真男說過民主是永遠的革命。換言之，民主制度就算建立了，也不可能一勞永逸，還是需要生活在民主制度裡的人們共同努力，才不致於運轉失靈。伯林非常喜歡引用康德那句對人性的論斷，也提醒我們人性的改良和進步不是一件容易的事情[7]。

---

7 伯林對人性沒有很多啟蒙思想家那樣樂觀，所以他再三引用康德那句 "Aus so krummen Holze, als woraus der Mensch gemacht ist, kann nichts ganz Gerades gezimmert werden"（人性這根曲木絕對造不出筆直的東西）。在筆者三年前參加牛津的伯林研討會上，牛津大學榮休教授，研究德國文學的權威James Reed曾批評伯林沒有準確理解

　　伯林在1994年獲得多倫多大學的名譽法學博士學位時，曾經讓人代讀了一個發言，叫〈給21世紀的留言〉[8]。在這篇短文裡，伯林談到自己經歷的20世紀的災難，以及造成災難的原因何在，比如一元論的思想，比如為了美好的社會可以不講手段等等，伯林用更簡潔和直接的語言概括了自己的見解，宛如前面所提及的〈我的思想小傳〉的迷你版。他同時祝福將進入21世紀的人們，儘管民主自由的政體存在問題，畢竟自由民主制度在全世界範圍有增加，獨裁專制正在消失。在這點上伯林很樂觀，認為有很好的理由去相信21世紀會是一個更好的時代。如今21世紀已經過去十多年，雖然跟大蕭條的三十年代、殘酷的二戰及其戰後的衰敗相比，當下的情況要好多了。但是不可否認的是，伯林提過的問題已經重演，比如原教旨主義的民族主義，並且是出於民粹主義的形式。這種民粹主義劍鋒直指自由民主政體，具體體現為對體制的不滿[9]。以前大家以為歐美的民主政體之所以成功，那是因為制度好，如今發達的西方國家內部竟然出現嚴厲批評體制的聲音，的確令人驚訝。

　　伯林終生關心的一大問題就是民族主義。這當然跟他的出身

（續）────────────

　　康德的這句話。據Reed教授說，伯林曾委託哈蒂跟他確認過康德這句話的意思，Reed教授認為康德雖然知道人性的改良不容易，但沒有伯林理解得那麼悲觀。

8　A message to the 21st century: http://www.nybooks.com/articles/2014/10/23/message-21st-century/

9　在少年時代逃離納粹德國，在新大陸成為一代史學大師的F.斯特恩Fritz Stern（1926-2016）在去世前不久感慨美國政治的變化，說過 "The fragility of freedom is the simplest and deepest lesson of my life and work." （「我的一生和工作告訴我的最簡單和最深刻的教訓就是自由很脆弱」）（https://www.nytimes.com/2016/05/19/books/fritz-stern-a-leading-historian-on-modern-germany-dies-at-90.html?mcubz=1&_r=0）。相比之下，伯林的預測的確有點樂觀了。

有關。作為猶太人對自己民族的命運他有切膚之痛，所以戰後成了以色列在整個西方世界最雄辯的代言人，儘管對以色列政府的做法仍有批評。他在這方面影響力之大，惹得巴勒斯坦在西方的代言人薩伊德對他很不滿，在伯林去世之後還撰寫長文批判[10]。不管怎麼說，伯林是20世紀最重視民族主義這個重要問題的思想家之一。這個問題在後冷戰時期並未消失，給伯林寫過傳記的葉禮廷的相關著作可以為證[11]。進入新世紀後，民族主義又出現了新的形式。從去年上半年英國脫歐，到下半年的美國大選，乃至法國德國的大選，在在顯示民粹主義的力量非常強大。作為民族主義的一個變種，為何會在這個時機如雨後春筍一般出現，的確值得我們認真對待，否則自由民主的政體本身是無法防止與自由民主價值觀相背離人物取得政權的。這方面的例子，不僅在20世紀的歷史中歷歷在目，在現在，也不勝枚舉。在這一點上，還是可以從伯林的思考中汲取一些智慧的。他曾在跟一位訪談者的對話裡說，自己不願意生活在一個世界主義（cosmopolitan）的世界，會覺得窒息。他在論述民族主義的時候，強調人只有在自己民族建立的共同體裡才有真正的歸屬感，才能更好地健康發展。其實他自己便是個例外，但大體上來說，他的這些觀點很符合20世紀裡的歷史變化的。如果沒有對民族主義

10　參見薩伊德著 *From Oslo to Iraq and the Road Map*（Vintage, 2005）。客觀地說，薩伊德的不滿也可以理解，但他對伯林的批評也有偏頗之處。對自己的民族，他們都說不上完全客觀。但是伯林還是能夠大體上堅持公平的立場，既不諱言捍衛猶太人利益的立場，也沒有忘記對他者—巴勒斯坦人遭遇的同情與理解。參看伯林與盧克斯的長篇訪談：https://www.jstor.org/stable/40549054?seq=1#page_scan_tab_contents。

11　葉禮廷著有《血緣與歸屬：探尋新民族主義之旅》，簡直就是伯林關於民族主義論述的最好註腳。

的合理的理解和必要的照顧，那麼共同體可能遇到很大的麻煩，畢竟歷史從來沒有給過任何事例，證明一個完全基於國際主義精神的共同體有其可能。伯林還批評過包括自由派精英在內的一些人的思路，指出如果他們覺得自己掌握了真理，所以有權決定大眾的命運，也會激起反彈的[12]。

德沃金在《伯林的遺產》紀念集裡反駁了伯林的民族主義觀，認為只要有合理的法律框架，就可以解決不同民族之間的歸屬和認同問題。如今看來這是非常理想化的解決方法，對照當今世界的情勢，不得不說有點樂觀了，即使由移民所組成的美國都做不到，更何況別的國家？筆者記得有人評價跟伯林有不少共同之處的法國哲人艾宏時，說他的一些觀點的提出，與其說是從理論的需要出發，不如說是從現實和實踐出發的。他堅持的理由也是基於現實的需要。我覺得這句話很大程度上對伯林也是適用的。完全從學院派的角度去要求和批評伯林，也許會過度低估他的思想，忽視他的哲學思想的某些重要價值。

進一步言，如果一個思想家的觀點是介於決定論和相對主義之間的，很容易兩邊不討好，因為你會顯得立場不夠堅定。在這方面，筆者認為伯林也跟曾經很不受他的法國同胞喜歡的艾宏一樣，都重視經驗論，而非去構造一個嚴謹的無所不包的思想體系。一如馬丁・路德曾經說過的那樣，「這就是我的立場，我別無選擇」，伯林也反復說過類似的話。他的出發點是日常的生活，經驗的世界。而經驗的世界正是有很多不可測的要素，不確定的成份，難以用嚴密的邏輯去定義、去處理：這裡正是亞里士多德說的實踐知（phronesis）

---

12 參 見 DEMOCRACY, COMMUNISM AND THE INDIVIDUAL: http://berlin.wolf.ox.ac.uk/lists/nachlass/demcomind.pdf。

的用武之地。

　　有人批評伯林，扔下一句「不同價值觀最終是不可互換的」，就不再論證為什麼價值觀是不可互相交換。這個批評不是沒有道理。閱讀《自由論》可以發現，也曾屬於牛津日常語言學派的伯林雖然跟哈特等思考方式不一樣，但也是能夠以分析哲學的方法討論問題的。伯林批評羅爾斯過於理性（rational）也許有所偏頗，正好暴露了他自己的短板，但也的確顯示了他跟羅爾斯不同的風格。

　　就伯林的思想遺產來說，他的風格注定不會留下一個嚴格的體系，我們也就只能從他的文章和著作裡汲取今天依然有用的智慧了。筆者姑且用「疾虛妄」的政治理性這個詞來評估和概括他對政治的洞察和判斷。據伯林的朋友麥基說，伯林曾經為了讀懂康德的《純粹理性批判》，有一次在坐船的時候就帶上此書，把自己關在房間裡苦讀，可最終還是沒能啃完。這個逸聞倒很符合不喜歡花太多時間呆在書齋裡的伯林的形象。不過也因禍得福，在牛津等西方上庠教書育人之餘，他遊走於唐寧街和白宮之間，也是紐約書評和BBC等著名媒體的常客，這就給了他很不同尋常的觀察現實政治的角度，從而也為他的政治哲學增添了很多現實感。沃爾德隆（Jeremy Waldron）前幾年批評，在伯林的影響下不少當代研究政治理論的人都在研究概念，什麼是自由，什麼是正義，卻不去關注更為急迫而重要的憲政體制例如兩院制等問題。筆者覺得這個批評對別人也許有針對性，對伯林則似乎沒有擊中要害。作為一個戰時做過外交官的哲學家，伯林跟他的同輩哈特和漢普夏、艾宏等人一樣，都有很豐富的實際介入的經驗——也許比沃爾德隆那樣的學者更知道現實政治的運作，而正是這樣的閱歷為他們的哲學思考注入了活力，也對他們的哲學思考的形成頗有助力。想來這也是伯林生前出版的最後一本著作的書名命名為「現實感」的原因吧。

結語： 伯林是20世紀的赫爾岑？

　　伯林作為一個一生主要生活、工作在牛津大學的哲學家，雖然受康德哲學和英國經驗論的影響極大，但他的最大的「思想英雄」卻是19世紀俄國的流亡思想家赫爾岑。我想這大概就是決定了他跟同時代的很多重量級思想家不同的一個關鍵。要理解伯林的意義，無法不回到他的思想的原點：俄國革命。只有在這個意義上，我們才不會過於計較他的哲學手法和表達方式，因為對一個政治哲學家來說，最重要的是他能看到時代的真問題，以及他給出了什麼答案。過於經院式的討論，反而有撿了芝麻丟了西瓜的可能。

　　伯林在跟伊朗哲學家談話時說，自己平生喜歡向朋友推薦兩個人的著作，一個是赫爾岑，另一位是俄國革命以後流亡西歐的舍斯托夫（Lev Shestov）。後者也是猶太人，跟現象學的開山始祖胡塞爾有很多交流。伯林說大家聽了他的介紹去讀了以後，大都說很喜歡。筆者也效顰了一下，去讀了赫爾岑的《往事與思考》。開讀之後不能釋手，這真是一部精彩的自傳，雖然是19世紀的作品，卻似乎是預言了20世紀的歷史進程似的。伯林推薦此書大有深意。伯林跟他的思想英雄赫爾岑一樣，拒絕相信未來必然會出現一個美好的人間天堂，拒絕為了未來的理想而犧牲當下。他們珍惜的是個人的自由和理性。的確，回顧一下思想史可以發現，一個思想家未必會因為主張真理存在於決定論和相對論之間而變得在行動上首鼠兩端、沒有決斷力，而另一方面，一個主張決定論的人未必能夠堅持他的立場毫不動搖。面對一個紛繁複雜的世界，有許多不可預測的事情，人類既然無法超越人性的枷鎖和社會的侷限，豈有可能找到一個完美的體系去說明一切，解決一切問題呢？

艾宏在《歷史意識的維度》裡說，

哲學可以說是手段與目的、相對性與真理的對話。如果它因為
支持某個極端而終止對話，它也就否認了自己。兩方具有相互
矛盾的連帶性，是思考的人的特點。它拒絕犧牲其中任何一方，
也就是在忠於自身及忠於其社會責任。……如果他無心探究真
理，或者鼓動失去理智的人相信他掌握了終極真理，那麼他就
否定了他自己，哲人也就不復存在。有的只是技師或者意識形
態專家。掌握充裕的手段但對目的無所知的人們會在歷史相對
論以及非理性、狂熱地支持一項事業之間搖擺不定。哲人是與
自己、與他人對話的人。他這樣做為的就是用行動克服這種搖
擺不定的狀態。這就是他的本分，這就是他對於城邦的責任。[13]

在筆者看來，這段描述也基本上可以用來描述伯林的工作。伯
林和艾宏這兩位猶太裔哲人，都獲得過伊拉斯謨獎，作為發源於歐
洲的自由理念的擁護者，他們做的工作也具有高度類似之處。如果
有什麼不同，那就是伯林好比是20世紀的赫爾岑似的人物。他經常
引用赫爾岑的名言：「歷史沒有歌本」（History has no libretto）。
他的政治哲學所要捍衛的不是最高的人類的理想社會，也不會為實
現那樣的社會要求當下的人們犧牲自己的生命，更反對為了達到崇
高的理想而不擇手段。在這個意思上，伯林的確不是富有煽動力、
可以一呼百應的哲人，對富有遠大理想的熱血青年尤其沒有吸引

---

13 引自中譯《歷史意識的維度》（上海：華東師範大學出版社，2017），
   頁278-280，譯文略有修正。Raymond Aron, *Dimensions de la
   conscience historique*（Les Belles Lettres, 2011,Paris），pp. 269-270.

力，一如在1968年幾乎孤身一人出來反對巴黎的學生運動的艾宏一樣。他們的工作，為的是建立一個文明（decent）的社會（城邦）。從這個意義上來說，在今天他們的思考依然沒有失去力度，因為歷史既然沒有事先寫好的劇本，既然崇高的社會理想往往會帶來巨大的災難，那麼親身經歷了巨大災難的哲人留下的思想，應該是對後來者有啟示的。不管是大國崛起的時代也好，還是高度發展的資本主義社會也好，總不至於拒絕成為文明的社會吧。

　　施密特說的沒錯，政治在極端狀況下需要分清敵我，這點連溫和的艾宏都沒有否定，伯林也說過為了保衛自己信奉的自由主義的價值觀，必要的時候戰爭也無法避免，比如二戰。伯林和艾宏所代表的自由主義所支撐的政體，並不是施密特所批評的那種無法決斷的政體。筆者不想只用自由主義一詞就概括他們的所有政治思想，反而更應該用「文明的社會」來形容他們心中的理想。這跟美國政治哲學家史克拉（Judith Shklar）在"The Liberalism of Fear"一文裡所闡釋的理念有共同之處。伯林說他跟他的學生泰勒的最大差別在於泰勒是目的論者。作為天主教徒的泰勒當然是目的論者，施密特也是，施特勞斯也可以說是，但伯林和艾宏不是。就像艾宏在他的《歷史哲學引論》中所闡述的那樣，歷史哲學不應該是實證主義的決定論，而是介於決定論與相對主義之間的。這跟伯林對歷史必然論的批判如出一轍。施特勞斯對伯林的批評也許在邏輯上是對的，但沒有施特勞斯那麼絕對的伯林和艾宏，卻也以理論和事實證明了否定歷史必然論和決定論未必走向虛無主義，而是可以堅持文明的價值觀的。伯林的思想英雄赫爾岑也是個極佳的例子。在20世紀西方重量級思想家裡，把俄羅斯的某個思想家視為自己的英雄的很罕見，伯林應該算是跟主流不太一樣的哲人了。稱他為20世紀的赫爾岑，也許掩蓋了他在別的方面的貢獻，但他們對自由的認識，在對遙遠

的終極價值的批判上，這兩位思想家之間的確有很多高度一致之
處。如果說經歷了1848年革命的赫爾岑終於悟出了在某種崇高的理
想、一元論的思想指導下的革命的最終結果，給19世紀的革命做出
了精當的總結，那麼繼承了赫爾岑思想精髓的伯林，則對20世紀的
各種極端思潮做出了最精準的判斷。伯林在寫赫爾岑的時候，往往
給人以正是寫他自己的感覺。就讓筆者再抄錄一下他給赫爾岑的《往
事與思考》英譯本所寫的導言裡末尾的話吧。

> 他相信人生的終極目的就是人生本身；每一天和每一個小時本
> 身就是目的，而不是另一天和別的經驗的手段。他相信遙遠的
> 目的只是夢想，對那種夢想的信仰則是致命的幻覺；他相信為
> 了那些遙遠的目的犧牲現在、明天和可預見的未來，注定會導
> 致殘酷而無意義的犧牲。他相信價值不是存在於某個非個人的
> 客觀領域，而是由人創造的，每一代人都會不同，但即便如此
> 也是能夠對生活在其中的人們有約束力。痛苦是無法避免的，
> 無謬誤的知識既不可求也不需要。他相信理性，科學的方法，
> 個體的行動，通過經驗發現的真理，但是他傾向於懷疑那些基
> 於對一般規律、法則和給人間事務開藥方的信念而做出的嘗
> 試，認為那些嘗試有時是災難性的，經常是非理性的，是對人
> 生的不確定和無可預見的多樣性的逃避，結果導致我們躲進自
> 身創造的美妙白日夢所帶來的錯誤的安全感裡。[14]

對熟悉伯林著作的讀者來說，這簡直就是伯林自己的夫子自道

---

14 Isaiah Berlin, *The Proper Study of Mankind: An Anthology of Essays*
（Pimlico,1998）, pp. 523-524. 譯文是筆者所譯。

吧。這樣的境界，當然沒有許諾了偉大未來的思想崇高，沒有彌賽亞的預言，但20世紀所發生的那些由左右極端思潮所引起的各種災難，難道不是已經證明了上面這段話是最好的總結嗎？伯林和他心目中的英雄赫爾岑一樣，都不是建立了完整體系的哲學家，但是他們作為時代的敏銳觀察者與參與者的實踐知，也許是留給後世的最寶貴的精神遺產吧。

王前，東京大學教養學部特任副教授。主要著作有《中国が読んだ現代思想》（中國是如何閱讀現代西方思想的？）（2011），合著《近代日本政治思想史》（2014），《現代中國と市民社会》（現代中國與市民社會）（2017）等。

思想訪談

白永瑞先生

將生命力賦予縫隙：
白永瑞訪談錄

中島隆博 對談

陸嬋 譯

前言

日本東京大學哲學研究中心（UTCP）成立於2002年秋，我與白永瑞教授相識也正是這個時候。立足亞洲，發表並分享關於共生問題的思考，這正是我對UTCP活動寄予的期望。當時的亞洲，特別是東亞，冷戰局勢緩和使關於歷史認識的討論呈現膠著狀態，從而進一步加劇了冷戰局勢所帶來的分斷現象。如何阻止這種惡性循環，獲得超越分斷本身的視角並抓住實現共生的關鍵點？對此產生共鳴，而且與我們保持長期友好交流關係的，正是白教授。

從2003年3月10日至12日，UTCP舉辦了紀念創立的研討會「時代改變哲學，還是哲學改變時代？」，白教授在亞洲共生問題小組討論中做了演講。隨後不久，美英開始空襲伊拉克。針對官方宣稱的「伊拉克自由行動」這一愚行，東亞並沒有一個可以共同討論共生問題來與之對抗的場所。於是，我懷揣期望，前往韓國。在關於歷史記憶的爭論持續加劇的情況下，我決心探尋首爾這個「核心現場」的戰爭記憶痕跡，並通過對話來不斷完善共通的概念。

當時，我去延世大學國學研究院拜訪白教授。時任國學研究院

院長的白教授欣喜地接待了高橋哲哉和我。白教授的手機鈴聲竟是口哨聲，這給我留下了深刻的印象。悠揚細膩的口哨聲和伊拉克的空襲聲，簡直是天壤之別。而這也充分表明了白教授想要傾聽他人呼聲的態度。

我們之間的友情自此更進一步。2004年12月，UTCP協辦的日韓歷史及哲學專題研討會「重新思考國家暴力・記憶・殖民地主義」在延世大學人文科學研究所舉辦。我發表了〈記憶與正統——從丸山真男看法律、暴力和歷史〉，這篇論文後來被譯成韓語，並收錄於延世大學《人文科學》第八十六輯。

2005年9月，白教授在東京大學駒場校區做UTCP系列講座「從單科學問到"glocalogy"——作為現代學問的東洋史學的形成與變遷」，還發表了演講「從周邊看東亞地區秩序——過去、現在和未來」。令人感動的是，白教授是用日語進行的講座和演講。回顧曾經作為帝國大學的東京大學的校史，白教授的這一舉措具有重大的現實意義。日語曾是日本帝國強加於韓國的語言。如今，白教授想將日語變為一種構築新關係的言語。這與系列講座和演講的內容也緊密相關。換言之，白教授想解構並重組「東亞」這一昔日帝國的重要概念，將其用作新東洋史學及東亞地區秩序的概念。

對我和參加講座的學生們而言，這都是一次具有思想史意義的體驗。竹內好在戰後思考日本現代史的成功與失敗，試圖解構帝國的言說，而白教授的思想彷彿與之一脈相承。當時前來聆聽演講的還有研究表象文化論的研究生金杭。後來，金杭以丸山真男和解構帝國言說為主題撰寫了博士論文，而他的博論就深受白教授思想的影響。因此，金杭此次成為我和白教授對談的翻譯也絕非偶然。

從那以後，我們一直往返於日韓之間，並維持著兩校師生的對話交流。半年一次或一年一次，能夠一直持續十五年完全是靠白教

授思想的開放性與批判精神。之後，除了國學研究院院長之外，白教授還長期兼任HK（Humanities Korea，韓國國家研究專案「人文韓國」）負責人。而我與小林康夫教授一起負責UTCP，也已逾十五年。此外，通過新項目「多元文化共生／綜合人文科學課程」（IHS），我們和白教授之間的交流活動在隨後的數年間又更上了一層樓。

在此背景之下，我們開始思考如何讓更多的日本讀者了解白永瑞教授的思想。2014年4月6日，正值白教授和金杭暫訪東京，通過我的老朋友前田晃一編輯的幫助，法政大學出版社決定刊行白教授的日文版著作。前田曾長期擔任UTCP出版物的編輯。他研究米歇爾·傅柯，也是約翰·安德森（John Anderson）《楊德昌論》的日文版編輯。之後，前田轉到法政大學出版社工作，出版了《通過關鍵詞來閱讀中國古典》系列叢書。他熟諳UTCP和白教授之間的交流情況，從而使這個高難度的著作翻譯項目得以實現。在此，我們還要感謝日文版校譯趙慶喜先生。

2015年8月24日，我們在首爾對白教授進行了採訪。白教授、金杭、前田晃一和我四人聚集在白教授的先師李泳禧先生以前常去的咖啡廳，在那個安靜而溫馨的空間裡，傾聽了白教授的講話。我們在採訪中向白教授詢問了一些「個人問題」，但這絕不是為了探聽「隱私」。相反，我們想把白永瑞這位思想家的個人經驗普遍化，並將其作為「公共性經驗」來理解。這也是我們的職責所在。因此，我們將日文版訪談錄的題目定為「同時代的見證者」。

此次，這篇訪談錄的中文版有幸刊於《思想》雜誌，實屬意外之喜。由衷感謝該刊編者及我在UTCP的友人王前。

中島隆博 2017年10月4日於東京

一、出生於《朝鮮停戰協定》簽署後不久的仁川

中島隆博（以下稱「中島」）：在策劃此次對談時，我的腦海中浮現出兩個文本。一個是伊曼紐爾·列維納斯和菲力浦·內莫的對談。這原本是電臺節目中的一段訪談內容，後來匯總成書，叫《倫理與無限》[1]。這本書非常不錯，列維納斯在書中談自己的哲學，有些內容可能是他不會付諸筆端的。關於「列維納斯的哲學究竟是怎樣的哲學」這一問題，他用自己的話語進行了闡述，十分簡單易懂。我想今天以此為範本跟您對談。列維納斯和內莫的對談從前者的童年回憶開始，而我腦海中浮現的另一個文本恰巧是瓦爾特·本雅明的《1900年左右的柏林童年》[2]。今天，我想以這兩個文本為範例開始對談。首先，請白教授回憶一下自己的童年，讓大家了解「白永瑞」這個人的故事（＝歷史）。

本雅明在書裡說過：「我的都市童年的畫面，或許能夠預先塑造蘊含其中的未來之歷史經驗。」他列舉了自身獨特的歷史觀和與之相對應的一些童年印象。請問，白教授對自己的童年有著怎樣的印象呢？

白永瑞（以下稱「白」）：首先，感謝中島教授親臨首爾。在事先收到的問題中，有寫「個人問題不涉及隱私問題」。我想您是參照本雅明和列維納斯注明了這一條吧。這讓我很受啟發，並回顧

1　Emmanuel Lévinas, *Éthique et infini : Dialogues*, avec Philippe Nemo, Fayard ,1982。

2　Walter Bemjamin, *Berliner Kindheit um Neunzehnhundert*, 譯者按：中文譯名為《駝背小人——一九〇〇年前後柏林的童年》（上海：上海文藝出版社，2003）。

了自己的童年。

　　首先，我想強調一點。我生於1953年8月，就在《朝鮮停戰協定》（1953年7月）簽署後不久。父母出生在朝鮮的黃海道[3]，跨越三八線遷入南方，韓語中叫「越南」，所以父母都是「越南民」。這樣的出生和經歷形成了我童年最初的印象。

　　仁川跟日本的橫濱一樣，也是一座很早就對外開放的海港城市。我出生在這座城市的貧民窟。雖然生於貧民窟，但並不是窮困之家。父親是小學教員，因此，我們家在貧民窟中算是富裕階層。我從小就對周圍的貧困狀態與自己的生活狀況之間的「差異」十分敏感。對周圍和自己之間的貧富差距以及不同之處不僅無法不敏感，而且雖然還是孩童，我也為貧困問題和貧富差距問題煩惱憂心過。

　　自己對貧富差距問題的敏感，大概源於兩方面的影響。一個是基督教。母親是基督教徒，在她影響下，我學會理解並面對貧富差距問題。另一個是家庭原因，父母關係不和。作為「越南民」，家中時常糾紛不斷。母親有時會受到父親的暴力對待，算家暴吧。我從很早以前就開始思考「為什麼我們要生活在如此暴力的環境之中」，並對母親的遭遇感同身受。因為這段經歷，我的內部出現了某種具有女性特質的感性。簡言之，一是基督教的影響；二是對諸如女性等受虐待弱勢群體，即社會中少數群體的思考。自此，我的體內產生了對弱者和貧者的感性認識。

　　小時候，比起和鄰家小夥伴一起玩耍，我更多的是在家中讀書寫字。後來，這些成了我的興趣所在，時間大多都花在了書本上。或許略有天賦吧，上學後我的作文時常獲獎。在初中和高中，參加

3　황해도，譯者按：朝鮮王朝時期的朝鮮八道之一。

了文藝活動小組。考大學時，我想讀文學，特別是國文學。但遭到父母的反對，他們認為「學文學、窮一生」，應該讀法學或哲學。最後，我作出妥協，選擇了歷史學。

中島：最近，我剛好讀了咸錫憲的《至死方休》[4]，發現基督教在20世紀後半葉的韓國具有極其重要的影響力。令堂身為基督徒，應該經常接觸到貧窮問題吧。

白：在韓國，基督教起了許多作用。特別在提高女性地位方面，這已成為一種宗教現象和社會現象。在父親那裡受到傷害後，母親可能在教堂得到了慰藉吧。直到現在教堂都還具有精神治癒的作用。從基督教提高女性地位這一角度來看，母親沒有受過正規教育，是在教堂學的韓語和教養知識，並接觸了社會和文化。

母親深受教堂的影響，而我又深受母親的影響。但是，在我的成長過程中，這份影響在情感和感性方面反而成了巨大的負擔。舉一個印象深刻的例子吧。大三時，我因為參加學生運動而被捕入獄。那是一個冬天，想到自己的兒子在監獄過冬，母親整個冬天都沒有用過暖氣。這就是「母愛與負擔並行」。此外，通過與那些學生運動同伴的父母的交流，母親也加入民主化運動之中。在基督教精神的作用下，母親逐漸將對兒子的愛和民主化運動視為一體。我親眼目睹母親身上的變化，驚訝於一個人竟可以如此改變。這是我對母親的一個非常深刻的印象。

中島：我曾問過在日韓國人（朝鮮人）。據說，在日韓國人（朝鮮人）的家暴問題也一度十分嚴重。後來一些年輕人對此進行了批判。那些熟知當時情況的人即使遭到譴責，也無法為此作出合理的解釋。當然，日本社會也存在同樣的問題，許多家庭內部出現過暴

4　《咸錫憲著作集1》，小杉克次校譯（東京：新教出版社，1991）。

力行為。我由此想到，那些遍布各處的戰爭創傷或許會以「家暴」的形式宣洩出來吧。這不僅是白教授的一家之事，更是整個東亞的共同問題。

說句不怕您誤會的話，難道白教授不正是因為童年環境的影響，而對少數群體產生了關注嗎？但是，與您不同的是，更多的人選擇了通過男性的或者說是家長式暴力來解決問題。

我認為，「少數群體」時常與某種「公正性＝fairness」相關聯。白教授曾寫過「『忘卻』的反義詞不是『記憶』而是『正義』」[5]。的確如此。但除了「正義」之外，我深切感受到這裡面還有 fairness 的存在。聽了剛才白教授的一席話，我覺得這正是源於您幼年時對母親的印象。

白：正如中島教授所言，戰爭創傷轉化為家庭暴力，這不僅是我們一家的問題，更是整個東亞的共通現象。我們捨棄家財從朝鮮的黃海道避難而來，身為「越南民」，生活艱辛。創傷作為人際關係的暴力性而被表現出來。

我目睹母親的不幸，從而對少數群體產生關注。這是對母親或弱者的關心。但同時，還有一個重要原因是父親的不幸，或者說他命該如此。對少數群體或女性主義的關注不僅止於對弱者的關心，更是對人際關係和人本身的關心。在暴力關係中，人自身遭受摧殘。對此，我從小就深有體會。

回顧往昔，處在青少年時期的男人會懷有彰顯男性雄風的幻想，也有這種欲望。但我身材瘦小，即使想成為那樣的男人也不現實。也正因如此，我開始對自己的身體進行思考。這或許成了後來

5　〈超越制度——東亞歷史教科書和歷史教育的重構〉，《現代思想》，2005年6月號。

我理解女性的契機。最近，我開始使用「自己體內的女性元素」這一表達方式。童年記憶留下的不僅是理性感知，更重要的還是身體記憶吧。

中島：在白教授的論文中，曾多次出現關於身體感覺的表述。但這種身體感覺與思想之間又保持一定的距離，令人印象深刻。雖然後面的對談還會再次提及，但現在我想先說一下，白教授所思考的「普遍」中，基於身體感覺的部分是重要元素吧。您的文章中似乎一直存在強烈的身體感覺。

白：謝謝中島教授對我的文章的解讀。不過就我自己而言，我並未意識到自己將身體感覺訴諸文字。應該說這是我今後的課題。

二、讀書生活和平靜下的危機

中島：接下來，我們換一個話題。請白教授談一談童年的讀書生活。列維納斯在與內莫的對談中曾提及自己小時候閱讀俄國文學。列維納斯說，雖然無需將自己當作俄羅斯國民，但還是讀了俄國文學作品。請問您小時候都讀了哪些書？

白：上小學時，讀了面向少男少女出版發行的世界名著。進入中學以後，又讀了世界文學全集。但我並未像列維納斯那樣限定自己閱讀某個國家的文學作品。

中島：有沒有印象特別深刻的作品？

白：印象最深刻的是高二或高三的一次閱讀體驗。因為住在貧民窟，所以能一起讀書的只有牧師。我們一起讀了魯道夫‧卡爾‧布爾特曼（Rudolf Karl Bultmann）的《歷史與末世論》。這是一本關於神學的書。讀完後，我對「推動歷史前進的力量是什麼」、「掌控歷史的某種法則」以及「信仰是什麼」等問題產生了興趣。剛才，

我說了自己選擇歷史學是同父母妥協的結果。說實話，其實自己也不太能接受，但現在回想起來，或許與那次閱讀體驗有什麼關係吧。

當時，首爾大學的歷史系分為韓國史、東洋史和西洋史。我毫不猶豫地選擇了東洋史。理由之一就是剛才說的，我對布爾特曼提出的歷史哲學、歷史法則和歷史的力量在東亞如何體現這些問題非常感興趣。

還有一個原因是當時的形勢。1971年，中美關係開始緩和。緩和政策呈蔓延趨勢，大家對中國的關注度提升。受此影響，我選擇了東洋史。

中島：我想許多人都曾有過這樣的經歷，在成長過程中，出現某種身分危機。有些人順利度過這一危機，有些人卻沒有。白教授在上大學之前，經歷了怎樣的初高中生活？是平靜安穩還是充滿危機？

白：我幾乎沒經歷過身分危機（笑）。就讀的初中和高中都是當地的名校，我還一直擔任學生會會長，文藝活動小組的活動也很順利。可以說，身為好學生的我過著一種模範生活。

但是，我在高一時經歷了一次大危機。當時的校長畢業於廣島師範學校，是一名可與咸錫憲匹敵的無政府主義者。他堅持自己的理念，將學校考試全部改為無人監考。高一的一次英語小測試，並非期中或期末那樣正規的考試，我作弊了。被英語老師發現後，我不僅受到了體罰，還被帶到辦公室接受一天的懲罰。對於模範生的我來說，這件事成了巨大的創傷。

那之後的一段時間裡，我不想上學，對什麼都提不起興趣。我開始學習並試圖掌握法語，這成了彌補創傷的一個契機。雖然是一種自我滿足，但的確助我度過了難關。

中島：為什麼學習法語？

　　白：韓國光復後，第二外語基本都是德語。在我讀高一時，除了德語以外，還可以選擇法語。我對法學等沒有興趣，但對文學、歷史、哲學和法國文學有興趣，自然而然就選擇了法語。可能是對法學的反感太強烈了吧。

　　高一的考試作弊經歷和剛才說的因參加學生運動而入獄的經歷使我明白，周圍製造的「平靜」在外力之下是何等脆弱和岌岌可危。

　　中島：本雅明的《1900年左右的柏林童年》，也給人一種童年特有的平靜狀態將會被打破的預感。或許大家要在成年之後才會發現，如果不是由自己創造的，用白教授的話來說就是經過自己判斷而生成的「平靜」，那麼就不可能實現。白教授在高中時就體驗到了這一點，對吧？

　　白：我以為是通過自己的感受製造了平靜，但其實這並非通過自己的內在判斷，而是基於周圍環境或大人及學校對自己的判斷。他們認為你很優秀，我就配合外部的判斷而營造出一種平靜。這不是通過自己的判斷而創造的平靜。那次「危機」也讓我有機會去反省所謂的「模範」是何等的脆弱渺小。

　　中島：從高中開始就參加學生運動了嗎？

　　白：高中時，我對學生運動並不感興趣。剛才提到了布爾特曼，其實那時我對歷史哲學有興趣。但在進入大學課堂後發現，並沒有歷史哲學，都是實證主義的課程。這可能是受日本帝國大學的影響，老師們一直在討論如何實證歷史事實。於是，我逐漸失去了學習的興趣，也讀不好書。還好學生們自主參加學習會——韓國叫「學會」，類似思想興趣小組——在那裡可以學到歷史哲學知識。換言之，我們可以一起討論「歷史法則和推動歷史前進的力量是什麼」、「資本主義構造如何」、「歷史的主體是誰」這樣的問題，並與同時代的學子們分享各種經驗。

三、學生運動和「作為運動的學問」

白：上大學後，我對韓國社會的結構性問題產生了興趣，還參加了旨在培養社會活動家的團體。我參加的思想興趣小組雖然與學生運動有些關聯，但當時更為緊迫的是1972年10月韓國發生的「十月維新」事件。就是朴正熙總統要通過修憲來實現總統終身制。修改憲法，制定《維新憲法》，走向獨裁統治。這是我大一時發生的事情。那天早上我去學校，大門前停著戰車，軍人控制了大門，並將學生趕出校園。接著，大學進入長期停課狀態。國民無法通過直接投票來選舉總統，這與我在中學及大學裡學到的民主主義背道而馳，我無法原諒政府的行為。這也成了我直接參加學生運動的契機。剛才提到關於歷史學習的討論，對我而言，來自思想興趣小組的影響遠遠超過正規的大學課堂，其影響一直延續至今。作為自己的學問觀，我實踐的是「作為運動的學問」。這與現在的研究也直接相關。

中島：我想確認一下日期。朴正熙總統頒布《國民教育憲章》是在1968年。當時，白教授還是一名高中生吧？

白：初三。

中島：白教授剛才提到上學時，二外語種除了德語還可以選擇法語。這是因為《國民教育憲章》的頒布而發生的制度改革嗎？

白：關於增設二外語種的問題，可能還有其他原因。1968年發生的重要教育改革是開始在學校實施軍事訓練。

中島：獨裁政權和與之類似的政權必定會介入教育，並企圖改變教育。朴正熙政權對此進行了徹底的介入和改變。您於1972年3月升入大學，半年後大學被封鎖，這次封鎖持續了多久？

白：五個月。

中島：這期間發生了什麼事？

白：先說《維新憲法》是如何推選總統的。首先，成立「統一主體國民會議」作為主權的委任機構，通過這個會議來間接選舉總統。「十月維新」發生後不久，便召開會議選了總統。之後，通過頒布總統令來完善各種體制。在封鎖大學的五個月中發生了這些事情。在「維新政變」中成立的政權變成正統政權，其間大學停課。2月走過場似地舉行了一次考試，學期就結束了。

中島：您剛才說1972年尼克森訪華，中美開始對話，包括日本在內的東亞形勢發生巨變。作為歷史系的學生，您當時應該思考了很多吧？

白：我先解釋一下當時學生運動的特點。與其說當時的學生運動是一場為了改變體制或起到某種政治作用的政治運動，不如說是一場大範圍的文化運動。最近，美國有學者提出，上世紀七八十年代在韓國發生的學生運動創造了「對抗性公共圈（Counter Public Sphere）」。先不談是否應該使用這個用語，但當時我們的目標的確是建構一種大眾的民族文化，來作為國家主義的正統文化的替代品（alternative）。參與建構替代性文化的活動，這就是活動家們的共同價值觀。學生運動能一直持續到80年代的主要原因並不僅在於它是一場政治運動，更是因為它要在社會生活的所有領域中創造替代性文化，而這份自負正是學生運動的精神所在。

中島：從日益強大的維新體制初期開始，您作為大學生度過了這段時光。

白：1974年4月，韓國發生大規模遊行示威。這是一場由大學生主導的全國性遊行。當局宣布是「全國民主青年學生總聯盟」主導了此次遊行並企圖製造內亂。他們逮捕了學生領袖，我就是其中之

一。全國民主青年學生總聯盟簡稱「民青學聯」。民青學聯實際上並不是有系統的組織。但當局認為這是一個受朝鮮指使、統一行動的組織，企圖發動內亂。我並沒有什麼被正式委任的職位，只是首爾大學內部一名遊行聯絡員罷了。

最終，我被當作內亂主謀之一遭到逮捕。那次遊行剛好發生在根據《維新憲法》採取緊急措施期間，整個審判變成軍事審判。我被判了七年有期徒刑，並被大學開除。當時報紙將民青學聯當作犯罪組織進行報導，還附加了基層組織圖。我也在裡面。他們稱這個「犯罪組織」的幕後是一個叫「人民革命黨」的組織，內部有受朝鮮指使的間諜意圖發動革命，其中還混入了日本獨立記者。其實，「人民革命黨事件」是大規模內亂陰謀捏造事件的一部分。後來，盧武鉉執政時，這個案件得到重審。法院判定這是毫無事實根據的捏造事件。2013年，終審宣布我無罪，七年有期徒刑被判無效。我得到正式平反。

中島：花了近四十年的時間。

白：看我的履歷就會發現，我似乎在大學讀了近九年。實際上，從1974年到1979年年末，我算「無籍學生」。朴正熙總統去世後，我於1980年3月才得以復學，隨後畢業。

中島：之前，我和白教授一起去濟州。1948年的「濟州島四‧三事件」也被認為幕後有朝鮮，許多人因此慘遭殺害。諸如此類的捏造事件不斷發生。剛才，您說人民革命黨事件中還有日本的獨立記者。當時韓國的學生運動和日本的學生運動之間存在怎樣的聯繫呢？

白：我認為，兩者之間並沒有直接聯繫。雖然在日韓國人來韓國留學時可以帶來日本的書籍，但這決非易事，很容易被當作間諜。由於當時的局勢，大家也無法同外部保持聯繫。看過有名的徐勝和

徐京植兩兄弟的作品就會知道，那是一個困難重重的時代。

中島：我之所以提剛才的問題，是因為在我進大學的1983年日本的學生運動正處於尾聲，大家收到許多關於韓國學生運動的消息。因此，在我的印象中，參加日本學生運動的學生們也參與了韓國的學生運動，日韓兩國的學生運動之間有聯繫。但您剛才說，這樣會被當作間諜，看來十分困難啊！

四、獄中讀書生活

中島：您在獄中都讀了哪些書？做了哪些思考？

白：雖然被判了七年，但實際關押期間是十個月零十五天。我在獄中時，母親參加了民主化運動。當時，整個社會的民主化運動勢頭高漲。當局被迫作出讓步，中止了我的服刑。1975年2月出獄。雖然中止了服刑，但並未撤銷我的罪名，因此也無法重返校園。就如同假釋一樣，不僅無法回到大學，還不能隨意走動。

對我的獄中生活而言，有兩本書十分重要。一本是武田泰淳的《司馬遷》。我讀了這本書之後，被司馬遷於困境之中書寫歷史的精神深深打動。當我讀到他受酷刑後還在獄中記錄歷史，不禁潸然淚下。

還有一本是李泳禧的《轉變時代的論理》，是創作與批評社推出的系列新書中的第四本。這本書是獄友李海瓚借給我的，李海瓚後來成了盧武鉉政府的總理。他借書給我時說，讀了這本書，你會對中國革命和越南戰爭產生新的認識。因此，我理所當然地認為這是日本的書，根本沒想過韓語書中會有這樣的作品。在獄中偷偷拿到後才發現竟是一本韓語書。書中有關於文革的新觀點，還有許多對包括文革在內的中國史的全新認識，我讀完後深受震動。這本書

刷新了我對中國史的認識。促使我產生重拾中國歷史研究念頭的不是首爾大學的課堂，而是在獄中讀到的這本《轉變時代的論理》。

除了我以外，上世紀70年代所有的韓國年輕人都深受此書影響。包括已去世的盧武鉉總統在內，這本書對當時的年輕人產生了絕對性的影響，因此李泳禧被稱為「時代導師」。以現在的觀點來看，會覺得他在過分美化文革和越南戰爭。但在當時，在經過經濟高速增長後的資本主義發展時期，韓國社會湧現出各種問題，這本書為我們提供了一面反觀現實、了解自己的鏡子。這正是此書的意義所在。簡言之，《轉變時代的論理》好比是在我們的外部放置了一面鏡子，讓大家能夠反思自己。從這個意義來講，這本書作為批判韓國社會的武器，效果顯著。即使現在，我們也應該承認它的價值。

李泳禧後來寫了《偶像與理性》。這個書名簡單明瞭地概括了當時韓國社會的精神狀況。李泳禧將深受《反共產主義法》（簡稱《反共法》）影響的韓國社會的對外視角稱為「偶像」，再以「理性」打破「偶像」。通過偶像和理性的二分法，反映出朝鮮半島被分斷後的韓國社會的精神狀況。

在當時的東亞局勢中，中美和解，緩和政策的氛圍席捲各地。在這樣的國際局勢之中，「轉變」這一關鍵字被當時的韓國社會普遍接受。如果將這個時代視作轉變的時代，那麼就需要符合該時代的新理論。《偶像與理性》正是符合這一要求的作品。因此，李泳禧的作品被當時許多年輕人所接受。

中島：這正是「作為運動的學問」。

五、通過語言來改變社會

　　白：出獄後，我處於無事可做的狀態。時常有刑警尾隨，加上當時的大環境是學生運動的參與者要麼在野從事政治活動，要麼隱藏身分在工廠就職，然後組建工會開展勞工運動。這些是有志於革命運動的人的去路，我卻做不來。後來，我進出版社當了編輯。這家出版社就是現在還與我有關的「創作與批評社」（2003年社名改為「創批」）。

　　出獄後不久，我前往李泳禧老師家中拜訪。我十分敬仰李老師，我們一起讀書討論，從文學聊到中國革命史。與此同時，作為一名編輯，我在工作中與書打交道。因為自己心靈上的一些創傷，或者說是童年時起就有的的某種感覺，再加上又喜歡讀書寫字，所以通過編輯這份工作，我開始認識到通過語言來改變社會正是自己的職責所在。

　　當然，我之所以會想到通過語言來改變社會，還與個人習性和成長經歷有關。但最主要的是，我的確感受到語言所具有的改革力量。感觸最深的是在1980年春天重返大學校園之後。當時大學牆上貼滿招貼，學生們在上面引用李泳禧老師的話，還摘錄了我所在的創作與批評社出版的書籍雜誌中的語句，顯示了對社會變革的要求。看到這些，我深感語言的力量和對思想的闡述是何等重要。

　　中島：通過大家引用李泳禧老師和創作與批評社書籍中的觀點，您感受到語言的生命力。我讀大學時，校園裡也有立式看板和招貼，但上面的話語讓人感到陳舊且沒有生命力。我與日本的學生運動的落幕擦肩而過，這和白教授的體驗完全不同。

　　復學後，您於1981年8月本科畢業。第二年3月，進入檀國大學

研究生院（韓國學校是8月畢業，3月入學）。當時，許多參加學生運動的夥伴以及創作與批評社的同僚都在大學校園之外，您主要與哪些人一起行動呢？

　　白：首先是剛才提到的李海瓚，還有一起服刑的詩人金芝河。我在出獄後馬上去見了李泳禧老師，跟他學習中國革命史。金芝河對我說，你不應該做政治運動家或勞工運動家，應該去做學問。他還說，李泳禧老師從新聞工作者的角度來看待中國問題，你作為學者，可以將中國歷史作為思想問題或歷史問題來研究，現在正需要這樣的研究，這也是你的職責所在。

六、從以人的歷史爲中心的歷史學到社會人文學

　　中島：剛才談到武田泰淳的《司馬遷》，中國史學注重探究時代變遷及其原因，與現代史學的側重點有所不同。您想在李泳禧老師那裡學的歷史是關於中國革命的歷史結構的，是探討這種結構如何產生，又是如何變化的，似乎是結合了傳統中國史學和現代史學兩方面的內容。

　　白：中島教授的點評很有意思。至今為止，我並沒有對這個問題做過深入思考。現在可以來闡述一下我的想法。

　　現代史學以制度和結構為中心來闡述歷史，但中國史學的觀點與敘述則側重在人物。我覺得應該找到一種可以超越這兩種史學的敘述方式。因此，應該先將重點放在「人物」上面。但這並不特指某位名人或與之相關的中國歷史故事，更不是側重制度和結構的現代史學。我關注的並非「人物」本身，而是那些活在制度中的人與結構之間的關係。這就是「以人的歷史為中心的歷史學」。不知是否回答了您剛才的提問。如何開展以人的歷史為中心的歷史學，正

是我現在的研究課題。

中島：還存在諸如內藤湖南那樣的歷史學家。內藤撰寫的故事
規模宏大，讓人得以了解傳統中國治亂興亡的原因，但最後卻助長
了當時蔑視中國的言論。內藤試圖以某種方式將現代史學對制度和
結構的討論與中國傳統歷史敘述結合起來，但最終卻失去了對日本
現狀的批判意識。

與內藤的做法相比，白教授是要將兩種方法作為兩條交叉線展
開，正好是反其道而行之。換言之，您的做法既不是將中國治亂興
亡聚焦於人物，也不是同西洋現代史學那樣，注重制度和構造卻使
人物在歷史中銷聲匿跡。因此，白教授的文章既注重人的歷史，使
其反復出現，又有對現狀的批判意識。

白：非常感謝中島教授從那樣的視角對本人的研究工作做出評
價。您說我的研究方法與內藤湖南的完全相反，我實在是誠惶誠恐。
不管怎麼說，中島教授的確是用一種新穎的觀點點明了今後的歷史
學研究的方向。

無論歷史學出現怎樣的變化與波折，歷史學都必須以人的歷史
為主。對我來說，這一點最重要。我之所以將人的歷史作為史學研
究的主要內容，不僅因為自己從小關注文學，或許更因為後來在文
學政論季刊《創作與批評》和創作與批評社的創作活動。《創作與
批評》是一本涉及並介入社會運動和時局的綜合性雜誌，它鍛煉了
我作為編輯和記者的敏感度。後來，如何構建、闡述以人的歷史為
中心的歷史學就成了我的主要研究課題。從這個角度來講，如今「作
為制度的歷史學」和「作為學術的歷史學」之所以出現危機，正是
這些史學研究漠視人的歷史而造成的一個結果。因此，為了破除造
成這種危機和結果的「制度型」歷史學，我一直強調「作為共感的
歷史」。

中島：我想再次請教白教授與「學術型」歷史學之間的關係。
請問，本碩時期的畢業論文分別寫了什麼內容呢？

白：本科畢業論文是關於梁漱溟鄉村建設運動。碩士畢業論文
原本想寫五四運動或共產主義運動，但閔斗基老師建議我說，基於
你的經歷，如果做共產主義運動或是激進主義的研究不利於將來在
大學謀職，相反，應該研究即使在中國也算「反動派」的國民黨的
運動。於是，碩士論文寫了國民黨左派朱執信。

中島：原來如此。碩士論文寫的是朱執信，後來做了提出國民
革命論的戴季陶的研究。

白：朱執信還是馬克思主義宣傳者之一，因此碩士論文對他做
了研究。關於戴季陶，日本的《孫文研究》介紹過我的戴季陶研究[6]。

中島：您是從首爾大學本科時期開始就師從閔斗基老師的嗎？

白：閔斗基老師對我的影響是在80年代以後才變大的。

中島：原來如此。我還以為您與閔斗基老師早就相識了。

白：出獄後，我先回到大學校園。考進研究生院之後，才入了
閔斗基老師門下。

中島：您剛進首爾大學讀書時，閔斗基老師還不在那裡嗎？

白：我入學時，閔斗基老師雖然已是首爾大學的老師，但去德
國度學術休假了。而且，我只上過一門課，和閔老師之間並沒有什
麼交集。

中島：剛才您提到歷史系盛行實證主義之風，閔斗基老師並不
在其中吧。

白：其實還發生過這麼一件事。在我向首爾大學研究生院提交

6　〈戴季陶的國民革命論的結構分析〉，青柳純一譯，《孫文研究》
　　第11-12號，1990。

入學申請書時，被告知自己並不具備入學資格。當時，閔斗基老師
對大學的這一決定感到十分憤怒，並表示「不可能沒有資格，究竟
是怎麼一回事」。他對我說，就算不及格也可以，總之先去考試。
最終，我還是沒有考上首爾大學研究生院。

中島：因此，您去了檀國大學研究生院。

白：雖然入讀檀國大學研究生院的碩士課程，但有三個學期接
受閔斗基老師的個人指導。這不是正式的研究課，而是一對一的個
人指導，包括中國哲學史、中國史學史和論文指導三門課。進入全
斗煥政權晚期以後，社會上對以前學生運動參與者的制約減少。和
考碩士時的情況不同，我能夠入讀首爾大學研究生院的博士課程。
於是，就回到了首爾大學。

中島：所以，您再次拜入閔斗基老師門下。閔斗基老師是怎樣
的一個人呢？

白：我曾在〈批判性的中國研究〉一文中，對比過閔斗基老師
和李泳禧老師的學術。對我個人而言，這兩位都是在我內心如同檢
察官一樣的存在。李泳禧老師也許會問，你的文章能否成為社會變
革的武器？而閔斗基老師則可能問，你的文章寫作是否基於嚴格的
學術規範？我在寫文章時，經常會問自己這兩個問題。

除了韓國之外，閔斗基老師在日本的學會中也是有名的實證主
義者。但我跟他近距離接觸過，覺得他並非只是一位實證主義者。
經常會有人說閔斗基老師作為自由主義者，並沒有參與改變現實的
行動。雖然閔斗基老師沒有直接參與，但他會在自己的隨筆和其他
地方對現實問題進行嚴厲的批判。其實，在參與學生運動之前，本
科期間我曾與閔斗基老師有過一面之緣。當時，我既想研究史學，
又想參加政治運動，不知道該選哪一條路。於是，我向閔斗基老師
坦白了自己的煩惱。現在，我也成了大學教授，當被學生問到這種

問題時，總感到難以回答。當時，我作為學生向閔斗基老師提了這個問題。閔斗基老師建議我應該嚴格區分「作為市民的言行」和「作為學者的言行」，並推薦了馬克斯・韋伯的《學術作為一種志業》。我滿懷期待地翻開這本書，本以為會讀到令人熱血沸騰的文章，但韋伯卻在潑冷水，內容也很嚴肅。我沒讀完就放棄了，後來因參加學生運動而被捕入獄。當時，我煩惱的是如何結合「作為制度的學問」和「作為運動的學問」，以及如何區分並結合閔斗基老師所說的「作為市民的言行」和「作為學者的言行」。時至今日，我還在追尋這些答案。

有些了解我和閔斗基老師關係的人會感到不解，像閔斗基老師這樣的人為何會包容我這種熱衷於現實政治，還因參加學生運動而被捕入獄的人。對此，我首先想說，閔斗基老師並非只是實證主義者，還是一位能夠包容像我這樣的人的寬宏之士。不敢妄論老師的私事，就說一件事吧。閔斗基老師生於全羅道，那裡曾是朝鮮戰爭時期激烈的遊擊戰戰場。閔斗基老師有一位前輩在遊擊戰中犧牲，這位前輩聰慧好學，十分優秀。他在參加遊擊戰之前，曾告訴閔斗基老師：我是為了大義參戰，雖然自己已經無法繼續學業，但你一定要讀下去。這位前輩將自己的滿腔抱負託付與閔斗基老師，而閔斗基老師也信守了這個約定。

中島：真是一位了不起的老師！當時，您在閔斗基老師門下深造，與此同時，與現實社會的交集，特別是同《創作與批評》的關係也在不斷加深。通過出版工作，以不同與學生運動的形式與社會發生聯繫。在閔斗基老師門下，您的研究愈加嚴謹。這些是白教授當時兩手抓的事情。請問，您如何同時推進學問研究和社會活動？

白：我到現在還在煩惱這個問題。如何同時將兩者結合起來？這不只是我的個人問題，同時也是與自己研究主題「學術史研究」

有關的問題。換言之，圍繞「作為運動的學問」和「作為制度的學問」來開展研究，並在其中客觀思考自己的身分問題。從這個意義上來說，此次日文版拙著中收錄了自己非常喜愛的兩篇文章。一篇是〈東洋史學的誕生與衰退〉，還有一篇是〈批判性中國研究〉。我今後想盡可能從這個角度，也來做一點韓國學和日本學的研究。

　　無論是學術研究，還是社會活動，我都帶著這些煩惱在進行。之前在延世大學國學研究院擔任了七年院長職務，成立了以「社會人文學」為研究主題的HK（Humanities Korea，韓國國家研究專案「人文韓國」）。在這些年裡，我與同事們一起思考如何將「作為制度的學問」和「作為運動的學問」結合起來。

　　此外，還與日本東京大學國際哲學研究中心（UTCP）一起開展交流。在那裡，學者們不僅彼此結識，還共用問題意識並展開討論。此次對談也是交流內容之一，我對此深表謝意。小林康夫教授從東大退休時，您曾對他進行了採訪。最近，我在《週刊讀書人》中讀到了這篇訪談文[7]。您在文中提及我的名字，還有與延世大學國學研究院的交流。我想那就是「社會人文學」的一項很有意義的成果。

　　不管彼此是否使用「作為運動的學問」、「作為制度的學問」和「社會人文學」這些用語，我們的確在各地遇見了懷有同樣價值觀並一起思考問題的同伴。今後，我想將活動主場轉移到大學之外的創作與批評社，讓社會人文學繼續發揚光大。

　　中島：從最初做編輯開始，白教授一直同創作與批評社有交集。最近，您成了主力成員，與該社的關係更進一步了。請問，您與《創

　7　小林康夫與中島隆博對談：「現在，哲學有什麼用？──小林康夫　　教授退休紀念UTCP研討會」，2015年4月3日。

作與批評》總編輯白樂晴老師有怎樣的關係呢？

　　白：因為韓國姓「白」的人很少，所以有人猜測我和白樂晴老師之間是否存在血緣關係。其實，我們並不是親戚。因為李泳禧老師的關係，我結識了白樂晴老師。李泳禧老師因《轉換時代的論理》、《偶像與理性》觸犯《反共產主義法》而遭起訴，創作與批評社作為出版方，白樂晴老師成了「共同正犯」，但他並未被拘捕立案，而是協助李泳禧老師一起打官司。於是，我自然而然就結識了白樂晴老師。

　　最初，我在創作與批評社擔任編輯，後來是作為研究生和大學教授參與出版工作，一晃三十載。我時常思考自己在創作與批評社的角色定位，作為編輯、編輯委員和編輯主力，度過了這三十年。

　　我已到耳順之年。回顧往昔，當年一起參加學生運動的友人和同僚都進入政治或社會運動領域，而我作為大學教授和編輯，一直在同書打交道。這樣的人生選擇對我來說，十分符合自己的稟賦，並且很有意義。我能夠作為教授和研究學者去生產知識，同時又可以作為編輯去傳播知識，真的十分幸運。比起作為學者的職業生涯，作為編輯的職業生涯更長一些。從今往後，我想繼續努力做好這兩份工作。

七、分斷與複合國家、核心現場──關於東亞論

　　中島：白教授的論文也刊登在日本的各種期刊雜誌上，特別是關於東亞論、東亞共同體以及歷史教科書問題的文章。回顧您的學術研究之路，從進入研究生院後對國民黨左派朱執信和國民革命論提出者戴季陶的研究開始，研究範圍不斷擴大，因為您學習過原先與殖民制度有關的東洋史，也有關於東洋史本身的學術史研究。

2005年9月，白教授在UTCP做系列講座「從單科學問到"glocalogy"——作為現代學問的東洋史學的形成與變遷」。當時，日本出現了歷史教科書問題。「在東亞闡述共通的歷史意義何在？」成為一個重要的研究課題。白教授對此進行了積極的闡述，我想「東亞」當時在您的研究中就已占據了重要地位。請問，是什麼促使您開始思考東亞問題的呢？

白：1990年至1991年，我有幸在哈佛燕京學社做訪問學者。作為閔斗基老師的門生，剛抵美時我沒有計劃做中韓關係或韓國研究，而是想要研究中國問題。雖然我心懷這一願望，但當時國際形勢變幻莫測，特別是天安門事件發生後，許多中國學者來到美國。儘管我是作為中國問題研究專家來到燕京學社的，但在與他們的交談中，卻一直被問及關於韓國的問題。我的身分認同出現搖擺，這也引發我去思考自己究竟是誰，應該做怎樣的研究。與杜贊奇（Prasenjit Duara）的相遇就是一個契機。杜贊奇撰寫過關於滿洲的文章，後來彙集成《主權與真實性：滿洲國與東亞現代進程》[8]出版。當時，他作為哈佛大學的教授候選人，用這些關於滿洲的文章上了公開課。我就去聽了。杜贊奇說，在研究滿洲宗教時，自己作為研究中國的印度裔學者，對照著印度來研究中國，可以很好地凸顯自己的研究特色。

我在杜贊奇的課上收穫頗豐。雖然我做的是中國研究，但同時也具備在韓國成長過程中培養出來的身分認同與研究意識。難道我不應該對照著韓國來研究中國嗎？換言之，從韓國社會的實際問題和問題意識出發來研究中國問題，這種研究方法也是可行的。不拘

---

8 *Sovereignty and Authenticity: Manchukuo and the East Asian Modern*, Rowman & Littlefield Publishers, 2003.

泥於只做中國研究，而是從自己的現有立場出發，再去超越它。於是，我自然而然地開始關注那些滲入韓國歷史和社會中的日本影響，這裡面就出現了「東亞」。身為韓國學者，我開始將中國、日本和整個東亞作為一個整體來考慮。

1991年秋，我回到韓國。國際形勢發生很大的變化，韓國社會也經歷了巨變。之前，我心中對地理的想像僅限於朝鮮半島南部，但當時韓國已與中俄建交，有一些中國朝鮮族從中國東北部移居至韓國，雙方貿易往來愈加活躍。我深刻感受到自己不僅生活在朝鮮半島南部，更是處於東亞之中。我發現自己一直以來的研究對象就是東亞，我心中的東亞以及我所歸屬的東亞成了研究的問題意識。

中島：我們經常拿「鏡子」來作比喻。您在哈佛燕京學社的經歷不僅使您將中國作為「鏡子」，更是將韓國和日本也作為「鏡子」。將這些用於東亞研究時，中國東北部的朝鮮族和台灣自然而然也成了研究對象。雖然朝鮮問題也很重要，但更重要的是伴隨著多枚「鏡子」的出現，分斷也產生了。這本書[9]開頭多次提及分斷問題。「如何超越分斷體制？」正是此書的重點研究問題之一。白教授思考的是東亞這一全新的地理想像空間。但我們並沒有對「東亞」懷有身分認同感，彼此之間存在分斷現象。在這個後冷戰時代裡，白教授對此做了哪些思考呢？

白：毋庸置疑，對「東亞」的身分認同感並非一開始就存在，而是後來被製造出來的。我一直在強調，如果覺得有必要，那麼就可以從歷史和現實中發掘出製造這種認同感的資源。

在思考「分斷」問題時，我們容易聯想到朝鮮半島或中國大陸

9　譯者按：《共生之路與核心現場：作為實踐課題的東亞》（東京：法政大學出版社，2016）。

與台灣地區的情況，但實際上，整個東亞難道不是長期處於分斷狀態嗎？甲午戰爭以後，如果談到東亞共通的歷史，就會出現一個「分斷的結論」。既然可以追溯到甲午戰爭之後，那麼這種分斷狀態就不僅是冷戰所造成的結果。可以說，對現代化或現代性的不同態度和對發展道路的不同選擇，造成了巨大的分斷狀態。簡單來講，比如，中國制定了不同的現代性藍圖來克服現代性這一問題，而日本則是改變自己以適應現代，為現代化作出貢獻。這種差異使中日之間產生了巨大的糾葛和分斷，造成了當下的狀況。如果將中日之間的這條分斷線轉移到朝鮮半島，那麼可以和朝鮮半島南北之間的分斷線發生重合。解決朝鮮半島的分斷問題，在某種程度上有助於消除東亞歷史中根深蒂固的分斷現象。

中島：朝鮮半島南北分斷，是近代以來東亞分斷現象的一個縮影。白教授在書中將其稱為「大分斷」和「小分斷」。或許無法立刻解決「大分斷」問題，但可以通過解決「小分斷」問題來改變「大分斷」。當然，解決朝鮮半島南北分斷問題並非易事。就在前些日子[10]，韓國指責朝鮮在朝韓非武裝地帶埋設地雷而導致韓國士兵受傷，於是重啟對朝擴音喊話，朝韓關係趨向緊張。這讓人開始重新思考分斷的問題。

我想就白教授提出的複合國家論提一些問題。與其說複合國家論是為了解決分斷問題而提倡實行完全統一，不如說這是維持個體獨立性、介於分斷與統一之間的一種設想。換言之，這是一種柔性的或者說是削弱主體性的國家論。比如，您並不是想從「二重周邊」

---

10 譯者按：日語原意是「二、三日前」，但韓國重啟喊話是在2015年8月10日，與訪談時間8月24日相差14天，所以準確地說是「2015年8月10日」）。

或「對現代性的二重性視角」——包括剛才您說的「克服」和「適應」在內——裡面二選一,而是在強調我們正背負著某種二重性在生活。同時,複合國家論不以強勢的主體或國家為對象,而是一種在肯定某種「弱勢」的基礎上展開的國家論和社會論。我想這應該是與白教授兒時對少數群體的關心緊密相關吧。現在,有些人試圖用一個強有力的大概念來解決東亞的分斷問題,白教授卻選擇了完全不同的研究方法。請問,白教授如何看待這種「弱勢」、或者說是柔性姿態和弱主體性呢?

　　白:這是我今後想要仔細論述的概念。我在這本書中提到複合國家論,今後也將繼續做這個研究。對於剛才中島教授所說的那種弱主體性、柔性的主權國家,我們可以如何想像呢?這不只是學術理論上的一種需要。結合當今朝鮮半島局勢,我們需要的不是強勢的主權國家或依靠強權的國家,而是具備柔性或靈活性的國家、主權來解決現有問題。弱主體性和柔性姿態是現實需要。

　　例如,在考慮如何統一朝鮮半島時,大多數人可以想像的就是一個國民國家。要麼朝鮮併入韓國,要麼韓國併入朝鮮,二選一,成為一個國家。但對於「被合併」的另一半人來說,這將成為一個極具壓迫性的國家。對半島周邊的國家地區以及居民來說,這或許還會成為極不穩定的因素。我的看法並不是統一成一個國民國家,即並非將強勢的國民國家作為統一的方向,而是設想在柔性主權的基礎上構築複合國家。

　　當我將這種以構建柔性主權為目標的複合國家構想告訴沖繩、台灣、東南亞國家的人們時,大家對此表示很有興趣。圍繞柔性主權或複合國家的構思,似乎激發了大家對現狀的想像力。不僅限於沖繩、台灣、東南亞和朝鮮半島,這更是整個東亞可以思考的問題。我自己曾因強勢主權的迫害而陷入絕境,經歷了來自強勢主權的暴

力對待。我所說的「核心現場」的民眾對這種柔性主權，懷有極強的共鳴。

在包含柔性主權的複合國家構想中，蘊含了雙重視角。例如，我曾向台灣朋友闡述複合國家論。朋友表示他明白這個構想的內容，但只要使用了「國家」一詞，難道不就是國家嗎？那位朋友試圖用「複合社會」這一用語來擺脫國家秩序的束縛。但是，當我講述複合國家時，並沒有認為可以一下子丟棄現有的國家概念。而且我也不贊同那樣的嘗試。我只是想就複合國家的二重性展開思考。即使現在的國家不行，也不能一步走向脫離國家的道路，應該在考慮具備可取代性的國家形態時，堅持否定與肯定的二重態度。我認為這一點很重要。

中島：這一點才是關鍵。白教授提倡的歷史正是要試圖超越國民國家和作為基石的國史這一結構。但是，是否因此一舉構築帝國或天下的歷史敘述手法就好了呢？絕非如此。用現在的歷史學流行語來說，並不是一步跨進全球化歷史（global history）就完事了。所以二重性才是關鍵。在批判驗證國民國家、現代制度和隨之而來的歷史學敘述手法的同時，也要認可這種歷史學所具有的意義。我認為這種二重性非常重要。

《共生之路與核心現場：作為實踐課題的東亞》這本書的序言的原稿，曾在UTCP和東京大學的學術研究項目「全球化時代中的現代思想」所舉辦的「從東亞尋找『新的普遍性』」研討會（2014年4月7日）上發表過。我也參加了這個研討會。我在會上提出，如今思考「普遍」這一問題時，「地上的普遍性」很重要。這與現在中國的許紀霖教授所提倡的「新天下主義」不同，不是從上而下、包辦一切的「天上的普遍性」，而是我們生活在地上，即使大家所處環境參差不齊也可以共用的一種普遍性。或許可稱之為含有雙重

可能性的普遍性。我認為，白教授對「地上的普遍性」懷有一種敏銳的感受性。

剛才聽了您的一番話，我有了一些新的思考。一個是關於您在獄中讀到的武田泰淳的《司馬遷──史記的世界》。竹內好等學者曾指出，這部作品的特色是描繪了一個平行世界。司馬遷的《史記》主要描繪了中國出現「帝國」之前的歷史。司馬遷惹怒了中華帝國早期的一位皇帝漢武帝，那之後的正史就是帝國的正史。但是，司馬遷在《史記》中提出了另一種可能性，即可以在觀察帝國的同時又不被其束縛。《史記》中還有帝國之外的世界，我想武田太淳可能也注意到了這一點。

剛才說到白教授對「地上的普遍性」懷有感性認識，其實在我心中，除了武田泰淳的《司馬遷──史記的世界》之外，本雅明的世界觀也與之契合。比如，本雅明曾提出「Konstellation」（星座的位置）這個概念。在他的歷史哲學思考中，零亂分散的事件就如同星座分布一樣，通過寓言（Allegory）將各個事件連接起來，就出現了歷史。這絕不是為了獲得體系化的歷史闡述，而是去關注那些被體系化後的歷史闡述所遺漏的個體事件。順帶提一下，武田泰淳也用「人間天文學」這一用語來解讀司馬遷，正是從星座的角度來捕捉歷史。我覺得，這之間存在著極其不可思議的聯繫。

竹內好曾表示，如果要說武田泰淳的這部作品中有什麼不足的地方，那就是沒有加入類似《啟示錄》的元素。但本雅明有，或許竹內好所期待的東西就在本雅明那裡吧。話說回來，白教授是要通過對二重性的視角來看待世界的平行狀態。這是否源於一位基督徒所具有的某種類似啟示錄一樣的感覺呢？

白：我現在無法立刻回答關於啟示錄的問題。當我提到二重性或複合性時，有人會問這難道不是一種折衷的結果嗎？但我必須要

強調的是，這絕不是一種折衷論。為了證明這一點，我在對照武田泰淳提出的平行社會概念的同時，還想借鑒毛澤東的《矛盾論》。引用《矛盾論》來解讀，這種平行狀態其實是某種矛盾的重迭或者說是一種矛盾並存的現象。舉個具體的例子，當我們思考19世紀中國的國民國家史時，會發現其中包含著解放和壓抑的二重性。但這裡的解放和壓抑並非只是簡單的重迭，而是在某個時期會出現特別解放的一面或特別壓抑的一面。根據時期或地區不同，情況也不一樣。我想描述這種不均衡性、局勢沉浮以及邊緣局勢。

　　中島：這就是本雅明所說的「Konstellation」啊。

八、關於東亞和解的問題

　　中島：今天還有一個必須要提的是關於和解的問題。戰後七十年過去了，東亞和解的問題依舊未能得到解決。至今為止，對和解的探索和嘗試一直未曾間斷。但似乎存在一種阻礙和解的構造。或許本來就無法輕易地達成和解，不，或許是因為大家過於簡單地認為只要怎樣做就可以成功。但現在終於知道了，事實並非如此。正如白教授剛才所言，東亞存在一種矛盾並行交錯的構造。在這種構造中，和解將以何種形式產生？在東亞討論歷史時，總會遇到關於和解的問題。這本書中也多次提及這個問題，白教授現在是如何思考和解問題的呢？

　　白：首先，東亞人彼此討厭是一個嚴峻的問題。在這種相看兩厭的情況下，如何達成和解是一個極其重要的課題。其實，如果政府層面能相互妥協，那麼這種相互討厭的現狀在某種程度上或許會得到改善。2015年是日本終戰七十周年、韓國光復七十周年、中國抗戰勝利七十周年。站在這個節點上，如果我們認為現在的這種糾

紛多源於《三藩市和約》簽訂後對戰爭和殖民地統治的不恰當處理，並以此為前提進行思考的話，就會發現其實美國在裡面具有巨大的影響力。在應對美國的這種影響力和意圖的過程中，或者說是在日韓或中日政府層面的斡旋或交涉中，現實政治層面——雖然現在正在惡化——或許會出現一定程度的好轉。

比如，2015年8月14日，日本首相安倍晉三發表了戰後七十年講話。對此，韓國政府實際上並未進行批判。這種不批判的態度正是政府間關係發生轉變的徵兆。關於中日關係——當然，我並不是國際政治研究專家——在9月中國抗戰勝利七十周年紀念大會結束後，應該會出現好轉的跡象。之所以出現這些徵兆，正是因為各國政府無法將被稱為「亞洲悖論（Asian Paradox）」的國家關係問題——各國在經濟領域的交流極其頻繁，但在安保、政治和歷史問題上卻關係緊張——長期束之高閣。在出現這種「亞洲悖論」的現實中，政府關係會在時進時退之中走向和解。

但是，關於和解的真正問題並不在政府這個層面。通過政府間的妥協或某種交涉，或許現狀在一定程度上會有所好轉。但是，像剛才說的甲午戰爭以後產生的東亞分斷問題，是無法在政府層面得以解決的。我認為，這才是真正的問題所在。甲午戰爭以後分斷問題的產生源於不同的歷史觀，特別是對現代性的不同看法。以甲午戰爭為分界點，日本成功地實現了現代化，中國是成敗各半，朝鮮半島則是徹底的失敗。如果以這樣的現代觀為前提，那麼將無法改變現狀。但是，現在東亞各國都在用這種現代觀來看待彼此。因此，如何解決東亞這種發展不均衡的現代化或分斷問題？這就是出現在我們面前的一個難題。

比如，最近中國的民族自信心高漲。中國國內形成一種氛圍，就是要完全告別悲慘的過去和東亞暴力史，邁進符合當今中國國力

的新世界。反觀現在的日本，則慢慢地失去了曾經的自信。於是，
對歷史的心理感受以某種形式展現出來。但是，基於這種歷史觀和
現代觀的自信或自卑，都只是以單向性歷史為前提而形成的心理感
受。簡言之，就是因為以19世紀的現代觀為前提，才出現如今中日
立場互換或者說反轉的情況。因此，問題在於當我們反省過去的同
時，還應該反思自己是否已從用19世紀的範式（paradigm）來理解
現代性的思維中解放出來。

回到剛才提到的國家與主權的二重性問題。對現代性而言，二
重性也是必需的。現代性並非去克服就好，也不是無條件去適應就
可以。從克服和適應這個二重課題合二為一——我將這樣的認識稱
作「現代性的二重課題」——的觀點或角度來回顧歷史，從中發掘
可以應對這個二重課題複雜性的思想、政治或文化資源，然後勾勒
未來藍圖。我認為現在需要這樣的實踐研究。

比如，我認為《日本國憲法》（又被稱為「和平憲法」）是十
分重要且具有價值的。或許有人認為這是駐日盟軍總部強加給日本
的憲法，但這部「和平憲法」中其實也凝聚了1945年以前日本社會
所孕育的和平思想，或者說是不以帝國為目標的「小國思想」。從
這個意義上來說，有效利用「和平憲法」，使其成為整個東亞共用
的思想資源並擴大影響，則顯得十分重要。將本國或本地區擁有的
思想資源和實例拿到東亞這個層面來運用，這樣的實踐難道不正是
現在所需要的嗎？

以韓國為例，發生在上世紀七八十年代的學生運動並非只是政
治運動，更是創造了「對抗性公共圈」的運動。通過積極評價學生
運動，從而出現一種可能性，那就是這場學生運動不是僅限於韓國
的某一時期，而是在日韓民主主義日益形式化的今天，作為對抗這
種形式化趨勢的共同資產，可以由我們共用、擴大並有效利用。這

與剛才所說的複合國家構想有關，也是二重課題的思想和歷史資源。

今後，如何向東亞民眾闡述日本產生「和平憲法」的思想和政治資源、韓國七八十年代的民主化資源，以及孕育了這些資源的民主化經驗，這是日韓兩國知識分子的責任，是一種解釋說明的責任。為什麼必須說這個呢？是因為就在前不久（2015年6月），我在北京大學做學術講座時，一位學生向我提了一個與此有關的問題。

當時，我就韓國民主化做了講座。結束後，一名本科生問我，韓國的民主化經過如此艱苦奮鬥才得以實現，後來民主主義在韓國生根發芽了。關於這些，他說已經有足夠的了解。但是看到最近發生的「世越」號沉船事故和MERS（中東呼吸綜合症）事件，讓人覺得難道民主化就是這樣的結果嗎？好像民主化也沒什麼用嘛？民主制度作為一項約束社會的制度，並不是那麼有價值吧？再來看日本的情況，從東京電力福島第一核電站事故就可以看出，民主主義其實並沒有什麼效果。聽到這樣的提問，我很震驚。這名學生作出這番發言的前提是，民主主義應該是一種有效的統治手段或方法。他對民主主義的理解僅限於三權分立或多黨制這種制度層面上。如果在這種制度層面上進行比較的話，那麼中國的統治方式更具效果和力度。這就是那名學生的思路。

當時，我的回答是民主主義並不僅限於制度層面，它也關係到其他方面，比如民眾的自治和自立能力。如果將重點放在民眾的自治和自立能力而非制度層面，那麼就可以討論中國社會該如何共用、培養、保證民眾的自立自治能力。當時雖然做了這樣的回答，但在講座和提問結束後，我一直在思考該如何回答他的問題。直到現在，這仍舊是一個留給我的思考課題。

韓國和日本都在戰後積累了民主運動的經驗。但是，日韓兩國難道沒有將民主主義只當作一種制度來思考，並導致兩國的歷史經

驗狹隘化嗎？現在存在著這樣的反省。在此基礎上，針對如何在東
亞闡述、共用、實踐民主主義，日韓的知識分子需要再次進行反省，
並有責任對此進行解釋說明。我切實感到，我們有責任在東亞這個
範圍內將民主主義——並非局限於制度或統治方法的層次——而是
作為一種普遍有效的價值觀來進行說明和共用。

　　中島：關於和解問題，我們應該認識到「東亞的現代性」，同
時還必須持有能夠超越其內在複雜性的觀點。當然，我們必須直面
各種具體的歷史事件和情況，但聽了剛才白教授的講話，讓我感到
更重要的是，如果無法進一步將日韓的民主化經驗作為一種言說或
經驗與整個東亞民眾共用，那麼將無法實現真正的和解。我剛才之
所以問白教授「在您參加學生運動的時候，日韓的學生運動之間關
係如何」也與此相關。令人遺憾的是日韓兩國的民主化經驗幾乎沒
有共用。果然還是因為存在分斷構造的緣故吧。至今為止，大家的
歷史經驗沒能有效地進行共用，這或許就是推遲和解進程、加大和
解難度的主要原因吧。我再次感到除了政治經濟方面的分斷構造，
我們還應跨越精神文化方面的分斷構造，一起共用剛才所說的「地
上的普遍性」，這一點十分重要。

　　如此，日本或多或少也能提高現在這種日益形式化的民主主義
的「構想力」。從而日本的社會變革也許會朝著一個好方向進行。
如今民主主義再次受到考驗。如果問題能在一個好方向上得到解
決，那麼民主主義也可以再深化一些。屆時，大家共用韓國的經驗、
台灣的經驗和中國的各種經驗，就可以期許一個更好的社會吧。

　　白：深有同感。只有如此，東亞的身分認同問題才會最終成為
可能。

九、生命棲息於縫隙之中——想對日本讀者說的心裡話

中島：最後，我想請教一下白教授對今後學問的展望和構想。

白：首先，比起開始新的研究，我更想將之前提出的複合國家和核心現場這一系列概念和術語放在東亞歷史和經驗之中進行提升，提高它的說服力，而不是單純地作理論化處理。

還有一個研究構想是關於當下的中國問題。這算是一個世界史問題，我想進行認真的學習和研究。中國問題是我開始學術生涯時的中心課題，也是我最關心的一項研究。研究當下已成為世界史問題的中國問題，也算是回歸初心吧。關於「中國是什麼」這個問題，著名的葛兆光教授已在《重新思考「中國」——領域、民族與文化》[11]等書中有所提及，我想基於歷史經驗從中切入。今年年初，我在新加坡和馬來西亞演講時已經提過，通過二重周邊的視角來觀察、闡述中國將是今後數年內集中進行的一項研究工作。

雖然說要集中精力研究中國，但並不代表我對目前做的東亞論研究失去興趣。在19世紀和20世紀，中國國力衰落，東亞嶄露頭角。但現在中國正在崛起。在這樣的情況下，該如何重新構建東亞？我想以此為基調開展今後的中國研究。中國出現哪怕一點經濟衰退的徵兆都會立刻影響到我們的日常生活，說明中國在全球的影響力正在不斷擴大。關於中國今後應該採取何種發展模式，這不僅是中國國內自由主義者和新左派之間的論爭，也是我們的共同問題。我想從這個觀點來研究中國。

思考這個問題時，身處中國境外的知識分子的作用將會變得十

---

11 辻康吾監修、永田小繪譯（東京：岩波現代文庫，2014）。

分重要。雖然經常有人問「對我們而言，中國是什麼？」，但我認
為有必要將這個問題倒轉一下，「對中國而言，我們是什麼？」大
家應該自問一下：「我們是否能參與中國的未來？」當然，中國和
我們之間存在不對稱的關係。但在如今錯綜複雜的世界構造之中，
我們可以從中國外部來關注中國，而且這一點十分重要。我在大學
還有三年任期。雖然想在退休以後做些稍微輕鬆有趣的課題，但現
在要集中精力研究這個問題。

　　中島：白教授現在的研究構想涵蓋我們對國家、對地區、對普
遍性的構想力這些所有問題。日本的知識分子一直忽視了這些東
西。但是今非昔比，我們必須重新審視日本的現代化經驗。在此基
礎上，通過共用韓國、中國和台灣的現代化經驗，才能理順東亞的
關係。所以白教授今後的研究計畫對世界而言將具有重大意義。如
果日本讀者能通過這本書分享白教授的這些經驗，我將備感欣喜。
最後，能否請白教授對日本讀者說些寄語？司馬遷曾在《史記》太
史公自序中寫道「述往事，思來者」，如果對日本讀者，特別是年
輕讀者描述未來圖景，您會說些什麼呢？

　　白：首先，我想請日本讀者一起思考「做歷史」這個概念，並
對此進行實踐。通過「做歷史」，我們會發現，因為過去人們之間
的糾葛衝突才有了現在。既然是人們在糾葛衝突中製造了現在，那
麼「現在」就是處於運動、改變之中。因此，未來也會由於現在人
們的行為而發生根本性的改變。換言之，我將那些能夠發生變化、
能夠改變的東西稱為「做歷史」。「做歷史」這一用法在韓國並不
常見，韓國人常說「做哲學」。同理，我希望日本讀者能夠通過「做
歷史」這個概念來切實感受、想像「現在是過去的遺產，且充滿了
可以改變未來的可能性」，並對此進行共用與實踐。

　　為了準備這次對談，我讀了韓國詩人Baek Mu-san（백무산，白

無產）的詩作。題目是〈草的鬥爭〉[12]。常有人說，為了開拓未來，必須製造縫隙。縫隙就像裂紋一樣，可以打破堅固的牆壁並使之解體。雖然說必須製造這樣的縫隙，但這首詩的主旨更進了一步。隙縫能夠使堅固的牆體解體，然而如果只是出現縫隙破壞牆體的話，那麼裂縫本身也會消失。在裂縫形成的縫隙中，必須長出一些東西。詩句中寫道，縫隙中出現了不知從何處飄來的草種，不是草在土中生根，而是由草生土。這就是「草的鬥爭」。這首詩充分體現出並不僅是為了打破或解體而製造縫隙或裂縫，重要的是生命如何棲息於裂縫之中。我想把「將生命力賦予縫隙」這個理念與這本書的讀者一同分享。

如果用詩句引用來結束這次對談，那麼會顯得過於形象化。我再談一點。「草生土」是詩人特有的表現手法。如果對「土」的內容進行思考的話，我認為應該是指東亞民眾的共感能力。在堅固的歷史縫隙中形成裂紋，棲息於縫隙中的生命與土一起共生。這裡的「土」，難道不正是基於東亞人感官的相互理解和共感能力嗎？這與我在此次對談中提及的歷史學研究目標「人的歷史」有關。讓我們一起擁有、培養這種共感能力，這是我對日本讀者的寄語，也會有助於東亞的共生吧。

中島：竹內好在談到希望看到武田太淳作品中出類似啟示錄的內容時，可能他想到的是魯迅。魯迅有一本散文詩集，叫《野草》。對魯迅而言，「草」是啟示錄或末世論的一種象徵。魯迅在詩集中寫野草被燒盡、速朽。但是，如果燒盡野草的是獨裁者的話，就很糟糕。野草屬於民眾，魯迅希望可以從中生出某些東西。我覺得「草」

12　〈풀의 투쟁〉，收錄於《打撈廢墟》（《폐허를 인양하다》）（首爾：創作與批評社，2015）；該書名暗示了「世越」號沉船事故）。

應該屬於擁有共感能力的民眾。關於這一點，我從白教授那裡得到了十分寶貴的啟示。

　　通過今天的對談，讓我有機會去了解白永瑞這個人的歷史，這正是您說的「做歷史」。占用了您這麼多寶貴的時間，真的十分感謝。

　　白：應該謝謝您。

2015年8月24日於首爾

　　中島隆博，東京大學東洋文化研究所教授。中國哲學，比較哲學專業。主要研究儒家復興，現代觀念的全球流通，概念史等等。主要著作包括《解構與重建：中國哲學的可能性》（2010），《共生的實踐：國家與宗教》（2011），《惡的哲學：中國哲學的想像力》（2012）等等。

　　陸嬋，日本東京外國語大學特別研究員，主要研究方向在日本近現代文學、繪本、戰爭文學等，曾發表學術論文及文章多篇。

思想
座談

重估晚清思想：
書寫中國現代思想史的另一種可能*

唐文明

唐文明[1]：

　　我們的會議主題為何使用「中西新舊」，而非時下思想界習慣使用的「古今中西」？這是前面有人提出來的一個問題。首先，「中西新舊」的說法的確是晚清思想中原有的話語方式。其次，在我的理解中，「中西新舊」的說法表達了晚清思想本來的話語次序，即中西問題被置於首要地位，而新舊問題——也就是後來所說的古今問題——在很大程度上從屬於中西問題。中西問題的首要性表明，在當時人們的心目中，「中」與「西」都意味著一個文明。很明顯，若以國家相對，西方並非一個國家。進而言之，中西問題的提出意味著中西文明對話的有意識展開，「西」作為一個文明正在被逐漸認識中，與此相應的，則是「中」作為一個文明正在被重新估價。這種文明重估的過程自然包含著反思、質疑乃至批判。這反映了晚清智識階層原初的問題意識。一旦講成「古今中西」，就是說把「古

＊ 2016年12月10-11日，在北京清華大學召開了主題為「晚清思想中的中西新舊之爭」的研討會，本文內容為研討會的總結發言，文字由何青翰整理，經各位與談人與主持人唐文明修訂成稿。
1　清華大學哲學系教授。

今」放在前面,「中西」放在後面,我感覺基本上已經落入了新文化運動以來的思想框架,就是說,這時候,古今問題成為首要的問題,中西問題在很大程度上從屬於古今問題。我曾寫文章把這種轉變刻畫為「古今問題壓倒中西問題」。我想,這是我們理解晚清思想與新文化運動以來的思想在問題架構方式上的一個重要差異。

這一點關係到我們組織這次會議的一個意圖,即希望提出一個問題。在此我重複一下我在邀請函裡寫過的話,以便引起大家的討論:

> 中西新舊之爭是中國近現代思想史上的重大問題,近年來更由於冷戰後國際形勢的急劇變化和中國的快速發展而備受中國思想界的關注。隨著對新文化運動的深度反思,中國思想界對於中國近現代思想史的研究重心似乎出現了一個新的趨勢,即從原來以新文化運動為中心正在轉向以晚清為中心。晚清思想是否有可能取代新文化運動中的思想而成為理解和反思中國現代性歷程的一個典範,還是像過去的主流敘事那樣,仍只能作為一個過渡時期看待?

概而言之,我們希望提出的問題是,關於現代中國的敘事是不是應該以晚清思想為中心,而不是像過去那樣以新文化運動為中心?換句話說,也許從思想史的角度看,晚清對於中國而言是一個更為經典的現代。如果這種看法成立,那麼,新文化運動應當作為晚清思想的展開和延伸來看待才是恰當的,而不是像過去的各種敘事那樣,把晚清思想作為到達新文化運動思想的一個過渡。雖然現在我們只能說是提出這個問題,但我發現這次會議中很多學者的發言都有助於進一步思考這個問題。比如汪暉教授強調晚清學者對西

方的批判幾乎與他們對西方的認同是同步的，這顯示出晚清思想比
新文化運動以來的思想更為複雜的面向。江湄教授則談到，晚清時
期是向西方求資源而不是向西方求真理，到了新文化運動就反過來
了，主要是向西方求真理。雖然我們的會議離徹底改變原來的敘事
框架還很遠，但畢竟已經呈現出一個方向的改變，至少我們經過對
晚清思想的新的探索，開始注意到與過去整個敘事框架很不一樣的
地方。接下來先請三位引言人發言，然後大家自由討論。

許紀霖[2]：

　　這次會議的主題是有深意在的，因為過去我們做中國近現代思
想史，都是以「五四」為中心，「五四」作為中國現代性的起點，
晚清只是「五四」的前身而已。如果晚清有意義，那只是因為是通
向「五四」的一個橋樑，王德威教授說：「沒有晚清，何來五四」。
唐義明教授所設置的這個會議主題，恐怕要顛覆這個看法。晚清不
只是通向「五四」的一個過渡津梁，而是晚清和「五四」代表了兩
種不同的思想和路徑。20世紀的路是「五四」之路，但這個路有問
題，所以要反思，重新回到晚清，尋求另一種可能。

　　我不想對這一努力做評判，是對還是錯。思想史沒有對錯之分，
只有好與不好，甚至更好之分。如果晚清和五四是兩種不同思想取
向的話，究竟意味著什麼？五四的主流思想比如《新青年》、《新
潮》是把古今和中西對立，但是晚清恰恰不一樣；晚清將古今中西
調和，甚至不僅是調和，連調和論都沒有，是以中國文化為自身的
主體來吸納新來的西學。中西之間，古今之間，新舊之間，並沒有
一個鴻溝存在，它們之間是相通的。甚至你可以說，晚清知識分子

　2　華東師範大學歷史系教授。

對新學的理解是非常混沌一片的，各種都沒有分化，但是恰恰這個混沌使它保持了一種開放。這是晚清思想和五四非常不一樣的。也就是在這個意義上來說，上海的王元化先生生前講過一句話，他說，「我是十九世紀之子」，後來我將這句話作為我在《讀書》雜誌發表的紀念他那篇文章的題目。他這句話當然有多種含義。第一種含義，他乃是繼承了19世紀俄羅斯思想的傳統；另外一個，他特別強調19世紀晚期的中國思想，是融合新舊中西的。王先生非常認同杜亞泉，雖然他是一個五四的思想人物，卻是在晚清的延長線上。第三，王先生是清華的弟子，從小在清華園長大，清華學派的主流不是疑古，而是釋古，不把古今中西視為是對立的。我們理解晚清，也可以從這樣的意義上來理解。

其次我們可以看到，五四思想是以西學為主體的，但是晚清還是以中學為主體來吸納西學。從某種意義上來說，晚清的思想可以用「中體西用」來表達，但是「中體西用」還是大而化之。晚清實際上本身就是有多種路線的，即使是「中體西用」，也是有多種路線的競爭。剛才討論到的張之洞、嚴復和康有為，顯然是保國、保種和保教三種不同的取向。

另外，我這兩年把思想史的研究和知識分子的研究結合起來，發現晚清談改革有兩種不同的道路。一個我稱為官僚士大夫式的改革，這個是從洋務，從曾國藩、李鴻章，一直到後面的張之洞，這條脈絡就是陳寅恪所說的「湘鄉南皮」、「咸豐同治」，這條路是體制的自改革。這個自改革，某種意義上，是以保國為中心，但晚清的國，還不是現代的國家，指的是大清王朝。另外一個就是到了1895年之後，這個危機深入了，在體制的邊緣出現了另外一種士大夫，不是官僚士大夫，是文人士大夫，在邊遠省份廣東、湖南，出現了維新士大夫康有為、梁啟超、譚嗣同，他們都是在社會底層的

文人士大夫。他們主導的改革，把教（中國文化）看成是核心，是體，而政治制度，都是用，都是可以改變的。

　　保國、保種、保教，那麼，保種的思路呢？到了五四以後，自由主義繼承了嚴復的這個思路，認為重要的是保種。所謂種，就是中華民族。這個nation最重要，只要能保住中華民族，用什麼文化不重要，是中學還是西學都不重要。劉擎告訴我，他與唐文明討論過一個問題，假如說自由主義能夠救中國，你用不用？是否願意接受自由主義？唐文明回答說：即使自由主義能夠救中國，還是要有中國自己的文明。但是對於自由主義者來說，只要能夠保民族，用什麼教，無論是基督教，還是儒教，都不重要，因為教都是沒有內在價值的，都是工具性的。所以20世紀的許多自由主義者，特別是胡適，都是把保民族作為最重要的，其他都是用，國是用，政也是用，教也是用。只有介於自由主義與新傳統主義的之間的張君勱，是一個例外。

　　自由主義重視的是「種」，威權主義在意的是「國」，這個國指的是小江山，小王朝；民族也好、教也好，都是為保我江山之用。但是對於文化民族主義來說，國也好、種也好，都不重要，重要的是國魂，靈魂保住了就什麼都保住了，哪怕種不純了，制度西化了也行，但那個魂必須是中國的。文化保守主義要的是「教」。

　　如此看來，即使回到晚清，也有一個問題，是回到哪一個晚清？保國、保種，還是保教？因為從晚清這三條脈絡發展下去，顯然又構成了二十世紀三種不同的脈絡：威權主義、自由主義和文化保守主義。晚清的思想雖然是「中體西用」，但何為體，何為用，有不同的理解。汪暉說五四有「態度的同一性」，晚清也有「態度的同一性」：不以中西為對立，但「態度的同一性」裡對體用的理解是有分歧的，這種分歧到了晚清最後十年也分化了。

何種體用、誰之體用？這個問題本身就是值得我們思考的，它同樣構成20世紀的脈絡。另一方面，將晚清和民國，用辛亥革命把它切割開來，是個斷裂，本身也是一個假設。實際上，晚清與民國不可分，有很大的連續性。特別是民初，處於晚清的延長線上，構成了一個整體。

陳正國[3]：

謝謝主持人。我並不是研究晚清的專家，在座的的大部分是晚清的專家，比我更有資格在這邊做引言。但我把這機會當作是一個特權，講一下這兩天來的心得, 請大家批評指教。晚清和五四的差別，也就是剛剛許老師的話題，在於晚清知識分子有一個很顯著的世界觀的轉變，就是從天下轉到世界。相較之下，五四則以民族國家為主要的參考架構或者世界觀，以nation state為關懷的核心，這是非常明顯的改變。晚清的思想就是很現實、很具體地顯示這個轉變。我的理解是，當天下觀逐漸崩解，他者或他國就成為了我不得不參照的對象。中國開始必須很功利地以現實政治的角度思考他國的存在，也必須找到新的世界意義來安排中國的位置。

第二點感想，剛剛提到了晚清有保種、保國、保教等等關懷。這是一種不同議程之間的競爭——究竟要先保甚麼，或者三者之間是否必然是共存關係？晚清除了這些議程的競爭之外，這些知識分子也提出可以名之為意識形態的競爭。議程與意識形態這兩種東西，又可能會組合成很多種不一樣的方案出來，譬如說你要保種，用哪樣的價值去保？保種本身就是一個價值，可是你用其他什麼樣的價值或者哪一種方案去達成保種，這可能又是一個問題。究竟是

3　中央研究院歷史語言研究所研究員。

否要聯合黃種人來保種，還是要結合俄國或歐美，用所謂的自由主義，還是用社群或國族主義的方式去保種？除了是議程的競爭之外，還是各式各樣的價值和意識形態的競爭。我剛才在報告中提到，晚清思想有很強的世界主義色彩，也因為它面臨一個大國家的崩潰，或者說是天下心理的崩潰，這個崩亂的世界就出現很多思想的隙縫亟待填補，也就是這樣而讓其他萬國中的成員，也就是九千九百九十九國的事物同時有進入中國的可能。這時候不只在議程與智識上互匯而形成一種競爭，也讓許多智識人有了一種新鮮的虛無或混沌生存的感受。所以如果生存的感受是混沌的話，在選擇裡面是各式各樣的競爭，這可以說明《天演論》為什麼會引發這麼多人的關注，因為它讓天下觀失序下的智識分子心中看似混沌的萬國紛爭，有了清楚而明確的圖像，甚至方向。

晚清還有一個比較特別的地方，就是儘管民族國家的想像或邊界已經開始浮現在許多人的腦中，甚至政治行動的議程裡，晚清畢竟還是一個帝國。當時的智識分子是最後一次在帝國的架構下，在清帝國的架構下，強力的進行自我動員。民國也有一些自我動員，可是背後的那個結構，最重要的基礎是有個政治中心想像的國族政治經濟學。這在晚清就不那麼明顯。晚清的中上層智識分子除了開始自我動員，也開始動員中下層智識分子。同樣的，中下層智識分子也常常以新的或更激進的方式自我動員，甚至動員同屬中下層的其他人。中國歷史上很少有此類的社會動員或者提倡，廣義來說可以說是中國的啟蒙運動。自我啟蒙和啟蒙他者的這個運動，在晚清的時候是非常非常明顯的。可是這個啟蒙是在帝國架構下進行的。更嚴重的是，這是在清帝國架構逐漸崩解的過程中形成的。如果說，五四時期的學生與社會動員的結果是民族國家意識的凝聚，那麼，清帝國晚期的智識分子多層次的動員的結果，反而可能是加速帝國

意識的崩解。剛剛許紀霖老師說，五四是西學為主體，晚清可能至少不是以西學為主體，這個大致上我是同意的。但所謂的以西學為主體是什麼呢？或者應該說為什麼會以西學為主體呢？是不是表示說，我們從歷史上來看（這裡當然是後世的歷史觀察），晚清的努力失敗了？如果是這樣的話，原因出在哪裡？如果今天提議接續晚清，那麼另類的可能性在哪裡？或者避免出錯的主要地方在哪裡？這是一個重要的問題，比較歷史學的問題。

　　我的淺見是，所謂的以西學為主體，應該和語言的轉變有很大關係。簡單說，就是進入了西方學科的語彙。舉個例子，從五四以後，我們談的民主是晚清的民主嗎？我認為應該不是。晚清也大談民主，但這其實是傳統民為貴脈絡下的民主，今天講民主的時候它已經有很清楚的語言上的斷裂，概念上的轉變；而我們今天講的民主，當然是五四以後，以國家、公民為脈絡的民主了。同樣的，今天講文明，或者保教的教，都可能是五四以後的脈絡，其內容、意涵應該與晚清有相當的差異。所以即便歷史有一種延續性，我們也要很敏感地知道，它裡面有完全不一樣的內涵。五四以後，尤其是到了今天，我們所理解的文明可能跟後工業時代有關，至少跟工業革命有關係，也就是工業革命以後的文明概念，跟傳統的中國文明的概念其實有非常不一樣的內涵。我認為晚清可能恰恰處於這兩組文明概念轉變之際。「西學為用」的表層意義是把西學當做一個學科，在大學裡面、中學裡面教授，這是一個技術上的問題。我認為更嚴肅的問題，或更難解決的問題可能是，同樣的名詞背後所指涉的內容已經被偷天換日了。如果說歷史是緩慢演化的過程，那麼這個偷天換日的過程就可能不會很明顯，而且常常是在斷裂和延續裡面同時存在，使得我們的追索工作更加要緊，卻也更加困難。追察我們當代語言與晚清語言之間的差距，其實就是衡量兩個世界的距

離，以及形成此一距離的路徑與風景。晚清是舊世界結束的開始，以及新世界開始的結束，它與當代似乎隔離甚遠，卻又彷彿相似。這種似親又遠的關係，可能是我們重新審視一整套舊語言是否仍有現代潛能的機會。例如說華夏這個概念是否還有鮮活的現代意義。又如今天我們使用華夏或中國文明時，如何嵌合或嚴格區別聽眾心中可能已經認定的工業化文明。這是研究晚清、我們自身以及聽眾三者間的彼此的語言與價值認知時，重要而又困難的課題。

陳 明[4]：

　　剛才許紀霖先生提到了晚清和五四的關係，實際上牽扯到對整個晚清怎麼理解的問題。左派和右派關於現代中國的敘事，實際上都以五四為起點，如今將問題意識拉回到晚清，表明這個會議從一開始就提出了不一樣的思想抱負。王德威說沒有晚清哪來五四？實際上最重要的理解還有一個現實感受。台灣問題、香港問題，還有釣魚島問題，這都是近代史留下來的問題，而它沒有解決，就說明我們所謂的近代還沒有過去。

　　假設我們理解晚清可以超越當時的對立，就是將曾湘鄉、張南皮，到同時的康有為、孫中山串聯成一個線索的話，那麼實際上主要是一個救國的問題。面對西方的殖民列強，中國這塊土地上的這個政治實體陷入了危機。怎麼來克服這個危機就是一個核心問題。從曾湘鄉、張南皮再到康有為，以及到晚年的孫中山，他們的問題意識都是一致的，說白了，就是如何在維持這個土地的族群完整的前提下，來建立一個足以應對外部挑戰、滿足內部需要的一個國家。當然這裡面有一點點差異是，曾國藩、張之洞、康有為，傾向於救

4　首都師範大學哲學系教授。

亡的主體是政府，清政府，而孫中山，傾向於漢人來做這個事。孫
中山晚年選擇黨國體制，說明他還是感覺到需要一個精英團體來做
這個事，也就是我們所說的中華民族的先鋒隊。這是在當時無法迴
避的。我認為，把五四的鉛華洗掉，回到晚清，還是要突顯我說的
國家建構與國族建構的問題，所謂「三保」，其實就是國家與國族
的建構。

我認為，五四是對晚清的一種歧出，甚至說是背叛。為什麼這
麼說？因為它生產了兩套新的語言，用階級和個體替代國家和民
族，本來是保國、保種、保教，現在變成了階級的解放和個人的解
放。這至多也是別子為宗，所以說是歧出，如果不是背叛的話。這
個歧出當然是有歷史合理性的，比如說共產主義作為意識形態起到
了很好的組織動員作用，只不過現在需要轉身，需要從無產階級先
鋒隊調整為中華民族的先鋒隊。

唐文明：

感謝三位引言人。許紀霖先生對問題的概括很宏觀，而且我覺
得他的發言將這個問題尖銳化了。其實「三保」的主題裡面有很多
張力甚至矛盾，每個方案裡面都有很多問題。三種方案裡面都有一
個希望照顧全盤的思路，就是說，每個主題都不放棄，但是次序安
排不一樣，後面的思路都源自於此。比如，民族主義就來自保種的
思路，民族的概念基於種族，然後再加上歷史、文化、政治等因素，
就形成了後來的民族概念。陳正國先生的發言，要點在天下秩序到
世界秩序的轉變，前面很多老師的問題都跟這個有關。國際法就是
我們現在面臨的世界秩序的一部分，而古代天下的秩序則是另外一
個思路。他也同時點出了在這樣一個變化的過程中啟蒙主題的出
現。我們知道，過去敘述現代思想史的一個主題就是李澤厚講的啟

蒙與救亡的雙重變奏，但那仍是新文化運動為中心的。雖然在過去
的敘事中也將啟蒙的思路追溯到晚清，但在我前面說過的新的視角
下再來看晚清的啟蒙，意義是很不一樣的。另外，陳正國先生談到
文明的概念，關鍵的爭議在於，到底什麼是文明？或者說，是什麼
樣的文明？這是我們重估晚清思想時值得認真對待的最重要的問
題，比如說，弗格森《文明社會史論》裡面的文明，或福澤諭吉的
文明概念，在我們對於晚清思想中的文明概念的理解中，有何意義？
有何不足？這都是有待討論的。

陳明先生的發言可能有特別的針對性。其實台灣和日本的學者
也都清楚，在大陸思想界，關於中國未來前途的學術話語聚焦於如
何解釋現代中國，這個問題又往往落實在中國現代思想史的敘事
上，因為好多方向性的問題都集中在這個領域。這也從一個角度表
明了為什麼思想史在中國大陸學術界一直是一個跨學科的、非常熱
門的領域，人文學科與社會科學的各個專業的學者都會有興趣討
論。關於現代中國的每一種不同的講法，自然都會涉及一些價值判
斷，從而也就涉及對中國未來的某種想像。因此，在大陸學術界，
思想史是一個非常有意思的學科，和當下的問題結合得非常緊密。

既然關於現代中國的敘事，目前我們所能看到的都是新文化運
動以來的產物，都是基於新的世界歷史觀念的敘事，而這個新的世
界歷史觀念以及相應的文明意識具有很大的問題，需要進行根本性
的檢討，那麼，我們就有必要將思考的重心從新文化運動轉移到晚
清。如果要總結儒教傳統在遭遇這個重大變局時的應對策略與思想
調適，那麼，我們可以很清楚地看到，基於中西問題而思考古今問
題，與基於古今問題而思考中西問題，無論從思想方向上還是從實
踐議程上都會有很大的不同。我在思考這些問題的過程中，逐漸萌
生了一個想法，就是應當從儒教文明自我更新的角度來刻畫、看待

這些問題。到目前為止，我們還沒有看到此類思想史著作。如果從儒教文明的自我更新這個角度來構思，我們關切的焦點就不可能僅僅是自由、平等等現代性問題，而是自由、平等等這些現代價值以何種方式、在何種分寸上嵌入儒教文明的問題，或者說如陳正國先生所理解的那樣，人民與土地，教化與國家，心性與制度，靈與肉，應當有一個全盤的考慮和全面的理解。

　　正是從這個思路，我們會發現，討論晚清比討論新文化運動更有意義，因為晚清思想中的問題架構方式表明其思路還是立足於儒教文明的，而新文化運動以來的問題架構方式則表明其思路已發生了根本性的顛覆，正如許紀霖先生前面說過的。所以，在結論上我的大膽假設是，晚清思想絕不是新文化運動以來思想的一個過渡，也不應當將之歸於更為反動、落後的前現代而一筆勾銷，恰恰相反，晚清思想可能意味著中國現代思想的典範時期，對於我們重構關於現代中國的敘事意義重大。至於新文化運動以來的問題架構和思想傾向的根本反思，其實主要是要勘破啟蒙的神話。當然，這裡可能需要指出，啟蒙的神話不光是自由主義者深陷其中的一個迷障，左派也是如此，或者說左派更是如此，因為他們只是把啟蒙的思路激進化了，他們對啟蒙的批判只是從啟蒙遠遠不夠這個方向上展開的。因此，在我看來，重估晚清思想的重要性在於，可能為書寫中國現代思想史開啟另一種可能。

江湄[5]：

　　我一直在想一個問題，那就是為什麼近十年來，中國思想界開始越來越有一種回到晚清的趨勢，或者面對「五四」而重新關注晚

5　首都師範大學歷史系教授。

清的價值。就像陸胤所說的，像是倒吃甘蔗的現象。在場的幾位老
師，都已給出答案。我們可以把這一趨勢的源頭追溯到八十年代反
激進的思潮之中。反激進的思潮出現，當時的知識分子特別關注文
明的連續性與主體性的問題。我認為唐文明先生很關心這個文明的
連續性的問題。他認為中國文明主體性與連續性的重新建立，最後
應該落實到「教」的問題，即儒家思想、儒教如何重新成為中國文
明的靈魂。那麼陳明先生，則認為救國為先，自由派和左翼都沒有
深切地意識到這個問題，或者說沒有基於這個問題展開他們的思
考。我對陳明先生的想法既有同情，也有反對。有一些同情，就是
在晚清的時候，您說的救國，需要強人和賢人，領導中國走出困境。
那今天的中國是不是還處在這樣的困境之中呢？我覺得還是的，也
就是中國這條大船仍然處於歷史的三峽之中，危機重重，還是有國
將不國的危險。但是問題就在於，今天國將不國的原因與晚清不太
一樣，已經不是來自於帝國主義與殖民主義，而是今天的統治方式
不太適應今天中國社會發展的問題。假如帶著這樣的觀察和問題意
識呼籲重回晚清，我覺得引出來的東西可能是很複雜的。現在的一
些所謂左派、激進主義者也在呼籲回到晚清，就跟文明兄的思路很
不一樣。比如說上海大學的王曉明，他肯定是左派，但是他現在也
從五四回到晚清了。他回到晚清的方法也很有意思，他認為晚清是
早期現代，他編了一本「早期現代」的文集，寫了一篇序言。他所
說的回到晚清，是說晚清的思想人物，當然他是以康、章、梁為主
的，在他看來是真正的左派。什麼樣的左派呢？他認為這些人是真
正站在第三世界的立場上，在眾生平等的立場上，在弱勢的立場上
思考，並且有著大格局的理想主義，比如《大同書》以及章太炎的
「齊物論」，以及走自己道路的強韌心力，說得很動人。還有汪暉
先生也是，他提出來中國現代思想的一個線索是反現代性的現代

性，他認為章太炎是最具有反現代性的現代性的特徵的，他也認為
1900到1911年思想的複雜程度、反省程度超過五四時代。晚清思想
的可能性與複雜性，被五四運動給遮蔽了。我還知道一個左派的例
子，就是台灣的呂正惠先生，他肯定是左派，他現在也有這個思路，
他尤其對章太炎感興趣。他認為章太炎既是中國革命的源頭，也是
五四以後中國保守主義的源頭，這樣一個身兼五四以後革命性與保
守主義的典範，具有把革命時代跟中國文明傳統有機結合起來的可
能性。而他所說的這個思路，正是阪原先生所熟悉的，是五、六十
年代日本學者在研究章太炎時已有的思路。所以，重回晚清本身也
是值得研究的一個思想史現象。那麼，我為什麼要重回晚清呢？我
自己想到的是五四以後自由主義、保守主義、激進主義這樣一種三
分法，到了八十年代中國大陸變成了自由派、左派，保守主義或康
黨，這個劃分法，已經沒有辦法來說明解釋中國大陸思想界的動態
了。所以大家想回到晚清去，找一個時代，它對我們這個時代能夠
具有更有效的象徵意義。因為思想史研究與其他研究不一樣，在學
院派看來不夠實證，但是思想史的研究往往能夠引起社會與政治的
極大關注。就是因為思想史可以找到對於社會政治有效的象徵意義
的敘事。那回到晚清是找什麼呢？我覺得我們回到晚清，就是尋找
一種對於今天中國大陸思想界的走向和現狀具有更有效的象徵意義
的敘事。文明兄今天下午的努力，我想就是在尋找這樣一種敘事：
保國、保種、保教。但仍然不能說服我，我還是覺得不是那麼好，
我還在期待一個能夠切中肯綮地來解說和劃分晚清思想格局的敘
事，同時這個晚清敘事是可以對於今天的社會政治有著有效的象徵
意義。

陳壁生[6]：

我接著江湄教授談談我的看法。如果說中國大陸的學術界最近幾年有一個非常明顯的熱點的話，那就是對晚清思想、學術的重新重視。為什麼現在會特別重視晚清呢？我的看法跟江湄教授一樣，就是因為晚清的複雜性被五四的啟蒙話語遮蔽了。五四啟蒙話語指的是理解現代中國的種種觀念預設，像科學、民主等等。新文化運動之後，這套話語和思維成為中國學術的主流，也就是說，後來中國現代學術的建立與發展，基本上是在五四的脈絡中展開，最終形成我們今天所見的中國現代學術格局。而我們今天也是在這個格局中認識、理解中華文明的。一百年來的學術史、思想史，基本上就是活躍在這一脈絡中的人物與思想。但是還有許多人物和思想都在這一主流脈絡之外，沒有被充分重視。

隨著對中國文明理解的深化，越來越多人認識到，在五四以來的這一脈絡中理解中國的模式有其不足之處。甚至可以說，要更加深入地理解中國文明，五四成為一個瓶頸。在過去的十幾年中，如何認識中國，始終是一個最基本的問題。許多學術論著都或隱或現地回應著這一問題，而民間的「國學熱」現象，同樣也是對這一問題的回應。認識中國文明，既包括歷史中國，也包括現實中國。而這種認識，背後是百餘年來「中國要往哪裡去」的老問題。但是強調中國自身並不是否定西方，也不是否認人類有普世價值，而是說，如果我們對中國傳統文明的認識，一直都停留在拿西方的某一派思想，某一種學科來解釋中國的話，那就不可能真正的理解中國。對於中國文明的態度，不管是極端保守的原教旨主義，還是完全拋棄

6　中國人民大學國學院教授。

的全盤西化，都首先必須對於中國文明本身有一種深切的理解。但是在真正理解中國文明這一問題上，五四以來的思路沒辦法滿足我們的需求。我們讀胡適的半部《中國哲學史》、《白話文學史》可以看到，實在太現代了，太意識形態化了。看當時的「整理國故」運動，簡直就是一場意識形態運動。可以說，建立在五四以後的整理國故基礎上的文學、歷史、哲學或思想史，沒辦法深刻理解舊的傳統中國到底是什麼樣子。因此，要認識中國，必須對中國文明有新的理解。對晚清的重視，正是在這樣的背景下展開的。關於「晚清」這一概念，我認為政治上與學術上有一定的差別，政治意義上的晚清，大致上開始於甲午，終結於辛亥，而學術意義上的「晚清」，則開始於甲午之前，而終結於五四。辛亥至於五四，在學術上仍然可以看成晚清的繼續。這個時代，是新舊交接的時代，是廖平、康有為、皮錫瑞、章太炎他們這一撥「不新不舊」的人的時代。這個群體的學問之中，有對傳統中國和中國未來兩個方面的理解，而且更重要的是，在他們眼裡未來中國是傳統中國的延續，也就是說，「中國」本身自有延續性。此外，對我們今天而言，他們的學問還有一個特點，就是尚無明確對於文學、歷史、哲學這樣的西式學科劃分，因而可以比較整全地思考中國本身。正是在這樣的意義上，今人可以看到許多可以用於思考我們今天現實問題的學術資源，而且這種資源，正是經過五四的洗滌與現代學術分科之後的學術所無法提供的。

所以，我始終覺得所謂的回到晚清，準確來說，是認為我們的思想資源除了五四之外，要連被五四之後所遮蔽的晚清的資源也考慮在內：晚清作為學術資源要真正被認識、被重視，而不是其他意義的回到晚清。儒學研究也一樣，認同儒學是在現代人的意義上認同傳統，而不是回到傳統、回到古代，否則一旦墮入現在流行話語

意義上的原教旨主義，就會變成自說自話。

在強調晚清的重要性的時候，我認為還必須強調晚清的艱難。晚清的艱難在其多面性與複雜性，事實上，也正是因為它的多面性與複雜性，才更加顯示出它的重要。我們今天根本就沒有一個理論或眼光可以極其清晰地對晚清進行描述與定義，這才是晚清的魅力所在。晚清的複雜性表現在許多思想觀念，在我們今天，可以進行多樣化的解讀。康有為也好，章太炎也好，包括我所重視的曹元弼，他們的努力，有的進入哲學史、思想史或學術史的主流，有的則被徹底遺忘。但是當我們真正進入這批學者的內心世界，可以發現，在他們的思想中，存在著許多模糊不清的東西。比如康有為對孔教的理解，我覺得就是特別模糊、可以有各種解讀的；章太炎對於民族主義的理解也是如此。但是這些看似模糊的東西，恰恰包含著穿透時空的洞見，可以成為我們新的理論生長點。對晚清許多人物及其思想，我們之前的認識實在太少，包括像康有為和章太炎這樣的大人物，許多認識基本上都是來自常識的理解，直到這幾年才有一些認識的突破。這種突破就表現為把他們拉到我們的時代中，參與我們時代問題的討論。正是有了這樣的突破，我們可以說，晚清的生命力現在才真正開始表現出來。

但我認為，晚清的重要性現在已經開始被認識，而晚清的艱難仍然沒有被充分重視，像康有為、章太炎這些人物，他們的思想有很多問題，但是其中的艱難卻沒有為我們充分認識。艱難在哪裡呢？這批學者基本上都是站在傳統中國、傳統文明的內部看西方，他們對西方的態度，是反思性地接受，雖然有反思的程度差別與接受的程度差異。而我們則是在一個已經經過兩次大革命之後，站在現代的立場上看古代。如果不體察我們與晚清之間的這種錯位，可能無法真正深刻地認識晚清。現在有許多人還認為，晚清學習西方，學

得太膚淺，跟我們今天相比幾乎不值一提。但事實上，即便像康有
為、章太炎這些比較激進的人物，他們所接受的「粗糙」的西方思
想，一旦與中國傳統思想相結合，就發展出一套驚人的有力的理論。
而這套理論的背後是中國的文明傳統，中國文明傳統的核心還是在
經學之中。可以說，晚清那些重要的學術人物，他們在說話的時候，
每一個人的身後都屹立著中國兩千多年的古典文明。但是我們在準
備消化晚清的時候，有沒有準備去消化這兩千多年的文明？我覺得
我們還沒有做好充分的準備。

陸胤[7]：

聽了壁生講的，很有感觸。所謂晚清的艱難，的確如此。張之
洞有四個字來形容當時的處境，這就是「荊天棘地」，天地之間都
是荊棘，好像沒有地方去了。很多晚清人物的狀態是漂浮的，所以
我們現在很難確定其在晚清的思想光譜中處於什麼位置：激進或保
守。庚子之後，張之洞就有一段時間特別激進。這種劃分很沒有說
服力。庚子之後，荊棘銅駝，亡國跡象已經顯現。把握這種漂浮的
對象，我覺得對於既有的學術方法是一種挑戰。我想強調的第二個
論點是，處理晚清的研究應該有其自己的文獻學，不止說史料學的
問題。這次很多學者都講到西學與中學的交涉問題，面對材料首先
是大量外文文獻的進入，然後是報刊雜誌的出現，然後是電報的出
現，對於思想變化的作用；還有圖像的東西，越來越多新科技的湧
入。所以，處理晚清人物不能和宋明理學或先秦人物一樣，這使得
我們現在需要建立一個晚清的文獻學，這是一個比較重要的問題。
我想談的第三個問題是，唐老師選擇晚清這個詞，我非常認同。近

7　北京大學高等人文研究院副研究員。

代這個詞實際上很麻煩，所謂近代性，因為除了近代還有現代，所以很複雜。而晚清則從中國本身來，初盛中晚，有晚唐、晚宋、晚明而有晚清。首先是一種末世感，第二個是一個被這種末世感所逼出來的很多人的驚人創造力，很多人的奮鬥，在這種荊天棘地的境況下如何開闢一條新的道路。還有更加重要的一點，其實晚清，我覺得是應該和民初是分開的。更有意義的，我認為清末民初屬於舊民主主義時期，而晚清之不同則在於承認王朝的意義，皇帝的意義、皇權的意義，這是我們看待晚清時很重要的一個把手。其實張之洞主張中體西用，最後的底線就在於皇權；脫離了皇權，很多東西就根本堅持不下去了。康有為和很多人到了民國，都被貼上了遺民的標籤。比如台灣中研院的林志宏先生，提到所謂民國乃敵國也。這樣一種皇權、皇帝、帝國的意識，都可以包含在晚清這個概念內。講到晚清，也需要一種國際的視野。晚清教育史中，讀經與反讀經的爭論，實際上有一個很重要的背景，就是19世紀的古今之爭，歐洲學校要不要教希臘文、拉丁文，這也是影響到晚清的。這就需要我們也有更為廣闊的國際化視野。

陝慶[8]：

　　我第一次接觸晚清的文本，那已經是十一年前聽王曉明老師講《中華民國解》。他是從龔自珍、魏源開始講起。所以王先生關心晚清問題是很早的，但他一直沒有形成系統的著作。我覺得王先生對於晚清的理解，很像趙園先生對於明代士大夫的感覺：光明俊偉的人格。他很佩服這些人的志氣與心力。就像島田虔次所說康有為身上有著那種文明的逞強之心。他們既有像陳壁生所說的那種難

8　寧波大學中文系副教授。

度,就是有一種特別悽愴的表述,比如魯迅在〈摩羅詩力說〉裡面說:「寂寞為政,天地閉矣」,好像一個文明的樞紐全部關閉了。但我們讀他們的時候,又感到他們也有著自我輝煌的那一面,他們身上實際上有著驚人的創造力。我的博士論文寫章太炎實際上非常冒險,因為這需要極大的視野和知識結構,但我還是做了,就一邊做一邊補充自己。我對閱讀晚清,實際上就是時事的感受。晚清的變革,不僅是第二次鴉片戰爭到甲午戰爭,每隔兩三年,風氣的變化就是特別大。孔子所謂聖之時也,儒家之所以在今天還能為我們所接受,就是能夠不斷地應對時事,在源流之中文明進行自身的更新。我們今天討論這個問題,實際上還是在處理今天的時事問題。我們去讀晚清,會發現他們每個人都有著不同的立場,但我們再抱定他們某一個人的立場實際上就不合時宜了。我們光看康有為或嚴復或章太炎,很難看到那個問題,我們恰恰要在他們的爭辯當中,才能把那個問題浮現出來。

阪元弘子[9]:

我昨天提及杜亞泉,他讀了日本人中西牛郎於1896年所著的《支那文明史論》,其中從宗教角度提示了漢族文化的優點,杜亞泉此後對漢族文化持有了更多的自信,開始離開宗教問題討論東方文明問題。而且杜亞泉比這個日本人擁有更多化學知識,他想以20世紀科學補足東洋文明的不足之處,使東西文明化合反應,變為有一「絕新」特色的東洋文明。他不久就主張「我黃色人種建設社會於亞細亞」,這是「東洋文明」;「白色人種建設社會於歐羅巴」,這是「西洋文明」。可以說,他的東西文明論已經跟黃白人種觀結合起

---

9   日本一橋大學歷史系教授。

來了。當時日本的思潮也是如此，日本人認為自己代表黃色人，這當然跟所謂社會進化論是有關的。

汪暉先生昨天說起「二十世紀」這個時代概念，這當然跟霍布斯鮑姆所總結的「極端的年代」有關。我想對於中國而言，「二十世紀」這個概念在近代實際上是在從甲午戰爭，之後經過變法運動，再到1898年嚴復翻譯《天演論》這一過程中開始出現的。而從19世紀中體西用論者一直到康有為，他們認知中的進化論，都是樂觀性的而不是非常殘酷的、優勝劣敗的進化論。簡單來說，《天演論》之後的進化論發生了變化，成為「優勝劣敗」式的，這才產生了後來「二十世紀」的問題。在杜亞泉的思想中，也看得見對於這一變化的深刻回應。

為了思考「二十世紀」的問題，我想講一小段日本的歷史。在甲午戰爭後的1903年，日本資本主義已經發展起來，使日本走向了富國強兵，在下一年日本與俄國開戰後，更是發展成為暴力性力量。在這一背景下，日本於1903年舉辦了第五屆日本內國勸業博覽會，也就在此時發生了所謂「人類館事件」。這屆博覽會在大阪召開，選定的會場原本是貧民區，政府動員黑社會力量驅除了全部貧民，強制將他們遷移到更南的地區[10]。這個博覽會規模相當大，並且仿效了之前的世博會。1889年巴黎世博會後，流行將殖民地的原住民及其集落展示給宗主國臣民看，使其產生優越感，以此來將殖民地主義和帝國主義正當化。日本正是學習了這種方式，計畫在「人類館」中陳列「近鄰異民族」，如中國人、日本原住民、台灣原住民、琉球人、印度人、印尼人等等，讓他們在館中過「野蠻」生活給日

---

10 對這段歷史，日本學者酒井隆史作了全面周到的研究，參見《通天閣新‧日本資本主義發達史》（東京：青土社，2011）。

本國民看，以便讓日本人認同自己為「文明」民族。當時中國已經決定廢止科舉，因此很多中國人開始到日本留學，留學生聽到這個消息後，當然表示強烈抗議。但是其抗議方式有問題。他們說日本不應該把文明的中國人同「未開野蠻」的台灣原住民一樣看待。不只中國人，琉球人也對此抗議說，不應該把文明琉球人跟「未開野蠻」的日本北方原住民一樣看待。這就造成被歧視的人又歧視更弱小的人，這種「文明與野蠻」的對立概念（對此章太炎批評過）與社會進化論結合，很容易形成人種歧視觀念。

整個「人類館事件」的過程，象徵著隨著資本主義的發展，殖民主義和帝國主義的暴力性增強，東亞也出現了階級性、種族性的歧視關係。我想，中國歷史學家在討論「二十世紀」這一時代概念時，似乎並未充分注意到這個問題。甚至連滿洲國也可以說是個更大規模的「人類館」企圖，因為日本一方面宣傳「五族協和」，一方面卻壓迫中國人。當時比如在日本國內遭遇歧視的琉球人，聽信滿洲國是個完全平等國家之類的好話，大量到滿洲成為「開拓民」，結果在那裡還是被從其他地方來的日本人歧視，而且琉球人本身也被逼迫歧視中國人。「五族協和」完全成為了幻想。

我想杜亞泉對東西文明之路向的討論，能夠對我們思考中國的「二十世紀」問題有所啟示。

黃克武[11]：

我約三十年前開始研究梁啟超、嚴復，沒想到三十年後，晚清變得這麼熱門。首先要回應陸胤先生所講的晚清文獻的複雜性，跨國性都很強，這是一個很大的挑戰。現在有互聯網和電子文庫，其

11　中央研究院近代史研究所特聘研究員。

實提供歷史研究很好的機會。晚清正是新舊交雜的時代。所有這些文本基本上都牽涉到中西新舊，時務報等晚清報刊裡面的很多文章牽涉到翻譯的迴圈，有些報導起源於歐洲，或俄國，譯介到日本，再到中國，而之後也可能被譯介到東亞其他地區，整個迴圈是一個非常漫長的知識的交換，晚清還真是一個值得開發的寶庫。第二點，我自己的感想是，反激進主義實際上在台灣是一直存在的。像我們所生長的那種環境，一出生所面對的文化環境就是五四與反五四的辯論，像李敖所代表的的五四激進主義，與唐君毅、牟宗三、錢穆先生的新儒家在我們心中反復交戰。所以這樣的思考在台灣其實已經進行了很久。我也很感念，五、六十年代，唐君毅、牟宗三在那樣花果飄零的時代堅持對儒家理想的反省。也就是講港臺新儒家進行的這個工作是有意義的。那麼反思之一呢，就是剛剛大家談五四的狹窄化。的確如此，王德威所談的沒有晚清何來五四，基本點就落在他要鋪陳的是一個特別複雜的現象，也就是說，晚清的各種新的小說、文體、思想的產生，其實是已經展現了一個很廣袤的世界，這個世界裡面的潛藏能量對我們而言有著很重要的啟示性，這個啟示就是，當我們第一次面對西方挑戰的時候，我們實際上是有著很多的應對方式。而到了五四之後狹窄化，也就失去了主體性。這實際上是我們需要深刻反思的。我們實際上應該就是像江湄、壁生剛剛所說的，對於晚清來說，應該是找資源，而不是找真理。五四的狹窄化，其實就是向西方找真理。我們要回到晚清，那也應該視為是思想的資源，理解複雜的歷史情境，而不是找真理。晚清的資源性，也不是抓來就可以用的，而是幫我們去理解一個複雜的、開拓的思想衝撞。這就牽涉到我近年來在大陸開會，感覺現實感是太強了，這個可能是需要反思的。對於學術研究來說，現實感當然是需要的，比如我也知道我的出發點是一種現實感，我研究嚴復，其根

本關懷當然是思考中國向何處去。如果說現在有康黨，那我至少是嚴黨或梁黨。我從嚴復或梁啟超出發的學術脈絡是很明顯的，像我的書也受到左派的批評，說是全球化主旋律的一個注腳。可是我覺得把晚清當做一個思想交流對話的場域，所有思想其實都有很強的針對性，你看，其實章太炎對於康有為、嚴復都有回應，所以互相之間的對話性是很強的。所以如果能夠更清楚去掌握對話的複雜性，並從對話之中感受到一些新的時代觀念來應對挑戰，這對於我們來說是有啟示性的。事實上，我跟大家一樣，都是在問何為中國這一問題。葛兆光的書也在說，中國是什麼？這個問題實際上是有一個非常寬廣的縱深，像晚清的革命黨大多數從清朝本身出發思考，而出怪招的章太炎一下子上溯到漢代，這就是說晚清其實積累了很深厚的歷史脈絡，而瞭解中國歷史的確應該跨越某一時代，返回整個中國歷史，這的確是一個應該走的路數。我們先不問中國往何處去，而是問何為中國？就像唐老師的名字很好，就是再創文明。汪暉先生講的反現代性的現代性，其實裡面是有著千絲萬縷的聯繫。有一部分是從西方而來，有一部分是從反啟蒙、反西方的方面來的，其中的意涵極其豐富。所以我還是要再次表示感謝，這次會議真是一次盛宴。

唐文明，北京清華大學哲學系教授，儒學研究中心主任，研究中國哲學與思想史，美德倫理學，比較宗教學，近著包括《隱秘的顛覆：牟宗三、康德與原始儒家》（2012）、《敷教在寬：康有為孔教思想申論》（2012），即將出版《彝倫攸斁：中西古今張力中的儒家思想》（2018）。

思想人生

作全球化的人類學家：
記李亦園先生

李懷宇

一、「考古這條路很寂寞」

2017年4月18日，李亦園先生在台北仙逝，享年八十六歲。近年余國藩、高友工、李亦園諸先生遠行，不勝人琴之感。

2009年5月16日，我初次到台北訪問李亦園先生。從中研院步行到李先生家，只需幾分鐘的路程。因為藏書太多，李先生在住家之外買了一個單元作為書房，每天在此讀書會客。客廳掛著李先生的老朋友余英時先生的一首舊詩：「鳳泊鸞飄廿九霜，如何未老便還鄉。此行看遍邊關月，不見江南總斷腸。」

李亦園先生晚年聽力不太好，但講話鏗鏘有力，回憶故友舊事思路清晰。提起在哈佛大學向楊聯陞先生問學，李先生便帶我到楊先生所送的畫作之前，感歎楊先生中年以後身體不佳。談到在匹茲堡大學結識費孝通先生後成為忘年交，李先生又在書中找到費先生的題詩。

李亦園出身泉州的書香門第，從小對人文科學頗有興趣。1948年夏天，李亦園從泉州培元高中畢業後，與同學相伴坐船到台北考入台灣大學歷史系。1949年8月30日泉州忽值山河改，李亦園從此和

家鄉斷了聯繫，唯一的生活來源是獎學金。

在台灣大學歷史系二年級時，李亦園選修了著名學者李濟的「考古人類學導論」，開始接觸人類學，學習興趣油然而生，進而申請轉入考古人類學系。當時考古人類學系剛成立一年，尚未有三年級，轉系必須從二年級讀起，而且學校規定降級生不能再拿獎學金。正在為難之時，教務長錢思亮建議李亦園去見唯一能改變此事的校長傅斯年。見面後，傅斯年說：「學考古要吃苦，要到野外去，這條路很寂寞，你已經立定意志了嗎？」李亦園答：「是。」傅斯年又說：「考古比歷史難喔，李濟老師很嚴格的喔！」李亦園說：「李濟老師的課我考了九十九分。」傅斯年點點頭也就批准保留李亦園的獎學金：「我給你獎學金，但是你要記得這是特例，你要規規矩矩，要有恆心地學習。」

談到現在大陸學界對傅斯年的評價越來越高，李亦園說：「傅先生有一句話『上窮碧落下黃泉，動手動腳找東西』。這可以說是開創了一個新的研究方法。他主持台大實際上只有一年半，但是在台大沿襲北大自由開放的傳統。即使經過國民黨白色恐怖的時代，台大還是保持了非常自由的學術傳統，不太受到政治壓力的影響。文學院門前有個鐘，就是為了紀念傅斯年，叫做『傅鐘』。台大上課下課中間的敲鐘，就是傅鐘的聲音響了。台大大門右側有他的墓，叫做『傅園』，蓋得很好，每年12月20日都有老學生去行禮。」

當年台灣大學正是大師雲集的時代，李亦園讀書全憑興趣。由於老師多，學生少，李亦園常到老師家問學。李濟先生的兒子不在身邊，李亦園經常到他家幫忙，在平常的談話中，理解老師做學問的作風。畢業考後，李亦園請求李濟臨別贈言，李濟問了一個問題：「假如一個網球掉在一大片深草堆裡，而你又不知球掉進入的方向，你要怎樣找球？」李亦園一時不知如何作答。李濟隨即代他回

答找球之道：「只有從草地的一邊開始，按部就班地來往搜索，絕不跳躍，也不取巧地找到草地的另一邊，才是最有把握而不走冤枉路的辦法。做學問也如找網球一樣，只有這樣不取巧，不信運氣地去做一些也許被認為是笨工夫的工作，才會有真正成功的時候。」

1953年，李亦園畢業後留校任助教。1955年8月，中研院在南港建立院區不久，在李亦園的老師凌純聲籌畫下，成立民族學研究所籌備處。李亦園應召進入中研院，全力協助凌純聲創建民族學研究所。李亦園回憶：「凌純聲先生是民族學最早的開創者。他的《松花江下游的赫哲族》是民族學的典範著作。凌先生很有學者的味道，對學生非常照顧。他跟我的關係非常密切，是他送我到哈佛大學讀書的。」

1958年秋，李亦園獲得哈佛大學燕京學社的獎學金，赴美留學。當時他的大學同學張光直已經早三年到哈佛大學了。李亦園回憶張光直：「他常常一個禮拜只有三天睡完了一夜的覺，有四天是不睡覺的，太用功了，所以身體弄得不好。他不到六十歲就有帕金森症。後來做中研院副院長，手已經發抖了，還盡力地做。在剛到七十歲那一年就過世了，很可惜。他不僅在台灣影響很大，對大陸的考古界影響也很大。他是我們系栽培出來的最好的學者。」

在哈佛大學兩年的學習，李亦園自覺對後來的學術生涯有很大的影響。他笑稱不像張光直那麼拼命，也幾乎每天都讀兩三百頁的書。哈佛許多第一流的教授讓他受益匪淺。人類學系的主持人克羅孔教授是一位全才的人類學家，對民族、考古、語言乃至體質人類學均有涉獵，講課很吸引學生。李亦園回憶：「他說研究一個小村落或小城，一定要看到整個區域的問題。從一個大局要看到全人類的問題，這才是人類學家。他說人類學是把全人類當成研究的對象，研究這個社會是為了跟其他的社會作比較，才有意義。」

　　從哈佛取得碩士學位後，李亦園回到台灣，在學術和行政上皆表現卓越。1968年，中研院院長王世杰找李亦園懇談，想讓他任中研院代理總幹事。李亦園以自己當時才三十八歲，不好接下如此重任來婉拒，王世杰說：「我三十八歲就當上武漢大學校長了！」李亦園出任中研院代理總幹事兩年多後，1970年接任中研院民族所所長至1977年。1984年至1990年任台灣清華大學人文社會學院首任院長。

　　李亦園是台灣人類學界的奠基者之一。談到人類學的源流，李亦園先生笑道：「遊歷家徐霞客是我們最老的前輩。凌純聲先生1920年代開始在松花江進行田野工作，最後形成這門學問的功勞應該歸蔡元培先生。」而人類學在台灣的本土化，李亦園功不可沒。「我們反思，即使是來自西方的學問，要怎樣才能本土化。從我任民族所所長時，1970年代開始有本土化的趨勢，能夠擺脫西方的教條，擺脫西方人的眼光。我們跟幾個心理學家、社會學家共同發起研究，把不同的社會學科放在一起，反省西方的觀念是否適宜放在純粹的中國研究上。這裡面很重要的一個人物是楊國樞先生，他建立的是本土心理學。」

　　閒談中，李亦園先生對同輩的余英時、張光直、金耀基頗為欣賞，而回憶費孝通、李慎之、王元化等大陸故交，感慨良多。我好奇地問起中研院的趣聞軼事，李先生如數家珍，解了我不少心頭之惑。李先生不失人類學家本色，請我到家中吃晚飯：「我們做人類學的學者就知道，單單談話是不夠的，要讓你知道台灣一般人的生活，感覺會更完整一點。」當晚地道台灣家常菜美味可口，而李先生一家其樂融融，更讓我一掃異鄉異客的感覺。

　　2015年初春，我再度赴台，由黃進興先生帶去拜訪李亦園先生。其時李先生身體已不如前，聽力尤其下降，我們交流時只能提高音

量，還依靠黃先生在旁解釋。但李先生笑稱「有朋自遠方來」，精
神大好，談興甚濃，對故鄉更充滿思念之情。

二、嚴謹的學術園地

　　李亦園在中研院超過半個世紀，曾任代理總幹事。我請教他如
何看這個重要學術機構的變遷？李先生說：「以中國學術發展來說，
中研院算是開創性引進西方學問、同時保存傳統的重要機構。蔡元
培先生是翰林，中了進士以後還到德國去留學，回來以後把中西文
化併在一起。他在中研院用的人都是第一流的學者，最早的總幹事
是楊杏佛，楊杏佛是一個有新思想的人，幫蔡先生把中研院很多基
本研究所建立起來，後來因政治事件被暗殺，蔡先生也因而避去香
港，而請了很有名的地質學家丁文江做總幹事。所以在丁文江時代，
總幹事等於是代理院長。」

　　1955年，李亦園進中研院時，院區剛搬到南港不久。他回憶：
「中研院1949年遷到台灣桃園縣的一個小地方，借用一個鐵路局的
倉庫來做研究。到了1953年，台灣穩定下來，那時的院長朱家驊覺
得中研院不應該在那裡。朱家驊常到南港附近釣魚，發現這一帶環
境不錯，而且土地很便宜，就買下這塊土地，1954年完成了南港的
佈局，這便是現在的院區。當時只有兩個研究所，一個是歷史語言
研究所，一個是數學研究所。定下來後逐步開拓新的研究所。最早
開拓的是民族學研究所和近代史研究所，民族學研究所是在1955年
成立的。朱院長找凌純聲先生任民族學研究所的所長，因為凌先生
在南京的時候是他的邊疆教育司司長，近代史研究所的所長郭廷以
先生是他的高教司司長。我在台大做了兩年助教以後，1955年跟著
凌先生到南港來建立民族學研究所。凌先生年紀大了以後，我就接

任做第二任所長。我在接任所長之前曾代理中研院總幹事，這段時間很有趣。我在做總幹事時做了一件比較重要的事情，就是給所長等主管規定了任期，三年一任，最多只能做兩任。這種做法後來變成了台灣各大學沿用的傳統，能讓新的人員有機會負擔起行政責任來。當然也有缺點，假如那個所正好沒有合適的人，就很難了，所以現在多少有點改變，假如有困難可以接第三任。」

中研院院士是學術界很高的榮譽，評選非常嚴格，其中如何操作呢？李亦園先生說：「一開始就是很慎重的事情。整個過程有幾關，第一關是要組織一個籌備委員會，把各種規則做好，然後是通告提名。提名過程中分為兩類，一類是五個院士提名，籌備委員會稍作審定即成為被提名人；也可以是各個大學提名，委員會就開會做審查，然後送出去由專家再審查，才確定成為被提名人。第二關是決定被提名人以後，送出去給各組院士假投票，然後排列假投票的次序。假投票的資料是提供給評議會選舉的。評議會成員大半是院士，開會討論很久，評議會投票結果才是候選人。最後是院士會議投票，投票分兩次，分組投一次，全體投一次。最後才評選出院士。那是很嚴格的審查過程，比如2008年有七八十個候選人吧，最後選上院士的只有二十幾個人。」

三、以大的視野來看人類

晚年，李亦園先生對全球化的問題比較關注。他說：「這多少因為有點人類學的底子。同時，我在台灣清華大學有幾位年輕的同事都是關注全球化的，在交往談話當中，我從他們那裡得到很多全球化意義的思考。一代又一代的人相互影響是很重要的，我也有跟年輕一代學習的心。從我的立場來說，中國人並不是落伍的。17世

紀以前，中國人的科學，對宇宙的理解是全世界程度最高的。17世紀以後我們對於知識的追求著重於人文的關係而不著重了解自然，原因就是不願意過分的發展。但是不幸地，西方的發展壓迫過來，所以後來胡適先生那一輩的學者不得不接受西方，迎頭趕上。但對於全人類來說，假如世界維持中國這種逐步發展而非過分發展的模式，還是一個比較好的道路。17世紀中國的一些學問家理解的東西，甚至醫學，都是全世界最先進的。因為中國儒道基本的原則是不過分發展，所以沒有走上西方科學的道路，這就是文化立場的不一樣。現在，我們要期待各種世界性的組織慢慢地抑制過分發展，如關於環境變化的問題。」

李亦園先生對華人社會的交流具有開闊眼界：「希望國際的形勢也轉變，國家的政治不再重要，大區域的合作變得重要。這也是跟我同一輩人的立場。歐盟可以用同一種貨幣，一個護照可以走好幾個國家。國家內部的治理自己來，但國家之間不要形成惡性的競爭，而是保持合作的關係，這樣慢慢就可以解決問題。」

1980年，李亦園先生去匹茲堡大學做訪問教授。當時費孝通先生恰到美國訪問，到匹茲堡大學看望他的同班同學楊慶堃教授。李亦園向楊慶堃常有請教。費先生來了，楊先生請李先生去談話，相見甚歡。讓費孝通吃驚的是，李亦園對他的書都很熟悉。原來在哈佛大學讀書時，李亦園寫研究報告，用費孝通的書很多，對《鄉土中國》、《江村經濟》這些著作都熟讀。費孝通聽後說：「我的書在台北是被禁的。」李亦園說：「被禁還是要讀。」費孝通很高興，跟李亦園談了一個晚上。

1983年，香港中文大學舉辦一個學術研討會，李亦園先生從台北，費孝通先生從北京，到香港見面格外親切。後來，費孝通幫李亦園將母親從泉州送到香港，李家得以母子重逢。此後兩人有十來

次在各地開會交流。2004年，李亦園到費孝通家拜訪，當時費先生已經不能下樓了，李先生到他臥室去見面談話。上海出版《李亦園自選集》時，費孝通題字：「海峽分西東，學同誼自通；九州多開闊，比翼遨長空。」

兩人是忘年之交。李亦園說：「費孝通先生的研究非常重要，對學界影響很大，是一種開創性的研究。他研究的是鄉村，我研究的也是鄉村。他是人類學，我也是人類學。他學的是英國式的人類學，我學的是美國式的人類學，卻很受英國式的影響。所以兩個人談得很投機。」

李亦園和王元化、李慎之都有深厚的感情。他說：「我1989年第一次去大陸學術訪問，李慎之先生是社科院副院長，接待我，談得很好。後來有一次在杭州開會，又碰到他。香港科技大學人文社會學院有一個顧問委員會，正好他是委員，我也是委員。所以他一直說：『我們兩個很有緣。』他過世的時候我寫了一篇文章紀念他。我也跟王元化先生熟悉。『北有李慎之，南有王元化。』我是碰巧運氣好，跟兩位大陸的前輩著名學者有交情。王元化先生也是我在那次杭州的會議上見面的，後來到了上海常找他。有一次王元化先生到台北來，我們接待他。他很熟悉我們這邊研究的情況。」

當我訪問李亦園先生時，他的老朋友沈君山先生已經變成植物人了。李先生說：「沈先生是一個非常寬廣的人，注意社會問題。他是一個標準的中國人，現在使用的『中華台北』一詞就是他定的。這個說法很恰當，兩邊的尊嚴都保留了，大家都是中華，這樣大家都能接受，沒有損傷。也許將來，政治的國家慢慢地不重要了。合在一起對兩邊都好，對世界全球化進程更有推動力。全球化是沒有辦法倒回去的，讓全球化的過程更順利一點，和氣一點，是非常重要的。人類最原始的時候，一個部落跟另一個部落打仗，後來是一

個國家跟另一個國家打仗，再後來是世界大戰，最後大家體會到武力不是最好的辦法。鬥爭是動物的本性，我們人類應該有智慧跳出動物的鬥爭惡習，合作才是共同往前走的道路。假如鬥爭過分厲害，資源的競爭，各種實驗的競爭，對地球的影響，將導致人類的滅絕。自地球產生以來，不知有多少物種滅絕了，就是因為過分發展，走到死胡同裡去，就滅絕了。人類知道自己不能走到滅絕。從前北美洲有一種動物叫做大角鹿，用角來打仗，對抗，角越大就贏。經過幾百萬年的演變，大角鹿的角非常大，最大的時候就跑不動，最後被別的野獸吃掉。過分地發展它的角，本來是有利的，最後無利了，這是最好的例子。人類的文化就是如此，過分鑽牛角尖，可能卻成為不利的，那時人類就走上滅絕的道路。所以大區域的合作，是全球化必然走的道路。德、法兩國是世仇，現在是歐盟合作兩個最大的基礎。亞洲也是如此，每個大區域的合作，慢慢變成大區域聯合，是人類往前走最好的道路。壓制一些不需要的發展，促進共同的發展。中國文化的根本就是不能過分的超越可能性。我們學人類學的人，是以全人類為目標的，這對人類整個發展過程是十分重要的。台灣和大陸合在一起，成為東亞發展過程當中的力量，十分重要。東亞連同整個世界的發展，人類才有一個光明的未來。現在任何一個東西都能對人類進程有影響，新流感成為世界一個大的瘟疫，只有大家共同合作，才能把它切斷。這些問題都是最重要的問題，知識份子應該多加理解。我跟李慎之、王元化先生談過，他們的目標也是這樣，著眼於全人類，而不是狹窄的看法。」

　　李亦園先生研究的基礎是從台灣到東亞，最後看到的是整個世界，以大的視野來看人類：「人類雖然有種族的差異，但基本上都是同一個生物基礎的，並沒有聰明才智的差別。美國人以為黑人笨得不得了。黑人在差的環境中當然不能與美國人在智力競賽上一

樣，但把一個美國人送到非洲荒野或沙漠中，生存的能力就遠不如
一個非洲黑人。在那個地方，黑人比美國人聰明。所以說人類的智
慧會因為環境而不同，但不會有根本的差別。以整個人類的觀點來
看人類，才是最根本的問題，這是人類學家最重要的立場。全人類
是平等的，是一個種族。雖然有膚色、高矮的差別，但在智慧上絕
對沒有差別，只要環境一樣，人類的智慧也是一樣，這一部分的研
究叫做體質人類學。體質人類學、文化人類學、考古學這三種學問
合在一起，是人類學基礎的學問。」

　　李亦園：1931年-2017年，生於福建泉州，先後就讀於台灣大學
和哈佛大學。曾任台灣大學人類學教授、中研院民族學研究所所長、
台灣清華大學人文社會學院首任院長。中研院院士。著有《文化與
行為》、《信仰與文化》、《台灣土著民族的社會與文化》、《文
化的圖像》、《文化與修養》、《宗教與神話》等。

　　李懷宇，出版人，作品有《訪問歷史》、《世界知識公民》、《知
人論世》、《訪問時代》、《思想人》、《與天下共醒》、《各在
天一涯》等。

致讀者

　　過去十年之間，面對著資本主義的沉重危機，失業與低薪的威脅，以及日趨擴大的貧富差距，西方左翼逐漸扭轉此前「文化左翼」專注身分政治與利益團體式社會運動的路線，重返政治經濟學的整體公民立場，要求更為全面的社會保障體制，以及較為平等的資源分配。在這個背景之下，「全民基本所得」這樣一種體現了左派價值、又可以避開社會主義包袱與福利國家缺點的倡議，似乎為左翼提供了理論出路，並且可望跨越階級政治、身分政治，構成以全民為範圍的實踐事業。它能獲得各方的矚目，並不難理解。

　　全民基本所得構想的代表人物，公推比利時學者范・帕雷斯。適逢雷震基金在午底邀請他來台灣講學，《思想》獲得黃文雄先生的協助，推出本期的「全民基本收入：理念與實踐」專輯，幾篇文章介紹了該構想的基本主張，兼顧其規範面與制度面，並廣泛回顧多個國家局部試點實驗的經驗，包括台灣民眾的民調反應，同時也探討各種質疑與困難，內容十分精彩。台灣的社會保障不足而且碎片化，左派團體卻很少提出較有系統的社會綱領。值此經濟蕭條以及失業大潮侵襲的前夕，基本所得應是一個值得試探的方向。

　　對本刊讀者來說，白永瑞先生並不陌生。他在兩岸都已經有著作出版，也經常撰寫論文以中文發表。本期的訪談以他為主角，在中島隆博先生的引導之下，敘述他的「越南民」之子的出身背景，學習歷程，參與韓國學生運動與入獄的經歷，他的學術與思想的曲折發展，以及政治上的介入；他也說明了他的東亞論，包括他對東

亞「分斷」歷史的分析,以及他正在發展的「複合國家」觀。這篇
訪談所述豐富,時或令人感動,呈現了一個敏感知識人在時代的風
雲變幻下、在「運動」與「學問」的衝突中的生命歷程。

　　很多人知道,白永瑞在教學、研究等學院工作之外,長期擔任
《創作與批評》的刊物編輯、叢書出版的規劃工作,對於韓國知識
界、文藝界,以及公共討論均發揮了很大的影響。從本期開始,白
先生也將加入本刊編委會,參與我們的編輯工作,進一步幫助本刊
與《創批》的合作,也增加台灣與韓國知識界的互動。

　　英國思想家伯林對中文世界的影響是一個有趣的故事。殷海光
先生在著作中提過伯林,不過顯然沒有給他留下特殊的印象。林毓
生先生在1970年代回台灣講學,引進伯林的兩種自由概念、「狐狸」
與「刺蝟」的對比等等,讓不少年輕人受到啟發,間接促成《自由
四論》、《俄國思想家》兩書在台灣翻譯出版,風行一時。不過伯
林對台灣的政治思想與政治運動,始終說不上立竿見影的具體影
響。這多少反映著伯林所思考的問題與台灣的歷史環境有其隔閡。

　　對比之下,伯林對中國大陸知識界的衝擊卻很強大,也十分戲
劇性。在大陸上自行翻譯伯林的著作之前,知識界已經通過台灣譯
本讀到消極自由與積極自由的廣泛含意,進而借用伯林對積極自由
的質疑,特別是他所謂積極自由觀導向極權主義的指責,批判中國
近代的激進主義傳統,引發了巨大的迴響。上個世紀末的中國自由
主義意識,可以說是由伯林與另一位同樣反對「唯理主義」的哈耶
克所界定的。但是尚未服水土的自由主義,很快就遭到挑戰。進入
新世紀之後,中國知識界興起文化保守主義,施特勞斯成為批判自
由主義的利器,於是伯林這位價值多元論的代表人物,反而淪為反
面教材。前後十餘年的時間,伯林先後被賦予正反兩種角色,其間
的是非,生動呈現了中國知識界的價值衝突與典範轉移。

　　今年是伯林去世的20週年，《思想》特意邀請兩位大陸學者撰文，重溫他在中國的「接受史」，應有助於我們理解當代中國的思想流變大勢。

　　林孝信先生在2015年底過世之後，本刊在第30期發表過對他的訪談。當時我們表示，雖然這篇「未定之稿尚待後續補充，還有無數問題有待與他對話商榷」，可是機會不再，「只能起用這篇未定之稿紀念他的未酬壯志」。最近林夫人陳美霞教授邀請王智明先生整理孝信病危前在病床上的談話草稿，並同意抽取其中較有系統的一部分先由本刊發表，我們當然義不容辭。孝信一生數十年，不僅是運動界的苦行僧，也始終在苦思運動的策略與方向。他的知識廣博，所思集中在認識當代世界的歷史來歷，宏觀分析這個時代的形勢與動力，想要判斷今天的左派應該何去何從。他的觀點多有爭議性，甚至於可能引起一些生前友人的側目，不過他在學術與運動之間的獨特位置使然，他所提出的問題真實、切身，而且無法迴避。這是一位對人謙和、自抑但心底自有堅毅信念的人物，值得批評，也值得尊敬。

編　者
2017年深秋

《思想》徵稿啓事

1. 《思想》旨在透過論述與對話，呈現、梳理與檢討這個時代的思想狀況，針對廣義的文化創造、學術生產、社會動向以及其他各類精神活動，建立自我認識，開拓前瞻的視野。

2. 《思想》的園地開放，面對各地以中文閱讀與寫作的知識分子，並盼望在各個華人社群之間建立交往，因此議題和稿源並無地區的限制。

3. 《思想》歡迎各類主題與文體，專論、評論、報導、書評、回應或者隨筆均可，但請言之有物，並於行文時盡量便利讀者的閱讀與理解。

4. 《思想》的文章以明曉精簡為佳，以不超過1萬字為宜，以1萬5千字為極限。文章中請盡量減少外文、引註或其他非必要的妝點，但說明或討論性質的註釋不在此限。

5. 惠賜文稿，由《思想》編委會決定是否刊登。一旦發表，敬致薄酬。

6. 來稿請寄：reflexion.linking@gmail.com，或郵遞221新北市汐止區大同路一段369號1樓聯經出版公司《思想》編輯部收。

思想34
全民基本收入：理念與實踐

2017年12月初版　　　　　　　　　　　　　　定價：新臺幣360元
有著作權・翻印必究
Printed in Taiwan.

著　　　者	思	想 編	委 會
叢書主編	沙	淑	芬
校　　對	沈	芝	嫻
封面設計	蔡	婕	岑

出　版　者	聯經出版事業股份有限公司	總 編 輯	胡　金　倫
地　　　址	新北市汐止區大同路一段369號1樓	總 經 理	陳　芝　宇
編輯部地址	新北市汐止區大同路一段369號1樓	社　　長	羅　國　俊
叢書主編電話	(02)86925588轉5310	發 行 人	林　載　爵
台北聯經書房	台北市新生南路三段94號		
電　　　話	(02)23620308		
台中分公司	台中市北區崇德路一段198號		
暨門市電話	(04)22312023		
台中電子信箱	e-mail：linking2@ms42.hinet.net		
郵政劃撥帳戶	第0100559-3號		
郵 撥 電 話	(02)23620308		
印　刷　者	世和印製企業有限公司		
總　經　銷	聯合發行股份有限公司		
發　行　所	新北市新店區寶橋路235巷6弄6號2樓		
電　　　話	(02)29178022		

行政院新聞局出版事業登記證局版臺業字第0130號

本書如有缺頁，破損，倒裝請寄回台北聯經書房更換。　　ISBN　978-957-08-5045-1 (平裝)
聯經網址：www.linkingbooks.com.tw
電子信箱：linking@udngroup.com

國家圖書館出版品預行編目資料

全民基本收入：理念與實踐/思想編委會著 .
初版 . 臺北市 . 聯經 . 2017年12月（民106年）. 336面 .
14.8×21公分（思想：34）
ISBN 978-957-08-5045-1（平裝）

1.學術思想 2.文集

110.7   106021384